Guido Limmer mit Michael Gösele

Überführt

Guido Limmer mit Michael Gösele

Überführt

Spektakuläre Fälle der Kriminaltechnik

Bibliografische Information der Deutschen Nationalbibliothek

Die Deutsche Nationalbibliothek verzeichnet diese Publikation in der Deutschen Nationalbibliografie. Detaillierte bibliografische Daten sind im Internet über http://dnb.d-nb.de abrufbar.

Für Fragen und Anregungen:
info@rivaverlag.de

1. Auflage 2017

© 2017 by riva Verlag, ein Imprint der Münchner Verlagsgruppe GmbH
Nymphenburger Straße 86
D-80636 München
Tel.: 089 651285-0
Fax: 089 652096

Redaktion: Carina Heer
Umschlaggestaltung: Kristin Hoffmann
Umschlagabbildung: © Neo Edmund/Shutterstock
Satz: Carsten Klein, München
Druck: GGP Media GmbH, Pößneck
Printed in Germany

ISBN Print 978-3-86883-164-1
ISBN E-Book (PDF) 978-3-86413-157-8
ISBN E-Book (EPUB, Mobi) 978-3-86413-187-5

Weitere Informationen zum Verlag finden Sie unter

www.rivaverlag.de

Beachten Sie auch unsere weiteren Verlage unter www.m-vg.de

*Bei den in diesem Buch beschriebenen Beispielen handelt es sich
um wahre Kriminalfälle aus dem Freistaat Bayern,
an deren Aufklärung das Kriminaltechnische Institut
des Bayerischen Landeskriminalamts beteiligt war.
Die Namen der beteiligten Personen, von Tätern, Opfern
und Zeugen, wurden verändert.*

Inhaltsverzeichnis

Die ewige Versuchung

Das Leben ist ein ewiger Kampf ums Überleben. Von der Geburt an bis zur letzten Stunde dreht sich fast alles im Leben eines Menschen um die Befriedigung unserer einfachsten Grundbedürfnisse – um Essen und Trinken. Der menschliche Organismus braucht diesen »Treibstoff«, ansonsten stirbt er innerhalb weniger Tage gleichsam ab. So war das in der Steinzeit, und so ist es – bei allem technischen Fortschritt – auch heute noch.

Im Lauf der Jahrtausende sind weitere Bedürfnisse hinzugekommen, die zu erfüllen den Menschen vor immer weitere Probleme gestellt hat. Irgendwann wollte er einen Schutz, eine Höhle, eine Hütte, ein Dach über dem Kopf. Irgendwann wollte er nicht mehr frieren, also brauchte der Mensch Feuer, Kleidung und Schuhe – und irgendwann auch einen HD-Fernseher, ein Auto und ein Smartphone. Die Entwicklung hat den Menschen über die Jahrhunderte hinweg immer anspruchsvoller gemacht, und um diesen Ansprüchen gerecht zu werden, musste der Mensch immer größere Anstrengungen unternehmen. Er musste arbeiten, handeln, kalkulieren, planen – er musste sich bilden, anpassen und sich in eine immer größer werdende Gesellschaft einfügen.

Diese Gesellschaft musste sich im Lauf der Zeit und Generationen Regeln und Normen schaffen. Nur diese Normen und Regeln machten es möglich, das Chaos zu verhindern, das die Befriedigung all dieser Begehrlichkeiten und Bedürfnisse des Menschen auszulösen drohte. Das in der Steinzeit erlegte Wildschwein gehörte dem, der es gejagt hatte. Wer von Fleisch satt werden wollte, musste selbst jagen oder denjenigen, der etwas übrig hatte, davon überzeugen, das Fleisch mit ihm zu teilen. Wer später Kartoffeln oder Mais essen wollte, musste Felder bestellen oder den Bauern, die das taten, etwas geben, was diese nicht hatten: Geld, Tauschwaren oder Arbeitsleistung.

Und das ist bis heute so geblieben. Wer einen teuren Wagen fahren möchte, muss ihn normalerweise kaufen. Für das Geld, das er für diesen Kauf braucht, muss er in der Regel arbeiten, und für diese Arbeit sollte der Mensch üblicherweise auch bezahlt werden. Ein gewaltiges wirtschaftliches System ist so über die Jahrtausende hinweg entstanden. Der Mensch hat, als Grundlage dieses Systems, Normen und Gesetze entwickelt, die ein gemeinsames Mit- und Nebeneinander möglich machten. Oder eben machen sollten …

Dass dies bis in die Gegenwart hinein nicht immer funktioniert, zeigt ein einfacher Blick in die Kriminalstatistik. Hunderttausende oder vielmehr Millionen von Gesetzesübertretungen pro Jahr allein in Deutschland (laut Kriminalstatistik im Jahr 2014 knapp 6,1 Millionen Straftaten) – von einfachsten Eigentumsdelikten wie Ladendiebstählen bis hin zu brutalsten Kapitalverbrechen sind stumme oder, wenn man es so will, gar laut schreiende Zeugen einer menschlichen Gesellschaft, die es bei aller hochtechnisierten Entwicklung bis heute nicht geschafft hat, vernünftig und im gegenseitigen Respekt miteinander und nebeneinander zu leben. Womit wir letztlich wieder bei dem simplen Grundbedürfnis des Menschen nach Wasser, Brot und in heutigen Tagen gern auch nach Kreditkarten, vollen Bankkonten oder aber auch Armbanduhren mit Touchscreen angelangt wären.

Sicher, es gibt Verbrechen aus Leidenschaft. Menschen, die eine Zurückweisung oder Trennung nicht verkraften und deshalb irgendwann zu Mördern oder Totschlägern werden. Es gibt Menschen, die aufgrund psychischer Erkrankungen straffällig oder die aus einer nicht zu kanalisierenden sexuellen Lust gewalttätig werden. Die gibt es, und davon lebt eine gewaltige Unterhaltungsbranche, die uns in Büchern oder Filmen genau von dieser Art Mensch erzählt. Geschichten, die uns in Angst und Schrecken versetzen und unserem Alltag jenen Schauer und Thrill verschaffen sollen, den das Leben gemeinhin nicht bereithält.

Es sind Geschichten von hochintelligenten Psychopathen, die mit der Exekutive ein heimtückisches Katz-und-Maus-Spiel treiben, ihre Taten bis ins letzte Detail vorausplanen und ihrer perversen Choreografie folgend die keineswegs dummen Ermittler bisweilen hilflos und ohnmächtig aussehen lassen. Das ist das Bild, das die Filmindustrie in unsere Köpfe gepflanzt hat, obwohl eigentlich jeder heute wissen müsste, dass Verbrechen in aller Regel unfassbar banal, primitiv und häufig auch auf niedrigstem Niveau einfach nur schmutzig sind. Und dass es im Grunde doch mehrheitlich um »Wasser und Brot« geht.

Dieses Buch wird nicht dazu beitragen, dass ein Straftäter seine Taten – wie auch immer diese aussehen möchten – in Zukunft perfekter und besser ausführen kann. Es wird kein Ratgeber für Räuber, Mörder oder Sexualstraftäter werden. Kein Buch, das diese Menschen schlauer und raffinierter werden lässt, weil sie es letztlich nie schaffen werden, bewusst und gezielt einer riesigen Ermittlungsmaschinerie zu entkommen, die ihnen in ihrem schlechtesten Fall mit aller Macht gegenübersteht.

Wer heute glaubt, er könnte das perfekte Verbrechen planen, ist naiv – oder überheblich, also dumm und unwissend. Wer heute mordet, vergewaltigt oder raubt, bekommt es mit einer ganzen Heerschar von Spezialisten zu tun, die versuchen werden, jedes noch so kleine Puzzleteil mithilfe modernster wissenschaftlicher Techniken zu entdecken, zu analysieren und zu einem großen Gesamtbild zusammenzusetzen, das am Ende den Weg zum Täter weist.

Biologen, Chemiker, Physiker, Ingenieure, Mediziner, Kriminologen, hochqualifizierte Experten aller Fachrichtungen werden alles tun, jene Spuren zu finden, die Straftäter ganz zwangsläufig hinterlassen haben, ganz unabhängig davon, wie viele Folgen von *CSI New York*, *Miami* oder *Las Vegas* diese auch gesehen haben mögen.

Dieses Buch soll einen tiefen Einblick in das Kriminaltechnische Institut des Bayerischen Landeskriminalamts bieten und an viele verschiedenen Beispielen aufzeigen, wie es den Wissenschaftlern und Fachkräften in München wirklich gelungen ist, den Tätern auf die Spur zu kommen.

Das Kriminaltechnische Institut: Wissenschaftler, nicht Polizisten

Das Bayerische Landeskriminalamt im Münchner Stadtteil Maxvorstadt, das 1946 als »Landeserkennungsamt Bayern« gegründet wurde, nimmt einen ganzen Häuserblock ein. Wie eine Festung mitten in der Stadt liegt es an der Maillingerstraße. Der gewaltige, verschachtelte Bau beherbergt eine riesige Behörde mit sechs großen Abteilungen, unter anderem »Polizeilicher Staatsschutz«, »Informations- und Kommunikationstechnik« oder »Ermittlungsdienst/Operative Spezialeinheiten«, 15 Dezernate und 72 Sachgebiete.

Schon im Jahr der Gründung wurde der Name wieder geändert. Aus dem »Landeserkennungsamt« wurde das »Zentralamt für Kriminalidentifizierung, Polizeistatistik und Polizeinachrichtenwesen des Landes Bayern« und 1949 das »Zentralamt für Kriminalidentifizierung und Polizeistatistik des Landes Bayern«. Der Name, der bis heute gilt, wurde schließlich im Jahr 1952 eingeführt, und seither sind die Aufgaben des »Landeskriminalamts«, gleichsam parallel zur technischen und wissenschaftlichen Entwicklung unserer Gesellschaft, permanent angewachsen.

Wer das Gebäude heute betritt, wird sich schnell wundern, wie wenig diese Behörde im Grunde nach Polizei aussieht. Uniformen, bewaffnete Männer und Frauen, Beamten in Schutzwesten, die Handschellen am Gürtel befestigt, sind so gut wie gar nicht zu sehen. Rund 1600 Mitarbeiter gehen hier ihrer Arbeit nach, ob als Kriminalbeamte, Chemiker, IT-Experten oder Phonetiker. Und wer sich durch das riesige Gebäudelabyrinth bis zur Abteilung II des Bayerischen Landeskriminalamts, zum Kriminaltechnischen Institut durchgefragt hat, wird in einer Abteilung landen, die mehr nach einem wissenschaftlichen Institut einer Universität aussieht denn nach einer Polizeibehörde. Männer und Frauen in weißen Laborkitteln, auf den Fluren der Geruch von scharfen Reinigungsmitteln und an den Türschildern eine Vielzahl akademischer Titel, die bei den Mitarbeitern dieser Abteilung auf eine langjährige universitäre Ausbildung schließen lassen.

Was die Kriminaltechnik in diesem Haus leistet, formuliert die Selbstbeschreibung der Abteilung II folgendermaßen:

»Das Kriminaltechnische Institut des Bayerischen Landeskriminalamtes hat die Aufgabe, die im Zusammenhang mit Straftaten anfallenden Spuren auszuwerten sowie sonstige Untersuchungen oder Prüfungen an Materialien, die im Zusammenhang mit Straftaten sichergestellt werden, durchzuführen. Zu diesen Aufgaben gehören häufig auch Untersuchungen an Tatorten mit unmittelbarer Bewertung der Spuren und mit fachkundiger Vorauswahl des anfallenden Spurenmaterials. Mit dieser Arbeit unterstützt das Kriminaltechnische Institut ermittelnde Polizeidienststellen und Staatsanwaltschaften und leistet wesentliche Beiträge zur Entscheidungsfindung in Strafprozessen.«

(Quelle: *Broschüre des Bayerischen Landeskriminalamtes*, Seite 15)

Rund 400 Mitarbeiter sind in den unterschiedlichen Bereichen beschäftigt, die sich in Chemie, Physik, Forensische DNA-Analytik, Mikrospuren/Biologie, Handschriften, Urkunden/Papier, Waffen, Formspuren, Phonetik, Forensische Informations- und Kommunikationstechnik (IuK), Zentrale Fototechnik und einer Prüfgruppe für Wirtschaftsdelikte untergliedern. Sie sichern Spuren, untersuchen diese, werten sie aus und fassen die Ergebnisse ihrer Arbeiten in Gutachten zusammen, die nicht selten vor Gericht am Ende eines Falls zu einer Verurteilung beitragen.

Deshalb legen die Mitarbeiter des Kriminaltechnischen Instituts auch den allergrößten Wert auf ihre absolute Unabhängigkeit und Neutralität. Die Tatsache, dass die Kriminaltechnik organisatorisch in das Bayerische Landeskriminalamt eingegliedert ist, heißt nicht, dass die hier erstellten Gutachten tendenziös sind und zugunsten des Staats und seiner Ermittlungsbehörden ausfallen. Die Sachverständigen des Kriminaltechnischen Instituts handeln in ihrer gutachterlichen Tätigkeit vielmehr zu 100 Prozent weisungsfrei – ganz so, wie es ein privates oder universitäres Institut auch täte.

Insgesamt werden im Kriminaltechnischen Institut des Bayerischen Landeskriminalamts pro Jahr etwa 30 000 Untersuchungsanträge mit rund 60 000 Untersuchungsgegenständen oder Spuren eingereicht, was in den unterschiedlichen Sachgebieten und Laboren zu etwa 200 000 Einzelanalysen führt. Eine Auswahl dieser Analyse- und Untersuchungsmethoden soll in diesem Buch am Beispiel einiger interessanter und zum Teil auch spektakulärer Kriminalfälle, die sich in den zurückliegenden Jahren im Freistaat Bayern ereignet haben, vorgestellt werden. Namen, Orte und Jahreszahlen wurden im Sinne der Betroffenen, Hinterbliebenen und auch der verurteilten Straftäter verändert oder anonymisiert.

Ebenso werden Mitarbeiter des Kriminaltechnischen Instituts nicht namentlich genannt. Sie legen nicht nur wenig Wert auf Öffentlichkeit, sondern wollen auch nicht Gegenstand der Berichterstattung werden. Nur so und ohne jeglichen Personenkult sind sie in der Lage, ihre wissenschaftliche Arbeit zu leisten – im Auftrag der Justiz und im Dienste der Gerechtigkeit.

Der CSI-Effekt – das falsche Bild

Dass das Fernsehen Segen und Fluch zugleich sein kann, ist gerade im Bereich der Kriminaltechnik ganz deutlich zu spüren. Mit den überwältigenden Erfolgen großer US- Serien wie *Crossing Jordan – Pathologin mit Profil* und der unzähligen Ableger von *CSI: Den Tätern auf der Spur* hat die Kriminaltechnik auch in Deutschland eine ungeheuerliche Aufmerksamkeit in der öffentlichen Wahrnehmung erfahren. Das Berufsfeld Kriminaltechnik wurde insbesondere durch die CSI-Serien weltweit einem Millionenpublikum bekannt, und es dürfte dem Bayerischen Landeskriminalamt wie auch den 15 anderen Landeskriminalämtern der Bundesrepublik Deutschland in nächster Zukunft beileibe nicht an Bewerbern auf frei werdende Stellen mangeln.

Einem Mitarbeiter der Kriminaltechnik wird in der heutigen Zeit bei privaten Anlässen oder auf Grillpartys deutlich mehr Interesse zuteilwerden, als das noch vor zehn oder zwanzig Jahren der Fall war. Er wird aber auch zu seinem Leidwesen immer wieder in Gesprächssituationen geraten, in denen er gezwungen ist, Filmfiktion und Realität voneinander zu trennen. Der hochmoderne Bereich eines kriminaltechnischen Instituts ist eben keine Filmkulisse mit schicken Räumen und ausgefallenen Science-Fiction-Apparaturen, die DNA-Analysen in Sekundenschnelle vornehmen und mit einer weltweit aktiven Datenbank abgleichen. Das ist Hollywood beziehungsweise Las Vegas oder Miami.

Auch die Münchner Kriminaltechniker wissen von vielen Fällen zu berichten, bei denen sie bei der Verrichtung ihrer Arbeit an einem Tatort in enttäuschte Gesichter - auch von Polizeikollegen - blicken müssen, die unverhohlen einräumen, dass sie mit einer Speziallampe wie in den US-Serien gerechnet hatten – oder hinterfragen, warum ein an einem Tatort gefundenes Haar nicht eben mal vor Ort in ein Gerät gelegt werden kann, das Alter, Geschlecht und im besten Fall auch noch Name, Adresse und Sozialversicherungsnummer der fraglichen Person erkennen und in Sekundenschnelle ausspucken kann.

Was viele Mitarbeiter des Bayerischen Landeskriminalamts mit einem Augenzwinkern und Schmunzeln erzählen, ist in den Vereinigten Staaten von Amerika mittlerweile jedoch zu einem echten Problem geworden. In dem Land, in dem Strafprozesse vor Geschworenengerichten abgehalten werden, haben Richter, Staatsanwälte und Strafverteidiger in zunehmendem Maß mit Geschworenenjurys zu tun, deren Lebenswirklichkeit auf dem Halbwissen von fiktionalen Kriminalserien beruht und die aus diesem Grund dann auch verstärkt auf forensische Beweise bestehen und diese deutlich stärker gewichten als andere Sachbeweise, was in manchen Fällen zu erheblichen Fehlurteilen führen kann – sei es nun am Ende ein unrechtmäßiger Schuld- oder Freispruch. Das hat zur Folge, dass in den Vereinigten Staaten mittlerweile bei der Auswahl von Geschworenen jene Kandidaten abgelehnt werden, die sich offen als Anhänger von TV-Serien wie *CSI Miami* oder *Crossing Jordan* bekennen.

Aber auch in Deutschland ist es mitunter Opfern und deren Angehörigen nur sehr schwer zu vermitteln, dass manche kriminaltechnischen Untersuchungen mitunter einfach Wochen oder gar Monate in Anspruch nehmen können und viele der in den Hochglanz-Forensik-Serien dargestellten Geräte in der Wirklichkeit schlichtweg nicht existieren – und möglicherweise so auch nie existieren werden.

Die in der Realität klare Aufgabenteilung innerhalb der Ermittlungsbehörden wird im Film aus spannungstechnischen Gründen einfach ignoriert. Bei CSI und anderen Film- oder Fernsehproduktionen werden die Verdachtsschöpfung, die Ermittlungen, das Einholen von Beschlüssen für Durchsuchungen, Observation, Spurensuche, Spurensicherung, Vernehmungen, Fahndungen und und und allesamt von Forensikern erledigt. Sie sind gewissermaßen die Superermittler und schreiten vom Labor direkt zur Verbrecherjagd. Doch Forensiker sind eben keine Ermittler. Sie sitzen nicht mit der Pistole am Gürtel über dem Mikroskop, um dann beim ersten wissenschaftlichen Ergebnis direkt den möglichen Täter festzunehmen.

In Wahrheit greifen die vielen unterschiedlichen polizeilichen Abteilungen bei ihrer Arbeit wie Zahnräder ineinander – auch auf internationaler Ebene, denken wir nur an Interpol. Und anders als im Film würde ein Kriminalkommissar einen gefährlichen bewaffneten Verdächtigen nicht selber festnehmen, sondern für diesen Job ein SEK-Team anfordern, das eigens für diese Aufgabe ausgebildet wurde. Völlig ausgeschlossen werden kann auf jeden Fall, dass ein Kriminaltechniker Polizeiarbeit im klassischen Sinne verrichtet. Die Waffe des Forensikers ist – wenn man es überspitzt formulieren möchte – die Wissenschaft.

Das soll natürlich nicht heißen, dass es den Tätern im wirklichen Leben in irgendeiner Form leichter gemacht wird als im Fernsehen oder auf der Kinoleinwand. Ganz im Gegenteil! Nur geschieht die Arbeit eines echten und leibhaftigen Kriminaltechnikers eben ganz ohne Filmmusik, Spezialeffekte oder Maßanzüge und gänzlich ohne Theaterschminke. Und das ist – wie die in diesem Buch beschriebenen Fälle mit Sicherheit zeigen werden – auch gut so.

Daktyloskopie

Der Mühltal-Mord

Es ist genau die Geschichte des Ehepaars Erwin und Ingeborg R., die als ein Musterbeispiel für eine philosophische Abhandlung über das im Vorwort erwähnte urmenschliche Bestreben nach Wasser und Brot dienen könnte. Natürlich ging es an diesem Juniabend im Jahr 1999 nicht genau darum, sondern vielmehr um ein paar Hundert Mark und einen gebrauchten Opel. Eine Tatsache, die den Kriminalbeamten in Fürstenfeldbruck, der mit diesem Fall betraut war, bis heute umtreibt. Es sind immer dieselben Fragen, die sich ihm stellen: Warum töten Menschen für einen fast wertlosen Gebrauchtwagen und eine Brieftasche mit ein paar Geldscheinen? Und: Warum sind den Opfern dieser Wagen und eine Brieftasche so wichtig, dass sie hierfür ihr Leben riskieren?

Das Ehepaar R. ist an diesem besagten Abend auf dem Heimweg von einem Konzert im Münchner Gasteig. Sie wohnen außerhalb der Landeshauptstadt und haben, wie so viele, ihr Auto an einer S-Bahn-Haltestelle abgestellt, um mit öffentlichen Verkehrsmitteln nach München zu fahren. Die ewige Suche nach einem Parkplatz in der bayerischen Landeshauptstadt …

Gegen 22:58 Uhr steigen sie an der Haltestelle aus, an der sie Stunden zuvor ihr Auto abgestellt haben. Es parkt an einer Unterführung, draußen ist es bereits stockdunkel. Das alte Ehepaar ist gut gelaunt, es war ein schöner Abend in München, nun werden sie noch gemütlich nach Hause fahren und am nächsten Tag ihren Freunden und Bekannten von diesem gelungen Konzertabend erzählen. Das zumindest glauben die beiden, denn sie wissen nicht, dass sie nur wenig später auf zwei junge Männer Mitte 20 treffen werden, deren Lebensumstände dergestalt sind, dass sie mit ein wenig Geld und einem Auto deutlich besser dastehen würden, als es ihnen bis dahin beschieden war.

Leichte Beute, denken die beiden Freunde aus Osteuropa. Sie halten sich schon seit ein paar Tagen in dieser Gegend auf, ziellos, ohne Geld – und tatsächlich auch hungrig. Die zwei Männer versprechen sich wenig Gegenwehr, schließlich macht das Ehepaar R., das sich gerade seinem Auto nähert, keinen allzu robusten Eindruck. Die Situation scheint günstig: Es ist dunkel, und außer den R.s ist weit und breit kein Mensch zu sehen.

Es soll eine schnelle, unkomplizierte Aktion werden: ein paar Drohgebärden, vielleicht der eine oder andere Schlag ins Gesicht, und schon hätten die beiden Kumpel das, was ihnen in diesem Augenblick am meisten weiterhelfen würde – ein Fahrzeug und etwas Bargeld. Das zumindest glauben die beiden Männer. Aber auch sie sollen sich irren.

Nur über ihre Leiche

Die zwei dunklen Gestalten nähern sich unauffällig dem älteren Ehepaar, das gerade gänzlich arglos im Begriff ist, ins Auto zu steigen. Dann geht es auch schon ganz schnell. Der eine der beiden, Radu, reißt die Fahrertür auf und fordert in gebrochenem Deutsch die Herausgabe des Autoschlüssels. Aber Erwin R. denkt gar nicht daran. Wie käme er denn dazu? Das Auto ist schließlich sein Eigentum. Er hat dafür hart gearbeitet, Geld beiseitegelegt, ist irgendwann zum Händler gefahren, hat es sich gründlich angeschaut und dann das befriedigende Gefühl genossen, das aufkommt, wenn man mit einem neuen Wagen vom Parkplatz fährt und es zu Hause vor der Tür abstellt. Nein, Erwin R. wird dieses Auto garantiert nicht hergeben. Nicht freiwillig!

Radu muss also einen Schritt weiter gehen. Die Drohgebärden haben offensichtlich versagt, also greift er doch zu anderen Mitteln. Er schlägt dem aufgebrachten und immer schneller atmenden älteren Herrn die

Faust ins Gesicht und zieht ihn mit roher Gewalt von seinem Fahrersitz, auf den Boden vor dem Fahrzeug. Bevor Erwin R. wieder aufstehen kann, wird er mit weiteren harten Faustschlägen niedergestreckt. Radus Komplize Marius hat sich derweil Erwin R.s Ehefrau Ingeborg gegriffen, die noch gar nicht eingestiegen ist. Sie tut, was in diesem Fall die meisten tun würden: Sie schreit laut und verzweifelt um Hilfe, ohne zu wissen, dass in diesem Moment niemand ihre Rufe hören wird. Und während sie sieht, dass einer der beiden Männer wütend und brutal auf ihren am Boden liegenden Ehemann Erwin einschlägt, überkommt sie Panik. Sie schreit weiter, um ihr eigenes Leben und um das ihres Mannes, und genau das will der unbekannte Räuber verhindern, der sie grob von hinten packt ...

An diesem Punkt werden später bei den Vernehmungen die Beschreibungen der Ereignisse auf dem Parkplatz auseinandergehen – wie so häufig, wenn es um die genaue, möglichst lückenlose Rekonstruktion eines Tatverlaufs geht. Am Ende sind es die verschiedenen Puzzleteile, die vor Gericht zusammengebracht werden müssen, um sich ein möglichst genaues Bild von den Geschehnissen an dem Tatort machen zu können.

Die Polizei geht davon aus, dass einer der beiden Täter die um Hilfe schreiende Ingeborg R. durch massive Schläge gegen Kopf und durch Gewaltanwendungen gegen ihren Hals zum Verstummen bringen wollte. Kurz darauf sollen die beiden Täter das schwer verletzte Ehepaar in ein nahe gelegenes Gebüsch geschleift haben. Zuvor jedoch nahmen sie Erwin und Ingeborg R. noch deren Wertgegenstände ab, um dann mit dem Auto des Ehepaars zu flüchten.

Stumpfe Gewalt

Der Obduktionsbericht des Instituts für Rechtsmedizin in München stellt später fest, dass Ingeborg R. »an den Folgen einer zentralen Lähmung bei stumpfer Gewalteinwirkung gegen den Hals« verstorben ist. Darüber hinaus können die Rechtsmediziner zahlreiche Weichteilquetschungen am Schädel bis zu den Schlüsselbeinregionen und dem Nacken erkennen.

Und ihr Ehemann Erwin, der so mutig und entschlossen um sein Eigentum gekämpft hat? Der alte Mann erleidet ein Schädel-Hirn-Trauma, einen Nasenbeinbruch und eine massive Schwellung des linken Auges. So massiv, dass er auf diesem Auge erblindet. Nach Erkenntnissen der Gerichtsmedizin München besteht bei Erwin R. aufgrund der schwerwiegenden Verletzungen sogar eine »abstrakte Lebensgefahr«. Aber – er lebt, er hat, anders als seine Ehefrau, den Angriff der beiden Täter überlebt.

Die beiden Täter indes werden später, nach ihrer Verhaftung, völlig gegenteilige Aussagen zum Tatverlauf machen. Was im Übrigen ganz normal ist. Denn wenn es um die Frage des Strafmaßes geht, hören viele Freundschaften auf. Marius wird behaupten, er habe der schreienden Frau lediglich den Mund zugehalten. Sein Kumpel Radu sei dann, nachdem er mit Erwin R. fertig gewesen war, ums Auto herumgegangen und habe dort auf die Ingeborg R. eingeschlagen, die noch immer versucht habe, um Hilfe zu schreien. Radu habe so lange auf die Frau eingeprügelt, bis sie stumm zusammengesackt sei.

Radu wiederum behauptet, dass Marius sich ganz alleine um Ingeborg R. »gekümmert« habe. Er soll ihm im Auto auf der Flucht erzählt haben, dass er die Frau so lange gewürgt habe, bis sie nur noch röchelte. Danach habe er sie in das Gebüsch gezogen. Zwei Versionen, ein toter Mensch. Aber noch sind die Ermittlungsbehörden weit davon entfernt, die beiden Täter zu überführen, denn die sind zunächst einmal spurlos verschwunden. Aber es gibt eine Zeugin, die an diesem Abend doch etwas gesehen haben will …

Die Augenzeugin

Noch während sich die zwei Männer mit ihren beiden Opfern in dem nahe gelegenen Gebüsch befinden, passiert eine Frau den Tatort. Sie arbeitet in einem nahe gelegenen Wirtshaus in der Küche und ist auf dem Weg in Richtung S-Bahnhof. Im Vorbeigehen vernimmt sie aus den Sträuchern abseits des Wegs merkwürdige wimmernde Geräusche. Die Passantin bekommt es angesichts der tiefen Dunkelheit mit der Angst zu tun, hastet zur S-Bahn, sieht aber – als sie sich noch einmal umdreht –, wie zwei Männer aus dem Gebüsch heraustreten. Die Augenzeugin fährt mit der Bahn nach München-Pasing und verständigt von dort aus sofort die Polizei. Das war eben noch zu der Zeit, als nicht jeder Mensch ein Mobiltelefon besaß …

Gegen Mitternacht treffen Polizei und Rettungskräfte am Tatort ein, wo sie bei Ingeborg R., die mit dem Gesicht auf dem Waldboden liegt, nur noch den Tod feststellen können. Ihr Mann indes wird wenig später mit einem Rettungshubschrauber in das Klinikum Großhadern geflogen.

Die Zeugin, die an dem Tatort vorbeigegangen war, kann kurz darauf nur wenig detaillierte Angaben machen. Einer der beiden Männer sei etwa 1,70 Meter groß gewesen und habe kurzes blondes Haare gehabt, erklärt sie gegenüber den Ermittlungsbehörden. Der andere sei größer gewesen, erinnert sie sich. Vielleicht 1,80 Meter, mit kurzem dunklem Haar. Die beiden Männer seien, das hat die Frau noch gesehen, mit einem Wagen vom S-Bahnhof weggefahren.

Die vertauschten Kennzeichen

Nur einen Tag nach dem schrecklichen Verbrechen meldete eine Frau am westlichen Rand von München, dass an ihrem Fahrzeug die Kennzeichen entwendet worden seien. Nichts Besonderes eigentlich, aber der Beamte, der den Diebstahl aufgenommen hatte, meldete sich bei der Kriminalpolizei, die in dem tödlichen Überfall auf das Rentnerehepaar ermittelte, denn eine Sache war höchst merkwürdig: Die Kennzeichen an dem Ford Fiesta in Pasing waren nicht etwa nur abgeschraubt worden, sondern vielmehr durch andere Nummernschilder ersetzt worden. Und zwar durch jene, die zu dem gestohlenen Wagen des Ehepaars R. gehörten.

Die Ermittlungsmaschinerie war derweil längst angelaufen. Erwin R., der sich seit der Nacht im Krankenhaus befand, war in der Zwischenzeit von den Kriminalbeamten aus Fürstenfeldbruck, in deren Zuständigkeitsbereich das Verbrechen lag, befragt worden. Und er konnte einen wichtigen Hinweis geben: In dem Tank seines Autos sei nicht mehr viel Benzin gewesen, erinnerte sich der Mann. Die Ermittler reagierten sofort: Sämtliche Tankstellen vom Tatort in Richtung München, die mit Überwachungskameras ausgestattet waren, wurden von den Beamten angefahren und etwaige Videobänder zur Auswertung sichergestellt. Die Sichtung der Aufnahmen war jedoch enttäuschend: Der gestohlene Opel der Eheleute R. war auf den Videobändern nicht zu sehen.

In der Zwischenzeit wurden auch sämtliche Gastwirtschaften im näheren Umkreis des Tatorts überprüft. Darüber hinaus wurde das Auto der R.s bundesweit zur Fahndung ausgeschrieben – inklusive der in München-Pasing entwendeten Kennzeichen, aber auch hier ergab sich zunächst nichts, was als sogenannte heiße Spur taugen könnte. Die Beamten standen noch immer vor einem großen Rätsel.

Die Tage vergingen, anonymen Hinweisen wurde nachgegangen, die allesamt ins Leere liefen, bis die Ermittler etwa eine Woche nach dem Überfall auf das Ehepaar R. erstmals einen interessanten Anruf bekamen – von der Mitarbeiterin einer Bank im Münchner Umland. Sie gab an, sie habe die EC-Karte des Erwin R. per Post zugeschickt bekommen. Der Absender: eine Bank in Krefeld.

Die Beamten aus Fürstenfeldbruck nahmen sofort Kontakt mit den Kollegen der Krefelder Mordkommission auf, und deren Ermittlungen ergaben, dass die EC-Karte des Erwin R. nur zwei Tage nach dem tödlichen Überfall in der Nähe eines Geldautomaten einer Krefelder Bankfiliale gefunden worden war. Aber erneut ein Rückschlag: Der oder die Täter hatten die Bankkarte zwar in den Geldautomaten geschoben, eine Geheimzahl war jedoch nicht eingegeben worden. Und, noch viel enttäuschender: Der besagte Bankautomat war nicht videoüberwacht worden – man hatte also noch immer keinerlei Bilder von den Tätern. Aber immerhin so etwas wie eine erste Spur, und die führte nun also nach Krefeld.

Das Auto taucht wieder auf

Nur wenige Tage später meldete sich ein Zeuge bei der Krefelder Polizei und gab an, das in München gestohlen gemeldete Fahrzeug in einer Wohnsiedlung gesehen zu haben – es stehe da seit Tagen schon am Straßenrand.

Die ersten Gedanken der Mordermittler aus Fürstenfeldbruck und Krefeld: Observation des Opels in der Hoffnung, dass die Täter zu dem Fahrzeug zurückkehrten, und dann ein schneller Zugriff. Aber auch dieser Plan zerschlug sich schnell: An der Windschutzscheibe des Autos hing ein Werbezettel für eine Party, die schon mehrere Tage zurücklag. Somit war klar, dass der Wagen schon seit einiger Zeit nicht mehr benutzt worden war.

Der Kilometerzähler des Opels stand auf 31 650 Kilometer, der Tageszähler auf 26,3. Auch dies ergab keine neuen Erkenntnisse, da Erwin R. verständlicherweise nicht genau sagen konnte, wie viele Kilometer sein Opel zum Zeitpunkt des Überfalls auf der Uhr hatte. Aber eines war immerhin klar: Um mit einem fast leeren Tank die etwa 650 Kilometer von München nach Krefeld zu fahren, mussten die Täter unterwegs irgendwo getankt haben. Also zurück auf Los und Tankstellen auswerten, und zwar jene, die auf den Autobahnen von München nach Krefeld liegen – der A8 in Richtung Stuttgart und der A9 in Richtung Nürnberg. Eine schwierige Mission, schließlich lag die Tat schon fast zwei Wochen zurück. Würden die von der Polizei überprüften Tankstellen ihre Videoaufzeichnungen so lange archivieren?

Die Überwachungskamera

Leider nein. Tatsächlich ergab sich, dass die meisten Bänder bereits wieder überspielt worden waren. Bis auf eine Tankstelle an der Autobahn München in Richtung Nürnberg. Der besagte Rasthof konnte die Videoaufzeichnungen des fraglichen Zeitraums tatsächlich noch vorlegen, und auf diesen Bändern stießen die Ermittlungsbeamten tatsächlich auf interessante Bilder …

Kurz nach Mitternacht, also nur wenige Stunden nach dem Überfall in der Nähe von München, war der gestohlene Opel zu sehen, wie er eine Zapfsäule anfährt. Auf den Aufnahmen zu erkennen: die in München-Pasing entwendeten Autokennzeichen! Darüber hinaus war auf dem Filmmaterial zu erkennen, wie ein etwa 1,80 Meter großer Mann mit blonden Haaren den Opel betankte, danach den Kassenraum betrat und diesen wenig später mit Lebensmitteln und Zigaretten wieder verließ. Auch war auf dem Videoband zu erkennen, dass auf dem Beifahrersitz des gestohlenen Opels eine männliche Person saß. Klare, deutliche Aufnahmen der Gesichter der beiden Tatverdächtigen? Leider Fehlanzeige.

Die Auflösung des Filmmaterials war derart schlecht, dass kaum ein brauchbares Foto der beiden Täter herauszuziehen war. Dennoch wurde versucht, aus den vorhandenen Bilddaten ein Phantombild zu erzeugen, aber das Ergebnis war für der Mordermittler in Fürstenfeldbruck alles andere als zufriedenstellend. Ein zweites Bild wurde angefertigt und schließlich zur Veröffentlichung freigegeben. Auf dem Fahndungsplakat wurde überdies eine Belohnung in Höhe von 5000 Mark ausgelobt, sollte jemand die entscheidenden Hinweise geben, die zur Ergreifung der beiden Täter führen würden.

Die Plakate wurden aufgehängt – im Bereich der fraglichen S-Bahn-Linien, in München, im Großraum Krefeld … Mitte Juli wurde das Phantombild auch in der Fernsehsendung *Aktenzeichen XY … ungelöst* gezeigt, aber die Ergebnisse waren wenig vielversprechend. Es gingen kaum Hinweise aus der Bevölkerung ein, und wenn, dann führten sie stets in Sackgassen. Den verantwortlichen Ermittlern wurde klar, dass auch das zweite Phantombild letztlich zu ungenau sein dürfte, um von der Öffentlichkeit vernünftige Hinweise zu bekommen. Aber was tun?

Beim Bayerischen Landeskriminalamt in München waren Ende der 90er-Jahre die technischen Möglichkeiten leider nicht gegeben, um aus den schlechten Videoaufnahmen von der Raststelle ein besseres Foto zu erstellen. Aber man wusste, dass es bei der Landespolizeidirektion Stuttgart eine erkennungsdienstliche Pilotgruppe gab, die auf die Verbesserung der digitalen Bildaufbereitung spezialisiert war, und so gingen die Videoaufnahmen zur Auswertung nach Baden-Württemberg.

Die Rasterfahndung

Und tatsächlich, den Stuttgarter Beamten gelang es, aus dem schlechten Ausgangsmaterial ein einigermaßen klares Bild zu erstellen, welches dann sofort auf ein neues Fahndungsplakat gedruckt wurde. Die Belohnung wurde auf 10 000 Mark erhöht, und die ZDF-Erfolgssendung *Aktenzeichen XY ... ungelöst* berichtete erneut. Nach der zweiten Ausstrahlung gingen weit mehr als 100 Hinweise auf mögliche Täter ein, aber: Kein einziger führte zu den beiden Unbekannten. Es war Zeit für den nächsten Schritt: Rasterfahndung!

Den Beamten in Bayern schien klar, dass es zwischen dem Tatort an der Münchner Peripherie, dem Ort des Kennzeichendiebstahls in Pasing und dem Fundort des gestohlenen Wagens, Krefeld, einen Zusammenhang geben musste. Daraufhin wurde in München ein richterlicher Beschluss für eine Rasterfahndung beantragt – und von den Richtern schließlich auch genehmigt.

Bei der Rasterfahndung werden mutmaßlich infrage kommende Personengruppen aus öffentlichen oder privaten Datenbanken herausgefiltert, indem man nach bestimmten Merkmalen sucht, von denen angenommen wird, dass sie womöglich auch auf die gesuchte Person zutreffen. Ziel ist es hierbei, die Zahl der zu überprüfenden Personen einzuschränken, da es im Gegensatz zu einer konventionellen Fahndung ja keine namentlich bekannte Zielperson gibt.

Dieses Fahndungsinstrument wurde bei der Einführung kritisch gesehen, weil in dieser Praxis die Aufhebung der Unschuldsvermutung verborgen scheint, weil sämtliche Personen, auf die bestimmte Merkmale zutreffen, überprüft werden. Erst in einem zweiten Schritt, durch eine polizeiliche Überprüfung, in der versucht wird, einen Anfangsverdacht zu begründen, wird am Ende festgestellt, ob weitere Ermittlungen gegen die fraglichen Personen überhaupt geführt werden können.

Den Ermittlern in Fürstenfeldbruck, die den Überfall auf Ingeborg und Erwin R. zu klären versuchten, wurde dieses Instrument mit richterlichem Beschluss als Ultima Ratio zur Verfügung gestellt. Vom Statistischen Landesamt wurden in Kooperation mit der Stadt München alle Datensätze von jenen Menschen bereitgestellt, die in den zurückliegenden Jahren aus dem Großraum München in die Gegend von Krefeld verzogen waren und umgekehrt.

Etwa 200 Datensätze kamen auf diese Art und Weise zusammen, das Ergebnis indes war eine einzige Enttäuschung. Auch die Rasterfahndung konnte keinen Hinweis auf die unbekannten Täter liefern.

Blieben als letztes Mittel die Ergebnisse der Spurensicherung. Aber die Ermittler mussten recht schnell feststellen, dass die beiden Tatverdächtigen äußerst sorgsam vorgegangen waren. Obzwar auf den Bildern der Tankstellen-Überwachungskameras erkennbar war, dass die beiden Unbekannten Zigaretten gekauft hatten, war in dem in Krefeld sichergestellten Opel kein einziger Stummel im Aschenbecher zu finden. Die beiden Männer hatten offenbar wertvolle Spuren beseitigt, bevor sie das gestohlene Auto in einer Wohnsiedlung zurückließen. Das Armaturenbrett, Lenkrad, Schalthebel und so weiter waren abgewischt, und auch von den auf dem Autobahnrasthof gekauften Lebensmitteln waren keinerlei Verpackungsmaterialien mehr zu finden.

Nur ein Teilabdruck

Einzig an dem Kennzeichen des Opels, das die Täter noch in der Tatnacht gegen das Nummernschild eines in München-Pasing abgestellten Ford Fiesta ausgetauscht hatten, konnten die Spurensicherungs-experten das Fragment eines Fingerabdrucks erkennen. Außerdem zwei punktförmige Blutantragungen, aus denen tatsächlich DNA gewonnen werden konnte.

Die Desoxyribonukleinsäure, abgekürzt DNS und international als DNA bekannt, befindet sich in jeder einzelnen Zelle des menschlichen Körpers – ob es sich nun um Blutzellen, Haare oder gar feinste Hautschuppen handelt. Diese DNA ist absolut einzigartig und individuell, vergleichbar dem Fingerabdruck eines Menschen.

In kriminaltechnischen Laboren wird die DNA zur Untersuchung von anderen Bestandteilen des Bluts oder eines Haars getrennt. Wie das funktioniert, könnte man im Grunde zu Hause in der Küche am Beispiel einer Banane selbst nachvollziehen: Man verrührt in einem Glas Spülmittel mit Salz und gibt ein Stück geschälte Banane dazu, püriert das Ganze und lässt es rund zehn Minuten stehen. Danach füllt man den Brei in einen Teefilter und hängt ihn über ein leeres Glas, woraufhin langsam eine Flüssigkeit durchsickert. In diese Flüssigkeit gießt man dann etwas Brennspiritus, und sofort bilden sich weiße Fäden. Diese Fäden, gleichsam durch den Brennspiritus ausgeflockt, sind die DNA einer Banane.

Die DNA, die die Ermittler aus den Blutantragungen hatten gewinnen können, war wiederum völlig identisch mit jener der Blutanhaftung, die auf der Innenseite des Sakkos von Erwin R. sichergestellt werden konnte, was zu der Annahme führte, dass der Täter, der den Rentner Erwin R. überwältigt hatte, auch am Kennzeichentausch beteiligt war.

Das Fragment des Fingerabdrucks von dem ausgetauschten Autokennzeichen wurde in einem Suchlauf mit den Daten von AFIS (Automatisiertes Fingerabdruckidentifizierungssystem) abgeglichen, aber hier führte der Abgleich leider zu keinem Treffer.

Die sichergestellte DNA wiederum wurde mit dem damals vorhandenen deutschen Bestand abgeglichen. Auch diese Abfrage ergab keinen Treffer. Dann wurde die Formel an jene europäischen Ländern weitergegeben, die Ende der 90er-Jahre eigene DNA-Datenbanken besaßen – Österreich, die Niederlande, Großbritannien und Schweden. Auch hier: nichts. Würde der Fall zu den Akten der ungelösten Fälle kommen, nachdem man wirklich alles versucht hatte und jeder Spur nachgegangen war? Es sah ganz danach aus …

Zumindest bis Ende März 2000. Bis der Kriminalpolizei Fürstenfeldbruck vom Sachgebiet Daktyloskopie des Bayerischen Landeskriminalamts in München mitgeteilt wurde, dass ein neuerlicher Suchlauf der an dem Autokennzeichen gesicherten Fingerspur im AFIS nun doch einen Treffer ergeben habe. Der Teilabdruck passe zu einem 25-jährigen Mann aus Moldawien. Sein Name: Radu C. Ein Volltreffer!

Aber noch war man nicht am Ziel. Zunächst einmal wurde umgehend die Bundesgrenzschutzinspektion (BGSI) Bärnau kontaktiert, die knapp ein Jahr zuvor die Fingerabdrücke des Radu C. abgenommen hatte. Die Beamten aus Fürstenfeldbruck wollten die genaueren Umstände wissen, wie und weshalb Radu C. in das AFIS gekommen war. Der Sachverhalt stellte sich wie folgt dar: Radu C. war zusammen mit seinem Freund Marius R. bei dem Versuch, über die grüne Grenze von Tschechien nach Deutschland zu gelangen, in der Nähe von Waldsassen von Beamten des Bundesgrenzschutzes aufgegriffen worden. Die beiden Männer waren, wie in solchen Fällen üblich, erkennungsdienstlich behandelt und danach zurück nach Tschechien gebracht worden. »Erkennungsdienstlich behandelt« heißt: Es wurden die Personalien aufgenommen, es wurden Fotos gemacht – und Fingerabdrücke aller zehn Finger abgenommen. Eine DNA-Probe wird in Deutschland jedoch nur auf Basis eines richterlichen Beschlusses genommen, und dieser Beschluss lag im vorliegenden Fall nicht vor, was auch verständlich ist, denn für die Beamten vom Bundesgrenzschutz hatten die beiden Männer aus Moldawien lediglich versucht, unerkannt nach Deutschland zu gelangen. Und das ist nun mal, auch wenn das in Deutschland mittlerweile viele Menschen anders sehen, kein schweres Verbrechen.

Ein kleiner Zettel

Die Grenzschutzbeamten machten aber noch etwas anderes – nämlich Fotokopien der Pässe und von einem kleinen Notizzettel, den einer der beiden in seiner Geldbörse mitführte.

Allerdings stellten sich die erkennungsdienstlichen Fotoaufnahmen als Enttäuschung heraus. Diese waren leider derart unterbelichtet, dass kaum etwas auf den Bildern zu erkennen war. Die Beamten in Fürstenfeldbruck glaubten zwar, ein paar Übereinstimmungen zwischen einem der Männer und den Bildern der Tankstellenkamera entdecken zu können, aber so restlos wollten die Fotos aus dem Archiv des Grenzschutzes nicht überzeugen. Da ein DNA-Abgleich nicht möglich war, stellte sich erneut die Frage: Wo sollten die Kriminalbeamten aus Fürstenfeldbruck nach den Tätern suchen? Sie konnten überall sein, womöglich auch längst wieder außerhalb von Deutschland.

Blieb also nur noch die Fotokopie des Notizzettels aus der Geldbörse eines der Verdächtigen. Und die Kopie von diesem Zettel sollte tatsächlich das fehlende Puzzleteil sein. Auf dem Zettel nämlich stand die Anschrift einer Frau aus Moldawien, wohnhaft in Krefeld – nur etwa 150 Meter Luftlinie von dem Ort entfernt, an dem der Opel von Erwin R. gefunden worden war. Zugriff? Nein! Noch nicht. Den machen SEK-Beamte in solchen Fällen eigentlich nur, wenn ein Filmteam dabei ist und das Ganze schließlich als *Tatort*, *Soko Sowieso* oder *Polizeiruf* im Abendprogramm läuft. Im wahren Polizeialltag geht man bei einer Sachlage wie dieser deutlich subtiler und umsichtiger vor, schließlich hätte es in diesem Fall ja so sein können, dass sich die beiden mutmaßlichen Täter längst wieder in Moldawien befanden und durch einen erfolglosen »Zugriff« am Ende vielleicht sogar gewarnt worden wären.

Und so wurde zunächst einmal die Telefonüberwachung der fraglichen Wohnung in Krefeld angeordnet. Und die ergab im Grunde gar nichts oder zumindest so viel, dass nicht im Geringsten anzunehmen war, dass sich einer der Täter oder gar beide in der besagten Wohnung aufhalten könnten. Es wurde tatsächlich viel telefoniert, aber immer nur von Frauen – und die Namen der beiden Gesuchten wurden dabei nicht einmal erwähnt.

Die Zielfahndung

Daraufhin ersuchten die Kriminalbeamten aus Fürstenfeldbruck um Hilfe beim Bayerischen Landeskriminalamt. Der Auftrag: Zielfahndung! Sie ist gewissermaßen das letzte Mittel, wenn in Bayern eine Polizeidienststelle bei der Suche nach einem Verbrecher mit den eigenen Ressourcen nicht mehr weiterkommt. Dann übernehmen in der Regel die Zielfahnder des Bayerischen Landeskriminalamts. Eine Zielfahndung kommt erst dann zum Einsatz, wenn alle anderen Fahndungsmöglichkeiten ausgeschöpft sind. Und wenn die Schwere der Tat und das zu erwartende Strafmaß eine solche Maßnahme auch rechtfertigen.

Die Beamten der Zielfahndung sind beileibe keine Supermänner, sie verfügen auch nicht über die besseren Fähigkeiten als ihre Kollegen in den Kriminalabteilungen der Polizeidienststellen des Freistaats. Die Zielfahnder des Landeskriminalamts verfügen vor allem über eines: Zeit. Sie haben die Möglichkeiten, sich gleichsam losgelöst vom Polizeialltag einem Fall zu widmen und ungestört jede noch so kleine Spur zu verfolgen, bis sie sich als falsch oder richtig herausstellt. Dabei erreichen Zielfahndungseinheiten überraschend hohe Erfolgsquoten, besonders was gesuchte Straftäter anbelangt, die bereits seit Jahren vom Radar der Behörden verschwunden sind.

Zu diesem Zweck erstellen die Fahnder ein »Personagramm«. In diesem Personagramm werden Zielpersonen gewissermaßen vollkommen durchleuchtet. Ihr Leben erhält auf diesem Weg eine selten zuvor da gewesene Transparenz, die in alle Lebensbereiche hineinreicht. Familie, Freunde, Arbeitsplatz, Sportkollegen, Feinde, Schulzeit, Jugend, Freizeit, Hobbys, Vorlieben, Macken – alles. Welche Fähigkeiten hat die betreffende Person, wo war sie im Urlaub, welche Sprachen spricht dieser Mensch? Rückzugsorte, Stammkneipen, Gewohnheiten, Zigarettenmarken, Schuhgröße, Bekleidungsstil, Bekleidungsmarken, bevorzugte Tankstellen und Schnellimbissketten ... Die Fahnder kehren jeden Stein im Leben eines Gesuchten um und kümmern sich um jedes auch noch so kleine Detail. Bis sich irgendwann Anhaltspunkte finden, ein sogenannter Anfasser beispielsweise, den praktisch jeder Mensch hat – ein Bekannter, ein Freund oder Kollege, an den er sich im Notfall – zumal in einem fremden Land – wenden würde.

Den »Anfasser« des Marius R. glaubten die Zielfahnder des Bayerischen Landeskriminalamts nach Auswertung unzähliger Notizen und Telefondaten in Krefeld, dem Großraum München und dem Großraum Frankfurt in der Mainmetropole gefunden zu haben. Die Münchner Experten waren sich sicher, dass Marius R. sich in Frankfurt aufhielt, und nach einem weiteren abgehörten Telefongespräch des »Anfassers« erfuhr man von einem geplanten Treffen in der Frankfurter Innenstadt – am 25. Mai 2000.

Mit der Hilfe hessischer Kollegen konnte Marius R. an diesem Abend tatsächlich festgenommen werden. Die schnelle Befragung von R.s »Anfasser« ergab dann auch sofort den Aufenthaltsort von R.s Komplizen Radu C. Der konnte nur etwa zwei Stunden später ebenfalls festgenommen und der Fall somit zu einem Ende gebracht werden. Die beiden mutmaßlichen Täter, die beide in Besitz gefälschter litauischer Pässe waren, wurden noch in derselben Nacht nach München verbracht und einem Ermittlungsrichter vorgeführt, der Haftbefehle für die zwei Männer ausstellte.

Die Daktyloskopie

Jetzt mag man sich fragen, warum die beiden Kumpane bei der ersten AFIS-Abfrage nicht gefunden worden waren. Die Frage scheint durchaus berechtigt zu sein, zumal die Fingerabdrücke der zwei Moldawier bereits im Mai 1999 sichergestellt und sofort in die AFIS-Datei aufgenommen worden waren. Noch einmal zur Erinnerung:

Der Überfall auf das Ehepaar R. fand Mitte Juni 1999 statt und die erste AFIS-Abfrage im Juli 1999. Wie also konnte es sein, dass der erste Suchlauf wenige Tage nach der Tat zu keinem Ergebnis geführt hat?

Um diese Frage zu beantworten, muss man zunächst einmal das TV-Laienwissen aus *CSI Miami* und Co. ganz weit zur Seite schieben. Dort werden Fingerabdrücke in der Tat in einen Computer eingelesen, der daraufhin Sekunden später die vollständigen Daten zu der fraglichen Person ausspuckt – inklusive Foto, Adresse, Schuhgröße und der letzten Zahnbehandlung.

Den Computer mit den darin gespeicherten Fingerabdrücken gibt es tatsächlich. Auch in Deutschland, auch in Bayern, nur muss er ganz anders »gefüttert« werden, als es uns die Fernsehrealität vorgaukelt.

Der Fingerabdruck

Im Fall der ermordeten Ingeborg R. galt es zunächst einmal, den auf dem ausgetauschten Autokennzeichen entdeckten Fingerabdruck zu sichern. Hierbei wurde das Nummernschild in einem Flammrußverfahren mit Kampfer, einem wachsähnlichen Feststoff, der bei der Verbrennung zu starker Rußbildung neigt, bearbeitet. Dieser Ruß legte sich an dem Kennzeichen fest, und nachdem überschüssiger Ruß abgepinselt worden war, zeigten sich tatsächlich einzelne Papillarlinien eines Fingerabdrucks, die aber zur Enttäuschung aller Beteiligten leider unbrauchbar waren.

Deshalb wurde versucht, das gesamte Nummernschild mit Silikon abzuformen, aber auch diese Methode lieferte keinen brauch- und verwertbaren Abdruck. Daraufhin wurde der Abdruck fotografisch gesichert und dann einer Cyanacrylat-Behandlung unterzogen. Cyanacrylat ist eine Art Superkleber, der bei diesem Verfahren erhitzt wird. Die dabei entstehenden Dämpfe setzen sich auf Fingerspuren ab und machen diese als eine Art weißes Muster sichtbar. Ein Fingerabdruck ist letztlich nicht mehr als Rückstände von Aminosäuren,

Schweiß und Fett, die sich auf den Papillaren angesiedelt haben. Das Cyanverfahren reagiert mit Fett, und im Fall der Ingeborg R. ergab dieses Verfahren schließlich einen Teilabdruck – einen sehr schlechten wohlgemerkt –, den die Daktyloskopen des LKA nun zu identifizieren hatten.

Insgesamt drei Cyanverfahren waren notwendig, um überhaupt einen einigermaßen brauchbaren Abdruck zu erhalten, dabei lag der größte Berg an Arbeit noch vor den Experten des Bayerischen Landeskriminalamts. Denn um einen AFIS-Suchlauf zu starten, genügt es nicht, das Untersuchungsobjekt einfach in den Computer einzuspeisen. So läuft das nur im Film. Die Daktyloskopen müssen auf dem zu untersuchenden Objekt vielmehr mutmaßlich einzigartige Besonderheiten eines Abdrucks hervorheben und markieren, bevor sie mit diesen Markierungen einen Suchlauf starten. Das ist in etwa mit der Suche eines Autos auf Internetportalen wie AutoScout24 oder mobile.de zu vergleichen. Sucht man nur ein Auto, bekommt man im dümmsten Fall mehrere Millionen Treffer. Schränkt man die Suche jedoch ein, indem man bestimmte Merkmale wie Farbe, Anzahl der Türen, Benzinart oder Ausstattungswünsche und so weiter eingibt, verringert sich die Zahl der Treffer mit der Zahl der festgelegten Merkmale immer mehr, sodass am Ende vielleicht 180 oder gar nur 40 Vorschläge auf dem Bildschirm erscheinen.

Die Suchläufe

Mit dem Teilabdruck von dem ausgetauschten Autokennzeichen mussten die Daktyloskopen des Bayerischen Landeskriminalamts insgesamt 285 Suchläufe durchführen. Und bei jedem dieser Suchläufe spuckt der AFIS-Rechner nicht *den* einen Treffer aus, sondern jeweils 15 mögliche Kandidaten, die dann gleichsam von Hand, beziehungsweise mit den geschulten Augen der Daktyloskopen, einzeln mit dem vorliegenden Teilabdruck verglichen werden müssen. Dabei kann der Fingerabdruckexperte die Anzahl der Treffer auch verändern, indem er beispielsweise eingibt, dass er pro Suchlauf die ersten 50 potenziellen Kandidaten prüfen möchte.

Jede Anfrage dauert etwa 30 Minuten, ein Schnelldurchlauf kann bereits nach 20 Minuten beendet sein. Dann jedoch folgt der Vergleich der sogenannten Treffer mit der Spur, was noch einmal sehr zeitaufwändig sein kann. Festzuhalten ist, dass jede Anfrage letztlich nur so gut sein kann wie die Suchkriterien des Daktyloskopen, die bei der Eingabe festgelegt werden. Dies ist keine Wertung und soll nicht im Geringsten zum Ausdruck bringen, dass die ersten 284 Suchläufe im Fall der Ingeborg R. stümperhaft gewesen sein könnten. Die Zahl der Suchläufe dokumentiert bei diesem Beispiel lediglich, wie schlecht die Qualität des Abdrucks auf dem Autokennzeichen war. Die Daktyloskopen des Bayerischen Landeskriminalamts in München hatten letztlich 8550 Fingerabdrücke an ihren Bildschirmen zu vergleichen, bevor sie den entscheidenden Treffer erhielten.

Geht ein Fall wie dieser später zur Verhandlung vor ein Gericht, muss der als Sachverständiger geladene Daktyloskop der Kammer darlegen können, dass bei seinem Gutachten mindestens zwölf signifikante Merkmale darauf hindeuten, dass es sich bei dem Abdruck zweifelsfrei um den des Angeklagten handelt, was nicht verwundern sollte, schließlich müssen manche Menschen aufgrund eines daktyloskopischen Gutachtens nicht selten für zehn, fünfzehn oder mehr Jahre ins Gefängnis. In dem vorliegenden Fall führte ein Fingerabdruck auf die Spur der Täter, die sich später dann in ihren Einlassungen gegenseitig beschuldigten, den Tod der Ingeborg R. verursacht zu haben. Entsprechend musste auch in diesem Verfahren ein Fingerabdruckexperte sein Gutachten vortragen. Die beiden Täter wurden schließlich ihrer gerechten Strafe zugeführt.

Erwin R. allerdings wird sich möglicherweise lange gefragt haben, warum er so sehr um ein kleines Auto gekämpft hat. Der Kriminalbeamte, der den Fall seinerzeit in Fürstenfeldbruck bearbeitet hat, versteht dieses Festhalten an persönlichem Eigentum unter allen Umständen bis heute nicht. Es ging doch letztlich nur um ein gebrauchtes Auto, um ein paar Geldscheine und eine EC-Karte. Diese sogenannten Wertgegenstände wurden mit dem eigenen Leben verteidigt und am Ende mit einem Menschenleben bezahlt. Und für ein Menschenleben würde der Polizist selber alles hergeben. Auch die persönliche PIN-Nummer einer Bankkarte. Denn solche Dinge sind am Ende doch leicht zu ersetzen. Irgendwie. Ein Menschenleben jedoch ist unwiederbringlich verloren.

Physik

Die Gasexplosion von Lehrberg

Heute ist im Zentrum des fränkischen Dorfs nur noch eine sehr große Baulücke zu sehen. Und eine Gedenktafel, die an die Opfer der verheerenden Gasexplosion aus dem Jahr 2006 erinnern soll. Fünf Menschen sind auf der Tafel aufgeführt: Ein 17-jähriges Mädchen, Auszubildende in der Bäckerei, die am 22. September 2006 durch die Gasexplosion dem Erdboden gleichgemacht wurde. Die 71 Jahre alte Seniorchefin der Bäckerei. Ihr 42-jähriger Sohn. Eine 34-jährige Verkäuferin und ein Bäcker, der nur 35 Jahre alt werden sollte. Fünf Namen zeugen von dem schrecklichen Unglück, obwohl auf der Tafel eigentlich sechs stehen müssten.

Die Geschichte, die hier erzählt werden soll, ist in erster Linie eine Tragödie – eine unglückliche Verkettung von dummen Zufällen, ein Beispiel menschlichen Versagens – und zwar nicht nur eines einzelnen Menschen, der sich deswegen später auch vor einem Gericht verantworten musste. Die Geschichte erzählt einen Kriminalfall – möglicherweise –, aber sie erzählt keineswegs ein vorsätzliches Verbrechen. Vielleicht eher einen Unfall …

Ältere Dorfbewohner sprachen damals von Bildern, die an den Zweiten Weltkrieg erinnert hätten. Um 07:59 Uhr explodierte ein Flüssigkeitsgastank, der zu einer Gaststätte und Metzgerei gehörte. Dabei wurde das Gebäude einer benachbarten Bäckerei zerstört, in der fünf Menschen ihr Leben verloren, 16 weitere Personen wurden zum Teil schwer verletzt. Die Detonation war noch in einer Entfernung von 25 Kilometern zu hören, und wäre auch noch der mit 4000 Litern Gas gefüllte Tanklastzug explodiert, der in unmittelbarer Nähe zu dem Erdtank geparkt stand, würde man heute vermutlich von deutlich mehr Opfern sprechen müssen. Aber der Reihe nach.

Der Gastank

Die Gaststätte im Zentrum von Lehrberg, zu der auch eine Metzgerei gehörte, war zum Betrieb des Unternehmens auf Gas angewiesen. In der Metzgerei wurde ein Wurstkessel mit Gasfeuerung betrieben und im Restaurant, wie das so üblich ist, der Wirtschaftsherd.

Da das Grundstück nicht an eine Erdgasleitung angeschlossen war, ließ man sich im Jahr 2001 einen unterirdischen Flüssigkeitsgastank mit einem Fassungsvermögen von 4850 Litern errichten, der am 8. Juni 2001 seine Erstabnahme erhielt und in der Folgezeit in Betrieb genommen wurde. Der Behälter musste laut Vertrag mit einem Dortmunder Unternehmen alle zwei Jahre geprüft werden, was dann auch ordnungsgemäß getan wurde. Die erste Prüfung im Juli 2003 ergab keine Beanstandungen, während es bei der zweiten Prüfung im Juli 2006 tatsächlich zu zwei sogenannten Regelabweichungen kam:

1. eine geringe Undichtheit des Füllventils und
2. eine nicht korrekte Erdgleiche des sogenannten Domschachts, also jenes Schachts, in dem auch das Füllventil angebracht war.

Diese beiden Mängel sollten nun also von der Betreiberfirma vertragsgemäß beseitigt werden, wobei an dieser Stelle angemerkt werden sollte, dass das beanstandete undichte Füllventil keineswegs eine Gefahr für die dort lebenden Menschen darstellte, da die ausgetretene Gasmenge tatsächlich sehr gering war. Aber es war eben ein festgestellter Mangel, und dieser sollte am 22. September 2006 durch den Monteur Harald M. des Dortmunder Gaslogistikunternehmens behoben werden.

Die schwierige Zufahrt

Es muss an dieser Stelle auch erwähnt werden, dass der Zugang zu dem Erdtank auf dem Grundstück der Metzgerei nicht ganz einfach war. Aufgrund von Nachbarschaftsstreitereien zwischen der Metzger- und der Bäckerfamilie konnte der Monteur nicht direkt zu dem Tank vorfahren. Dafür hätte er über das Grundstück der Bäckerei fahren müssen, und das war ihm aus besagten Gründen nicht erlaubt. So also hätte Harald M. etwa 20 Meter Doppelschlauch ausrollen müssen, um den Inhalt des Gastanks in seinen Tankwagen umzufüllen. Hätte er näher zum dem Tank hinfahren können, wäre alles irgendwie ein wenig einfacher gewesen …

Harald M., ein äußerst zuverlässiger Mitarbeiter der Betreiberfirma, tut also etwas, was vermutlich kein Mensch für sich selbst wirklich ausschließen könnte: Er geht zunächst einmal den berühmten »Weg des geringsten Widerstands«. Bevor er die 20 Meter Doppelschlauch ausrollt, um den Tank tatsächlich zu entleeren, versucht er erst noch einmal, ob sich die kleine undichte Stelle an dem Ventil nicht vielleicht auch leichter beseitigen lassen könnte. Sein Plan: Er will das Ventil noch einmal mit aller Kraft nachziehen, und wenn dann immer noch Gas austreten sollte, dann will er den Tank entleeren und das Ventil an dem Tank ersetzen. Was Harald M. an diesem Morgen also vorhat, ist im Grunde zutiefst menschlich.

Der verhängnisvolle Druckluftschrauber

Der Monteur schaut sich den Schacht des Tanks, in dem das Ventil angebracht ist, an und geht dann zurück zu seinem Tanklastwagen, um dort das geeignete Werkzeug zu holen, mit dem er das Ventil noch einmal nachziehen könnte. Als der Monteur mit Druckluftschläuchen zurück zum Tank kommt, sieht der Metzger, auf dessen Grundstück die Gasanlage steht, dass Harald M. mit Druckluft arbeiten möchte, und bietet ihm hierfür seinen eigenen, fahrbaren Kompressor an. Ein Angebot, das Harald M. sehr gerne annimmt, denn wie gesagt: Die Lage des Erdtanks

ist äußerst ungünstig, die Druckluftschläuche von seinem LKW her aus-
zurollen wäre doch eine einigermaßen umständliche Angelegenheit.

Der Metzgereibesitzer stellt den Kompressor bereit und geht zurück in seinen Betrieb. Was der Mann leider nicht wissen kann: Harald M. wäre es eigentlich untersagt, mit einem Druckluftschrauber
an dem Gasventil zu hantieren. Aber aus der Sicht des Monteurs ist so
eine Vorschrift letztlich Papier. Wie so oft im Alltag. Eine bürokrati-
sche Kleinigkeit, die man in der Praxis einfach ignoriert, weil sie das
Leben an der Handwerksfront künstlich erschwert. Und: Weil viele es
doch eigentlich schon immer so gemacht haben.

Dazu kommt, dass der sogenannte Domschacht des Erdtanks relativ eng gebaut ist und man mit einem Gabelschlüssel, nach unten
gebeugt, kaum in der Lage wäre, so ein Ventil ordentlich festzuziehen.

Das Zischen

Der hilfsbereite Metzger wird sich später bei Befragungen daran erinnern können, dass er – zurück in seiner Wurstküche – etwa drei bis
fünf Mal das typische Rattern eines Druckluftschraubers hören konnte. Und dann folgte ein ganz anderes, vollkommen untypischen Geräusch: ein lautes, kräftiges Zischen! Und das verheißt, wie sich noch
zeigen sollte, nichts Gutes.

Der Metzger rennt hinaus zum Gastank und blickt in das verstörte
Gesicht des Monteurs M. Aus dem Tank schießt eine Gasfontäne.
1,2 Kilogramm Gas pro Sekunde bilden augenblicklich ein hochent-
zündliches Gas-Luft-Gemisch – späteren Berechnungen zufolge von
der fünffachen Größe eines Einfamilienhauses, das sich leise und unsichtbar in der Umgebung ausbreitet.

Harald M. ruft dem entsetzt zu ihm herüberblickenden Metzger zu,
dass er sofort die gesamte Nachbarschaft warnen und die Feuerwehr
verständigen soll. Der Metzger reagiert umgehend und alarmiert zunächst die benachbarte Bäckerei, in der bereits reger Betrieb herrscht.
Und dort geschieht etwas, was der Kriminalbeamte aus Ansbach, der

den Fall damals untersuchen musste, bis heute nicht verstehen wird. Die Besitzer der Bäckerei ignorieren die Warnungen ihres Nachbarn, und zwar allein aus einem einzigen Grund: Man liegt im Streit, seit Jahren schon, kann sich nicht leiden und glaubt in dieser von Hass und Abneigung geprägten Grundstimmung an diesem Morgen, der böse Nachbar wolle sich nur einen üblen Streich erlauben. Oder mehr als das: eine Gemeinheit oder ein Trick, dem lukrativen Morgengeschäft der Bäckerei zu schaden …

Stur bis zum Ende

Dem Metzger dagegen ist der Ernst der Lage so sehr bewusst, dass die alten Animositäten zwischen den beiden Familien in diesem Moment keine Rolle mehr spielen. Er läuft in Panik weiter zur Feuerwehr. Was er allerdings nicht wissen oder auch nur ahnen kann: Durch die leichte Hanglage der beiden Grundstücke – die Metzgerei liegt oberhalb des Bäckergebäudes – »fließt« das tödliche Gas-Luft-Gemisch, das schwerer ist als Luft, lautlos und unsichtbar den Hang hinunter, um dort dann in zwei mutmaßlich offen stehende Kellerfenster der angrenzenden Bäckerei zu kriechen.

Der Bäcker sitzt mit seiner Familie und seinen Angestellten unwissend auf einer gewaltigen Bombe, die sich über kurz oder lang beim auch nur kleinsten Funken entzünden kann. Und genau das geschieht dann auch etwa 20 Minuten später, um 07:59 Uhr. Die herbeigeeilten Feuerwehrleute und Polizisten hatten gerade damit begonnen, das Gebiet rund um den leck geschlagenen Gastank abzusperren und zu evakuieren.

Das Epizentrum der gewaltigen Explosion liegt auf dem Anwesen der Bäckerei. Was das gefährliche Gas-Luft-Gemisch in den Kellerräumen der Bäckerei am Ende zum Detonieren bringt, wird für immer ein Rätsel bleiben. Es kann ein kleiner Funke gewesen sein, ausgelöst vielleicht durch einen Lichtschalter. Man weiß es nicht, und im Grunde ist diese Frage auch völlig unerheblich.

Viel entscheidender war für die Ermittler die Frage, wie es überhaupt zu dem unkontrollierten Gasaustritt kommen konnte. Und die Antwort auf diese Frage sollten sie in jenem Trümmerfeld finden. Nachdem die restliche Gasmenge in dem Erdtank kontrolliert abgebrannt worden war, konnten die Ermittler vor Ort sehr schnell feststellen, dass das Füllventil fehlte. Aber wo war es, und warum war es überhaupt weg?

Nur ein kleiner Hebel

Die hinzugerufenen Experten des Bayerischen Landeskriminalamts waren sich recht schnell im Klaren darüber, dass der Monteur Harald M. mit einem Druckluftschrauber gearbeitet haben musste. Und ein einfacher Blick auf das Werkzeug lieferte auch sofort die letzte, noch fehlende Antwort auf die Frage nach der Ursache für das verheerende Unglück: Die Drehrichtung des Werkzeugs war falsch eingestellt. Der Druckluftschrauber drehte nicht nach rechts, die Richtung, die notwendig ist, um eine Schraube festzuziehen – der Schrauber stand vielmehr auf links.

Was also war geschehen? Ein Disponent der Betreiberfirma gab bei einer späteren Befragung an, dass er um 7:50 Uhr einen Anruf seines Monteurs entgegengenommen habe, und in dem Gespräch habe Harald M. angegeben, dass er das Ventil bei Reparaturarbeiten überdreht habe. Diese Aussage also galt es für die Ermittler des Bayerischen Landeskriminalamts nun zu überprüfen, zumal der Monteur auch bei späteren Befragungen eine ähnliche Version zu Protokoll gab.

Harald M. gab an, dass ihm sehr wohl bewusst gewesen sei, dass »das Eindichten beziehungsweise Erneuern eines Füllventils (...) nur an drucklosen Behältern durchgeführt werden durfte«. Harald M. erklärte jedoch auch, dass sich ein geringfügig undichtes Ventil, wie jenes, um das es in diesem Fall ging, manchmal auch abdichten ließ, indem man versuchte, es fester zuzuschrauben.

Der Monteur führte aus, er habe zunächst versucht, das Ventil von Hand mit einer Knarre anzuziehen. Erst als dieser Versuch gescheitert sei, habe er beschlossen, den Schlagschrauber zu nehmen, der nach seiner Erfahrung durchaus für eine Reparatur dieser Art geeignet gewesen wäre. Worauf Harald M. unbedingt Wert legte, war jedoch die Tatsache, dass er den Druckluftschrauber mit 100-prozentiger Sicherheit auf Rechtsdrehung gestellt hatte. Für das Herausschießen des Ventils gab es seiner Meinung nach also nur eine Erklärung: Er ging davon aus, dass er das Ventil bei den verschiedenen Versuchen, es fester hineinzudrehen, entweder überdreht habe oder dieses am Ende vielleicht sogar abgebrochen sei. War es am Ende also womöglich sogar nur ein Materialfehler? Oder so etwas wie Materialermüdung?

Der gefundene Druckluftschrauber, der auf Drehrichtung links stand, konnte durchaus ein Puzzleteil bei der Klärung dieses Falls sein, aber würde dies bei einer möglichen Gerichtsverhandlung als Indiz für ein Fehlverhalten des Monteurs genügen? Wohl kaum, denn mit einem guten Strafverteidiger wäre man vermutlich schnell zu dem Ergebnis gekommen, dass die Drehrichtung des Druckluftschraubers auch nachträglich hätte verstellt werden können. Um die Frage endgültig und gerichtsverwertbar zu lösen, brauchte man das fehlende Ventil. Aber wie in Gottes Namen sollte man dieses vergleichsweise winzige Bauteil in einem gewaltigen Berg aus Schutt und Asche finden? Wenn je von einer Nadel im Heuhaufen hätte gesprochen werden dürfen – in diesem Fall wäre dieser Vergleich mit Sicherheit angebracht gewesen.

Eines stand jedoch schon mal fest: In den Sicherheitsanweisungen der Betreiberfirma stand zwar vermerkt, dass nur »bordeigenes Werkzeug« Verwendung finden durfte, allerdings gehörte ein Druckluftschrauber ohne Zweifel zur Ausstattung des Lastwagens – auch wenn der Monteur sich in diesem Fall das Werkzeug vom Metzger geliehen hatte. Aber in den Sicherheitsanweisungen stand eben auch, dass »das Lösen von Schrauben und Muttern an Flanschverbindungen sowie das Herausdrehen von Armaturen an unter Druck stehenden Lagerbehältern nicht zulässig« sei. In welche Richtung Harald M. das Ventil auch gedreht haben mochte, an einem gefüllte Behälter hätte er diese Arbeiten jedenfalls nicht erledigen dürfen.

Die Physik

Spurensicherer und Ermittler brauchen auch mal Glück, und das hatten sie bei der Suche nach dem vermissten Ventil dann auch ganz offensichtlich. Es mussten in dem unbeschreiblichen Trümmerchaos von Lehrberg nicht etwa tonnenschwere Schuttberge umgedreht werden – das Ventil lag letzten Endes ganz einfach in dem unbeschädigten Domschacht des Erdtanks. Das Bauteil war, so schien es, unter dem Druck des Gases im Tank senkrecht in die Höhe geschossen und genau in derselben Flugrichtung auch wieder heruntergefallen, sodass dieses so überaus wichtige Asservat recht schnell zur Untersuchung in die Kriminaltechnik des Bayerischen Landeskriminalamts nach München gebracht werden konnte. Und dort warteten bereits die Experten des Sachgebiets Physik.

Bei den Untersuchungen der Gasexplosion von Lehrberg ging es nun in den Sachgebieten Physik und Formspuren um die Frage, ob die Angaben des Monteurs Harald M. sich bestätigen ließen und ob das Ventil beim Festdrehen gewissermaßen überdreht wurde oder gar brach und aus diesen Gründen gleichsam von dem Erdtank »gesprengt« worden war.

Die Untersuchungen an dem Ventil im Sachgebiet 208, Formspuren, ergaben zunächst einmal, dass es sich hierbei um eine 1-7/8-Zoll-Schraube handelte, was dem in Europa üblichen Maß von 47 Millimetern entspricht. Harald M. hatte jedoch keine 47-Millimeter-Nuss in seinem Bordwerkzeug, weshalb er eine 50er-Nuss verwendete.

Um das feststellen zu können, wurden das Gasventil und die Werkzeugnuss unter einer Stereolupe bei 80- bis 100-facher Vergrößerung genau betrachtet und analysiert. Hierbei konnten an der Nuss kleine

Messingrückstände des Ventildeckels entdeckt werden, was wiederum dafür sprach, dass mit exakt diesem Werkzeug gearbeitet worden war. Bei dem Druckluftschrauber, der normalerweise beim Radwechsel an Lastkraftwagen zum Einsatz kommt, konnte – wie bereits weiter oben beschrieben – festgestellt werden, dass die Drehrichtung auf links gestellt war, also in die Richtung, die es braucht, wenn man eine Schraube öffnen möchte. Der Schlagschrauber selbst war dergestalt gebaut, dass er ein Drehmoment von maximal 900 Newtonmeter hatte. Dieses Drehmoment konnte beim Rechtslauf in vier verschiedenen Stärken eingestellt werden, was auch sinnvoll ist, weil es sonst eben tatsächlich passieren kann, dass man mit zu viel Drehmoment eine Schraube überdreht.

Beim Linkslauf indes, also bei der Einstellung, die es braucht, um Schrauben zu öffnen, gab es diese Einstellungsmöglichkeit fatalerweise nicht. Hier gab es nur ein Drehmoment, und zwar das größte.

Der Metzger, der dem Monteur seinen Kompressor zur Verfügung gestellt hatte, konnte sich ja erinnern, dass er drei, vier oder fünf Mal das für Druckluftschrauber typische Rattern gehört hatte, und genau dies konnten die Physiker des Landeskriminalamts auch an den Spuren, die die zu große 50er-Nuss an dem Messingventil hinterlassen hatte, ablesen. Hinweise darauf, dass das Ventil dabei überdreht worden war, fanden die Techniker jedoch nicht.

Also hatte Harald M. also tatsächlich einige Male versucht, das Ventil stärker in den Tank einzudrehen. Dann hatte er mit einem Spezialspray die Dichtigkeit des Ventils überprüft und feststellen müssen, dass seine ersten Versuche nicht das gewünschte Ergebnis gebracht hatten. Vermutlich hatte der Monteur es nur noch ein letztes Mal versuchen wollen. Ein letztes Mal, bevor er den Gastank entleeren und das undichte Ventil austauschen würde. Nur ein letzter Versuch …

Was der Mann in diesem Moment leider nicht ahnen konnte: Als er den Schlagschrauber aus dem nur schlecht zugänglichen Domschacht gezogen hatte, musste sich der Stift, mit dem die Drehrichtung des Werkzeugs verstellt werden kann, verschoben haben. Vielleicht geschah dies auch, als er den Druckluftschrauber ablegte, um nach dem Prüfspray zu greifen. Wie auch immer, bei seinem letzten Versuch, das Ventil nachzuziehen, stand der Schrauber plötzlich auf links – und das hieß: öffnen, und zwar mit voller Kraft!

Das Pech

Und nun kam alles Unglück zusammen, was nur zusammenkommen konnte: Das Ventil hatte anstelle eines zylindrischen ein konisches Gewinde, und der Druckluftschrauber zerrte mit 2000 Umdrehungen pro Minute an den Schraubkanten. Das Ventil war im Bruchteil einer Sekunde raus, unterstützt auch von dem enormen Druck im Innenraum des Gastanks. Das Ventil passierte den »Point of no Return«, bevor sich der Monteur überhaupt dessen bewusst werden konnte. In dieser einen Sekunde war im Grunde alles entschieden, ein Zurück gab es nicht mehr. Das Gas strömte mit großer Gewalt aus dem Tank, das Ventil selbst war unauffindbar. Und auch wenn es der zu Tode erschrockene Monteur Harald M. gefunden hätte – er wäre in dieser Situation mit Sicherheit nicht mehr in der Lage gewesen, das kleine Bauteil wieder an dem Tank anzubringen.

Aus dem 40 Millimeter großen Loch schoss das Gas mit einem Druck von etwa fünf bis sechs Bar. Es verbreitete sich rasend schnell in der Umgebung und verband sich mit dem Sauerstoff in der Luft zu einem hochexplosiven Gemisch. Die Bäckerei lag zwar rund 80 Meter von dem Gasbehälter entfernt, aber da derart viel Gas ausströmte und die topografischen Bedingungen dergestalt waren, dass das Grundstück von dem Gastank aus gesehen leicht bergabwärts zu dem Bäckereigebäude verlief, waren diese 80 Meter alles andere als ein Bereich, der als sicher angesehen werden konnte.

Hätte Harald M. in einem Bruchteil von einer Sekunde, nachdem das Gas aus dem Tank zu strömen begonnen hatte, ein Feuerzeug angezündet, hätte er das tragische Unglück vielleicht noch verhindern können. Dann wäre das Gas in dem Erdtank in einer mächtigen Feuersäule einfach kontrolliert abgefackelt.

Explodiert wäre der Tank sicher nicht, weil in dem Tank kein Sauerstoff war. Das ist auch der Grund, warum Gastanks bei solchen Unglücksfällen nie explodieren – der Mythos der in die Luft fliegenden Gasbehälter ist nur dem allzu attraktiven Bildmaterial von Actionfilmen zu verdanken. So aber kam am Ende doch die alte Feuerwehrweisheit zum Einsatz, leider auch in Lehrberg: »Jedes Gemisch findet irgendwann seinen Funken!«

Das Gutachten

In diesem Fall also waren die Kriminaltechniker des Bayerischen Landeskriminalamts in vielerlei Hinsicht gefragt: Zum einen galt es, durch das Sachgebiet Physik, von dessen 14 Experten (Physiker, Maschinenbauer, Elektroingenieure und Chemiker) elf Kriminaltechniker als Sachverständige vor Gericht zugelassen sind, einen möglichst genauen Hergang der Explosion herzuleiten. Das Sachgebiet Formspuren indes hatte sich mit dem Ventil und der fraglichen Werkzeugnuss zu befassen.

Nachdem das letzte Gas in dem Tank abgefackelt war, was übrigens noch mehr als zwölf Stunden gedauert hatte, und die Anlage wieder ausgekühlt war, wurden auch noch weitere Armaturen an dem Gasbehältnis ausgebaut, damit man auch hier überprüfen konnte, ob vielleicht ein anderer, bis dahin unerkannter technischer Mangel den Gasaustritt hätte verursachen können. Dies war nicht der Fall.

Die Gutachten des Bayerischen Landeskriminalamts ergaben schließlich vor Gericht, dass der Monteur Harald M. bei seinen Befragungen absolut korrekt ausgesagt hatte. Er hatte nicht versucht, etwas zu beschönigen oder gar zu verbergen. Bei dem letzten Versuch, das Ventil noch etwas stärker anzuziehen, war der Mann der festen Überzeugung, dass sein Druckluftschrauber auf Rechtsdrehung eingestellt war. Dass sich das Werkzeug beim Ablegen oder beim Heraus-

nehmen aus dem Domschacht in die andere – die falsche – Richtung
verstellt hatte, konnte Harald M. in diesem Augenblick nicht annehmen. Sicher, er hätte die Einstellungen des Schraubers noch einmal
kontrollieren können, aber ...

Im Namen des Volkes

Zwei Jahre nach dem schrecklichen Unglück von Lehrberg wurde
Harald M. vor dem Amtsgericht Ansbach der Prozess gemacht. Der
Vorwurf: fahrlässige Tötung, fahrlässige Körperverletzung und das
fahrlässige Herbeiführen einer Explosion. Kaum einer wollte diesen
Prozess, den ein Rechtsstaat natürlich dennoch führen muss. Selbst in
Lehrberg, selbst unter den geschockten Dorfbewohnern war man
mehrheitlich der Meinung, dass der Monteur Harald M. durch die
schrecklichen Folgen seines Fehlers selbst schon gestraft genug war.

Am Ende der Beweisaufnahme und nach Anhörung der Gutachten
forderte der Staatsanwalt eine Freiheitsstrafe von einem Jahr und
drei Monaten auf Bewährung. Das Gericht blieb mit seinem Urteil
unter den Forderungen der Anklagevertretung: Neun Monate Haft auf
Bewährung und 1000 Euro, zu zahlen an das Rote Kreuz.

Auch der Amtsrichter schien Mitleid mit diesem Menschen zu haben, der etwas getan hatte, was fast jeder in seinem Leben schon mal
gemacht hat: Er hatte den einfacheren Weg gehen wollen. In seinem
Schlusswort sagte der Richter an den Monteur gerichtet: »Sie sind
gezeichnet durch das Geschehen!«

Gezeichnet war und ist noch heute der Ort Lehrberg. Der Fehler
eines Menschen, eine kleine Unachtsamkeit eines Monteurs, hat der
Gemeinde tiefe Wunden zugefügt. Dass es sechs Todesopfer zu bekla-
gen gab – das hätte nicht sein müssen. Ein lächerlicher Nachbar-
schaftsstreit, über die Jahre verhärtete Fronten zwischen zwei Familien, hat in diesem Fall tödlich geendet. Das ist kein von einem Gericht
gefälltes Urteil, sondern eine neutrale Feststellung. Hätte die Bäckerfamilie die ehrliche Warnung des verfeindeten Nachbarn ernst ge-

nommen, wären vielleicht noch alle Menschen unbeschadet aus der Bäckerei gekommen. Vielleicht!

Aber noch nicht einmal in der Zeit der Trauer und Bewältigung der schrecklichen Ereignisse vermochten diese beiden Familien, ihre alten Streitigkeiten zu begraben. Der Gedenkstein, von dem am Anfang dieser Geschichte bereits einmal die Rede war, trägt nur fünf Namen. Die der Opfer aus der Bäckerei. Der sechste Name, der des Senior-Metzgers, der Wochen nach der Explosion an seinen schweren Brandverletzungen verstarb, fehlt. Dieser Gedenkstein ist am Ende vielleicht doch nur ein Stein zum Vergessen.

Formspuren

Mord auf der Uhr

01:17 Uhr. Den Todeszeitpunkt eines Opfers kennen die Ermittlungsbehörden selten genau. Es sei denn, es hat Augenzeugen gegeben. Oder eine Überwachungskamera vor irgendeinem Geschäft hat, wie heute nicht unüblich, etwas aufgezeichnet, was Aufschluss über ein Gewaltverbrechen geben kann.

Im Jahr 1990 war Deutschland noch nicht derart verkabelt. Es gab noch keine Mobiltelefone, die mitunter wahre Bewegungsprofile von Tätern aufzeichnen, und auch die Videoüberwachung auf Straßen, Plätzen und an Geldautomaten war noch nicht zum Standard gereift. Es waren die letzten Jahre einer gerade noch analogen Zeit – so analog wie die Uhr am Handgelenk des Mordopfers Peter B., der am 24. Januar 1990 in seiner Wohnung in Aschaffenburg tot aufgefunden worden war.

Peter B., ein junger Mann Anfang 20, grausam ermordet. Zahlreiche Stichwunden an den Armen, am Oberkörper, im Nacken – die Kehle aufgeschlitzt bis zur Wirbelsäule. An seinem Handgelenk eine kaputte Uhr, deren Zeiger auf kurz vor 2 oder aber auch kurz vor 14 Uhr stehen geblieben ist ... In seiner Wohnung, im Schlafzimmer, überall Blut. Den Polizisten, die am Tatort eintreffen, bietet sich ein grauenhaftes Bild. Erste Ermittlungen ergeben schon bald, dass das Mordopfer Peter B. homosexuell war und in einschlägigen Kreisen, vor allem in Frankfurt am Main, unterwegs war. Wirklich weiter hilft das den Ermittlern allerdings nicht.

In der Wohnung des Peter B. herrscht Chaos, aber recht schnell können die Ermittler vor Ort feststellen, dass die Geldbörse inklusive Ausweispapieren und Bankkarte fehlt. Ein Raubmord? Möglicherweise. Um das herauszufinden scheint es also naheliegend, das Bankkonto des Mordopfers zu überprüfen, und das weiß, wie sich schnell herausstellt, eine interessante Geschichte zu erzählen.

Die EC-Karte

Bereits in der möglichen Tatnacht, also am 24. Januar 1990, wird an einem Bankautomaten in Seligenstadt um 01:53 Uhr ein Betrag in Höhe von 400 Mark abgehoben. Fehlversuche mit der persönlichen PIN-Nummer des Opfers gibt es keine, was darauf schließen lässt, dass der oder die Täter im Besitz der Geheimnummer sind.

Nur fünf Minuten später, um 01:58 Uhr, kommt es zu einem erfolglosen Abhebungsversuch bei einer anderen, nahe gelegenen Bank. Dieser Versuch missglückt, da man mit der Karte des Mordopfers pro Tag nur maximal 400 Mark abheben kann. Was den oder die Täter nicht abhält, einen weiteren Versuch zu starten: um 02:30 Uhr, aber der Bankautomat spuckt natürlich wieder nichts aus. Aber: Beim Verlassen der Dieburger Bankfinale werden die zwei Männer von einer Polizeistreife kontrolliert.

Nur zu der Zeit ist den Streifenbeamten nicht bewusst, dass sie vor einem Mörder stehen. Das grauenhafte Verbrechen ist noch nicht gemeldet, es ist eine reine Routinekontrolle, bei der den Beamten allerdings auffällt, dass einer der Männer eine markante Wunde an der Hand hat. Sie sprechen den Täter, von dem sie weder wissen noch ahnen können, dass er vor etwa einer Stunde einen Menschen umgebracht hat, auf die Verletzung an, doch der weiß diese geschickt zu erklären. Diese habe er sich bei einer Autoreparatur zu gezogen. Der Keilriemen!

Die Streifenbeamten glauben dem Mann. Warum sollten sie es auch nicht? Sie nehmen dennoch die Personalien auf, dann lassen sie die beiden Männer wieder weiterfahren. Einer der Beamten wird sich später vor Gericht daran erinnern können, dass die Person mit der Wunde an der Hand äußerst ruhig und »cool« gewirkt habe. Es habe kein Grund bestanden, weitere Maßnahmen gegen diese beiden Männer einzuleiten.

Am 26. Januar erfolgt die nächste Abhebung vom Konto des Mordopfers: um 10:03 Uhr von einer Bank in Frankfurt am Main. Der Betrag, wie gehabt, 400 Mark. Nur ein Tag später, am 27. Januar 1990, wieder in Frankfurt, ein anderer Bankautomat. Uhrzeit: 13:47 Uhr, Abhebungsbetrag: 400 Mark.

Am Tag darauf kommt Bewegung in die Sache, wenn auch nur geografischer Natur. Am 28. Januar um 14:45 Uhr werden erneut 400 Mark vom Konto des Peter B. abgehoben, aber dieses Mal weder in Frankfurt noch in Dieburg oder gar Aschaffenburg. Das Geld wird vielmehr von einem EC-Automaten in Garmisch-Partenkirchen abgehoben – der oder die Täter scheinen also ihren Aktionsradius erweitert zu haben.

Die nächste Abhebung erfolgt am 29. Januar um 13:56 Uhr an einem Bankautomaten in Künzelsau. Die Täter sind also offenbar an ihre alte Wirkungsstätte zurückgekehrt und bleiben ihrer Abhebungsroutine treu: 400 Mark pro Tag, immer an einem anderen Bankautomaten, zu unterschiedlichen Uhrzeiten. Sollten in Kreisen der Mordermittler Gedanken aufgekommen sein, Bankautomaten zu überwachen – man hätte für eine Observierung wohl ganze Polizei-Hundertschaften aus der gesamten Bundesrepublik zu Hilfe holen müssen. Ein geradezu unmögliches Unterfangen!

Und es geht munter weiter:

Am 30. Januar um 11:01 Uhr in Frankfurt: 400 Mark.

Am 31. Januar um 18:34 Uhr, wieder in Frankfurt: 400 Mark.

Am 1. Februar um 0:40 Uhr, Frankfurt: 400 Mark.

Am 2. Februar um 11:15 Uhr in Langen. Wie gewohnt weitere 400 Mark.

Der Kniff

Und dann, am 2. Februar abends, klingelt es an der Tür von Jörg S. Es ist die Polizei, sie bittet um Einlass. In dem Zimmer treffen sie auf einen weiteren Mann. Er ist Mitte 20 und hat eine Schnittverletzung an seiner Hand. Nach der Überprüfung der Personalien stellen die Beamten fest, dass es sich um Christian Z. handelt – jenen Mann, der bereits in der Tatnacht routinemäßig überprüft worden war. Ein Volltreffer? Ja, ein Volltreffer. Die Handschellen rasten ein, in der Geldbörse des festgenommenen Christian Z. werden 4700 Mark gefunden. Wie aber ist es den Ermittlungsbehörden gelungen, Jörg S. und Christian Z. ausfindig zu machen?

Überwachungskameras an den Bankautomaten? Fehlanzeige. Es ist die Bankaktion in Garmisch-Partenkirchen, die die bayerischen Fahnder auf die Spur der Täter gebracht hat. Die nämlich haben einen kleinen, unbedeutend anmutenden Fehler begangen. Als Christian Z. mit der bei dem Raubmord erbeuteten EC-Karte des Peter B. in Garmisch-Partenkirchen Geld abgehoben hat, ist auch noch ein anderer an dem Bankautomaten aktiv gewesen: Sein Freund Jörg S. hat unmittelbar vor Z. an demselben Automaten mit seiner eigenen Karte 200 Mark abgehoben, und diese Banktransaktion ist den Ermittlern aufgefallen.

Eine in Aschaffenburg geklaute EC-Karte wird regelmäßig im Großraum Frankfurt am Main benutzt und ein einziges Mal auch in Garmisch-Partenkirchen. Und rein zufällig hebt ein anderer Bankkunde aus Dieburg unmittelbar davor auch Geld von dem Automaten ab? Vielleicht ein Zufall zu viel, mögen die Ermittlungsbeamten gedacht haben. Dazu kam das notwendige Quäntchen Glück, dass nämlich bei der Überprüfung des 20-jährigen Kellners Jörg S. auch noch ein anderer anwesend war – der Mann mit der verletzten Hand, Christian Z.

Die beiden Männer, die sich noch bei den ersten Befragungen in dem Zimmer des Jörg S. in Widersprüche verwickeln, werden vorläufig festgenommen. Während der Ausführungen der beiden Männer ergeben sich erste Hinweise auf einen 21-jährigen Verkäufer aus Frankfurt, Martin H., der daraufhin ebenfalls umgehend festgenommen wird.

Dieser Martin H. räumt nun schnell ein, dass er mit Christian Z. zusammen in der Nacht vom 23. auf den 24. Januar 1990 zu der Wohnung des späteren Mordopfers gefahren sei, wo er im Auto auf ihn gewartet habe.

Der 24-jährige Hauptverdächtige gibt dann bei seinen Vernehmungen auch zu, Peter B. getötet zu haben, über sein Motiv jedoch hüllt er sich weiter in Schweigen. Die Staatsanwaltschaft Aschaffenburg beantragt daraufhin gegen Christian Z. einen Haftbefehl. Der junge Mann wird in Untersuchungshaft genommen und in die JVA Aschaffenburg gebracht.

Die Flucht

Nur zwei Tage später, am 4. August 1990, wird der Direktor jenes Gefängnisses abends darüber informiert, dass einer der Untersuchungshäftlinge eine stark blutende Wunde am Bein habe. Der Gefängnisdirektor fährt den blutenden Untersuchungshäftling Christian Z. mit einem Freund zusammen – ohne den Geleitschutz von Polizeibeamten – in eine Klinik, wo die Beinwunde gesäubert und genäht wird. Bei offenen Fenstern, es ist schließlich sehr heiß an diesem Tag ...

Als die Wunde gut versorgt ist, stößt Christian Z. den Gefängnisdirektor zur Seite, springt aus einem der offen stehenden Fenster und flieht. Ein Skandal! Mutmaßlicher Mörder flieht aus Krankenhaus, Gefängnisdirektor verzichtet auf die Begleitung von Polizisten und so weiter. Knapp drei Wochen später wird der Beschuldigte im Kreis Main-Kinzig an einem Bahnhof wieder festgenommen. Besonders weit ist der Flüchtende offenbar dann doch nicht gekommen.

Was aber konnten die Ermittlungen in der Zwischenzeit ergeben? Der arbeitslose Christian Z. hatte offenbar Bankschulden in Höhe von 17 000 Mark. Die konnte er nicht nur nicht zurückbezahlen, er brauchte für seine näheren Zukunftspläne auch noch weiteres Geld. Z. hatte nämlich geplant, mit seinem Lebensgefährten, dem 20-jährigen Kellner Jörg S., gemeinsam in eine Wohnung zu ziehen, und die musste man ja irgendwie einrichten.

Aus einer Versicherungszahlung hätte Z. zwar 5700 Mark bekommen sollen, war aber entgegen allen Erwartungen am fraglichen 23. Januar nicht an dieses Geld herangekommen. Mit seinem Kumpel Martin H. zusammen war er extra zu diesem Zweck nach Crailsheim gefahren. Danach habe man noch in einem Bistro in Crailsheim Billard gespielt. Nicht, dass diese Partie Billard für diese Geschichte irgendeine Rolle spielen würde, sie soll lediglich zeigen, wie banal und belanglos das Leben sich mitunter darstellen kann – nur wenige Stunden, bevor man dann plötzlich zum Mörder wird.

Der Besuch

Um 22 Uhr war man in Bad Windsheim nach Frankfurt/Main aufgebrochen, und als man in der Nähe von Aschaffenburg war, sei Christian Z. auf die Idee gekommen, noch rasch bei seinem Exfreund vorbeizuschauen, dem 24 Jahre alten Frisör Peter B. Dieser Peter B., der von fast allen, die ihn gekannt hatten, als gutmütiger, zurückhaltender und eher weicher, ängstlicher Mensch beschrieben wurde, stand offenbar noch in losem Kontakt zu seinem Exfreund, weshalb sich Martin H. über den vorgeschlagenen Besuch in Aschaffenburg auch nicht weiter wunderte. H. allerdings wollte im Auto warten, er war müde und beabsichtigte, derweil ein kleines Nickerchen zu machen. Er war schon mehrfach auf dem Weg nach Aschaffenburg auf dem Beifahrersitz eingeschlafen und nur kurz aufgewacht, als sein Kumpel Z. den Wagen vor Peter B.s Wohnung parkte. Eine Stunde maximal, dann sei er wieder zurück, versicherte Christian Z., und Martin H. nickte sofort wieder ein.

Um etwa 0:15 klingelte Christian Z. an der Wohnungstür des Peter B. – der ließ seinen Exfreund eintreten. Die Einlassungen des Christian Z. unterschieden sich schon in diesem frühen Stadium, was jedoch nicht allzu sehr vertieft werden soll. Er gab an, dass er auf der Fahrt zurück nach Frankfurt auch müde gewesen sei und deshalb bei seinem Exfreund einen Kaffee trinken wollte. Eine merkwürdige Erklärung, schließlich gibt es gegen Mitternacht weltweit an Raststätten keinen Kaffee mehr, weshalb man denn auch mitten in der Nacht gezwungen ist, Freunde oder Exfreunde aus dem Schlaf zu klingeln, um dort dann O-Saft anstelle eines Kaffees zu trinken, während der Beifahrer im Auto warten muss. Aber darüber zerbrachen sich die Ermittler zunächst nicht den Kopf, dieser Hinweis soll lediglich dokumentieren, welch abenteuerliche Geschichten Polizisten, Staatsanwälte und Richter mitunter zu hören bekommen. Sei es drum, Christian Z. beschrieb den weiteren Verlauf seines Besuchs dann wie folgt:

Er habe mit Peter B. also dagesessen, Orangensaft getrunken und »über dies und das« gesprochen. Unter anderem sei man hierbei auf die aktuellen Lebenspartner gekommen, woraufhin Peter B. – der sanftmütige Peter B., wie ihn alle beschrieben hatten – seinen Exfreund angeblich gefragt habe, »was der denn mit diesem kleinen Wichser« (also Jörg S.) wolle.

Die Atmosphäre zwischen Peter B. und Christian Z., glaubt man den Ausführungen des mutmaßlichen Täters, war also einigermaßen vergiftet. Gleichwohl, so berichtete Z., habe er seinen Exfreund gefragt, ob er vielleicht in seiner Wohnung übernachten könne, was Peter B. angeblich bejahte. Wir erinnern uns: Vor dem Haus schlummerte Martin H. auf dem Beifahrersitz des Wagens, was sollte also näher liegen, als dass sein Kumpel Christian oben in der Wohnung von Peter B. schlafen würde? Aber damit müssen sich ja gottlob in erster Linie Schwurgerichte befassen.

Die Ausführungen des Christian Z. gingen noch weiter: Zunächst also sei er nach unten auf die Straße gegangen, um seinen Kumpel zu informieren. Er würde gleich wiederkommen – oder oben übernachten. Aus dem Kofferraum habe er dann eine Rolle Isolierband geholt – »um in der Wohnung des Peter B. noch ein paar Poster aufzuhängen«. Nach Mitternacht! Eine Aussage, die wir an dieser Stelle besser nicht kommentieren wollen.

Kein Sex!

Oben in der Wohnung wieder angekommen, habe Z. seine Lederjacke, sein Flanellhemd und sein weißes T-Shirt abgelegt, um sich schlafen zu legen. Was er natürlich auch abgelegt habe, sei sein Survival-Messer gewesen, darauf legte Christian Z. in seiner Aussage allergrößten Wert. Im Schlafzimmer habe er dann das Gefühl gehabt, dass sein Exfreund Peter sauer sei, weil Christian Z. ihm gegenüber zu verstehen gegeben habe, dass er wirklich nur schlafen wolle. »Kein Sex!«, er sei seinem neuen Freund schließlich zur Treue verpflichtet.

Und dann habe das Unheil seinen Lauf genommen. Plötzlich soll Peter B. mit dem Survival-Messer hinter ihm gestanden haben, während er, also Christian Z., halb nackt neben dem Bett in der Hocke gesessen habe. Er sei daraufhin fürchterlich erschrocken, weil er den Eindruck gehabt hätte, Peter B. wolle den Sex von ihm erzwingen und dann … dann habe er nach dem Messer gegriffen, sich dabei am Handrücken verletzt und dann … Blackout. Irgendwann habe Peter B. dann regungslos auf dem Boden gelegen.

Klingt nach Notwehr. Irgendwie.

Er habe unter Schock gestanden, sei in dem Zimmer auf und ab gegangen und habe sich dazwischen wieder angezogen, die Hände gewaschen und auf der Suche nach einem Heftpflaster verschiedene Schubladen aufgezogen. Danach habe er die Wunde versorgt, das Saftglas in der Küche abgewischt, Peter B.s Geldbeutel genommen und dann nach der Geheimnummer für die EC-Karte gesucht. Was man eben so tut, wenn man gerade unter einem Blackout stehend einem Freund die Kehle durchgeschnitten hat …

Das Geld aus B.s Brieftasche habe er allerdings nicht für sich verwenden wollen, und überhaupt, die Sache mit der EC-Karte und der Geheimnummer könne man sicherlich missverstehen, aber eigentlich habe er die EC-Karte ja nur ausprobieren wollen, denn das Geld habe er sicher nicht gebraucht. Ganz klar.

Die Lüge

Die Verteidigungsstrategie des Christian Z. lag natürlich auf der Hand: Er wollte aus der ganzen Sache eine Notwehrgeschichte machen und unter allen Umständen versuchen, den Vorwurf des Raubmords vom Tisch zu bekommen.

Nun ist es ja leider so, ob es sich um Kinder, Lebenspartner oder Angeklagte handelt: Wer lügt, glaubt immer auch, dass er ein kleines bisschen schlauer ist als der andere. Dass derjenige einem die Geschichte abnimmt, die man sich als Ausrede für die Verspätung, für den Seitensprung – oder eben für ein Verbrechen – ausgedacht hat. Im Bereich der Strafverfolgung und auch der Strafjustiz wird verständlicherweise sehr häufig gelogen. Nur die wenigsten sagen offen und ehrlich, wie es war – da ist der Gasmonteur aus der vorangegangenen Geschichte sicher eine der wenigen rühmlichen Ausnahmen, aber der war ja letztlich auch, wie man leicht feststellen konnte, kein Verbrecher.

Wer glaubt, er müsse Polizisten, Staatsanwälte, Gutachter und Richter belügen, verliert immer ein wenig aus den Augen, mit welchem »Gegner« er es gerade aufgenommen hat. Glaubt ein Mensch, der eine Geschichte präsentiert, wie es Christian Z. versucht hat, allen Ernstes, dass er erfahrene Kriminalisten, Verhörspezialisten und auch Kriminaltechniker mit einer hanebüchenen Geschichte übertölpeln kann? Der Versuch ist menschlich und – wenn man eines Verbrechens angeklagt ist – in unserem Land auch nicht strafbar. Ein Beschuldigter vor Gericht darf schweigen – und er darf lügen. Wenn es die Beweisaufnahme hergibt, wird er wegen des Verbrechens verurteilt, weswegen er angeklagt war. Für die Lügen, die er vor Gericht aufgetischt hat, muss er nicht bezahlen. Dafür wird er nicht bestraft.

Mehr als ein Widerspruch

Und dennoch: Wie konnte man die Wahrheit schließlich aufdecken und die Version des mutmaßlichen Täters kippen?

Die Widersprüche, in die sich Christian Z. verwickelt hatte, lagen gleichsam offen auf der Hand:

1. Der angebliche Angriff des Peter B. mit dem Messer passte nicht im Geringsten zu den unzähligen Zeugenbeschreibungen, die ihn als schüchtern, feminin und körperlich eher schwach beschrieben hatten.

2. Das Isolierband hatte Christian Z. mit Sicherheit nicht aus dem Kofferraum des Wagens geholt, um damit mitten in der Nacht in der Wohnung des Peter B. Poster aufzuhängen, denn zum einen waren keine Poster vorhanden, und zum anderen hatte der ermordete B. ausnahmslos gerahmte Bilder in seiner Wohnung hängen.

3. Da nicht davon ausgegangen werden konnte, dass Christian Z. tatsächlich in der Wohnung des Peter B. übernachten wollte, während sein Kumpel Martin H. unten in einem geparkten Auto wartete, galt es auch als sehr unwahrscheinlich, dass Christian Z. Kleidung *und* Waffe abgelegt hatte.

4. Wenn Christian Z. nicht halb nackt war und das Messer auch nicht offen herumlag, dann konnte er auch nicht in der Hocke neben dem Bett von Peter B. mit einer Waffe bedroht worden sein.

5. Wenn ein mutmaßlicher Täter 17 000 Mark Schulden bei der Bank hat und in Erwartung einer Versicherungszahlung eigens von Frankfurt nach Crailsheim fährt, dort aber erfährt, dass er nicht an das Geld rankommt, und dann einem angeblich in Notwehr getöteten Menschen Geldbörse, EC-Karte und Geheimzahl entwendet und mit dieser Karte mehrfach Geld abhebt – hat er diese Karte dann tatsächlich nur verwendet, um sie allenfalls aus-

zuprobieren? Etwa zehn Mal? Und immer mit der erlaubten Höchstsumme?

Die Uhr

Die vielleicht wichtigste Spur, um das Kartenhaus des Christian Z. restlos zum Einsturz zu bringen, lieferte jedoch das Sachgebiet 208, Formspuren, des Bayerischen Landeskriminalamts in München. Denn dort landete die eingangs erwähnte beschädigte Armbanduhr des Mordopfers Peter B. Und dort wartete ein Kriminaltechniker, der sich von jeher noch nie mit einfachen Antworten zufriedengegeben hatte.

Die Zeiger der beschädigten Uhr, deren Glas weg war, zeigten – wie bereits beschrieben – eine Uhrzeit kurz vor zwei an. Die Fragen, die sich deshalb zunächst einmal stellten, waren:

- Ist diese Uhr vielleicht stehen geblieben, weil nach und nach Blut eingedrungen ist? Dann wären kaum genauere Rückschlüsse zum Tatzeitpunkt möglich gewesen. Das konnte nach der ersten Untersuchung ausgeschlossen werden.
- Ist rein zufällig ein Stillstand der Uhr in der fraglichen Zeit möglich? Etwa, weil sie defekt oder die Batterie vielleicht ausgefallen war? Auch das konnte ausgeschlossen werden, da es sich bei dem Untersuchungsobjekt um eine vergleichsweise moderne Quarzuhr handelte und die gemessene Batteriespannung einwandfrei war. Also: Nein!

Der zuständige Kriminaltechniker, der sich noch heute, gut 25 Jahre später, an diesen Fall erinnert, konnte vielmehr feststellen, dass die Uhr einen Schlag bekommen hatte, bei dem nicht nur das Glas kaputt gegangen war, sondern offenkundig auch der Minutenzeiger leicht verbogen worden war. Und als dieser Minutenzeiger die Ziffer 12 erreicht hatte, war er an der aufgeklebten 1 hängen geblieben – die Uhr kam somit zum Stehen.

Nun, das sagte noch nicht viel über einen möglichen genauen Zeitpunkt des Schlags auf die Uhr aus. Der Zeiger hätte letztlich um kurz nach eins beschädigt worden sein können. Dann wäre die Uhr noch rund 50 Minuten weitergelaufen, bevor sich der große Zeiger an der 12 verhakte. Der kleine, der Stundenzeiger, war auch nach unten in Richtung Ziffernblatt verbogen, aber da er wie so üblich kürzer war, konnte dieser Zeiger nirgendwo hängen bleiben.

Nur zwei kleine Pünktchen

Der Kriminaltechniker schaute sich die Uhr immer und immer wieder an, stets auf der quälenden Suche nach möglichen Antworten, die ihm diese Uhr vielleicht doch noch geben könnte. Und dann entdeckte er unter einem Vergrößerungsglas etwas, was mit bloßem Auge nicht zu erkennen war: Auf dem Ziffernblatt waren zwei winzige kleine Punkte zu sehen. Zwei ganz kleine, feine Einkerbungen, die von ihrer Form und Kontur exakt zu den Spitzen der beiden Uhrzeiger passten.

Und diese beiden mikroskopisch kleinen Punkte befanden sich ziemlich genau auf der Marke 01:17 Uhr. Das heißt, um 01:17 Uhr musste es einen Schlag auf die Uhr gegeben haben, bei der das Glas der Uhr die beiden Zeiger auf das Ziffernblatt gedrückt haben musste, wo es zu genau diesem Zeitpunkt dann zu den fraglichen punktuellen Einprägungen gekommen war.

Das Ende eines Konstrukts

Warum konnten nun genau diese zwei winzigen Punkte vor Gericht eine derart große Wirkung entfalten? Sie erschütterten das von Christian Z. dargestellte Ablaufkonstrukt des fraglichen Abends ganz gewaltig.

Den Ausführungen des Beschuldigten zufolge war er in Panik geraten, hatte einen Blackout erlitten und war danach, nachdem er erkannte hatte, was er angerichtet hatte, rat- und ziellos in der Wohnung des Peter B. auf und ab gegangen. Dann hatte er sich angezogen und gewaschen, ein Heftpflaster gesucht und dabei die Geldbörse gefunden. Er hatte die Wunde gereinigt und die PIN-Nummer für die EC-Karte gesucht. Und das Orangensaftglas hatte er nach eigenen Angaben auch noch abgespült.

Danach musste er zum Auto hinunter, einsteigen und zu einem Bankautomaten nach Seligenstadt fahren, um dort exakt um 01:53 Uhr vom Konto des Peter B. 400 Mark abzuheben. Das alles wollte Christian Z. zwischen 01:17 Uhr, dem Zeitpunkt, als in Aschaffenburg ganz offenbar bei einem Kampf die Uhr des späteren Opfers zu Bruch ging, und 01:53 Uhr, als er in Seligenstadt Geld abhob, unter Schock und in Panik erledigt haben? In 36 Minuten?

Wenn Christian Z. also vor seiner angeblichen Notwehrhandlung zu keiner Zeit vorgehabt hatte, dem späteren Opfer Peter P. in räuberischer Absicht Geld und EC-Karte zu entwenden, dann hätte er all die Dinge, die er da in 36 Minuten vollbracht haben wollte, in absoluter Rekordzeit erledigen müssen. Und das nahm ihm vor Gericht dann nun wirklich keiner mehr ab, zumal Fahrversuche der Ermittlungsbehörden ergeben hatten, dass die von Christian Z. angegebenen Abläufe so nicht zu schaffen waren. Aber Christian Z. konnte, als er seine Version zum Tathergang zu Protokoll gegeben hatte, auch nicht ahnen, dass in München ein Kriminaltechniker saß, der von dieser kaputten Uhr nicht ablassen wollte und nicht eher aufgab, bis er das Ziffernblatt buchstäblich richtig lesen konnte.

Und so kam man vor Gericht schließlich zu der Erkenntnis, dass die räuberischen Handlungen des Christian Z. schon deutlich früher eingesetzt haben mussten und dass er vermutlich überhaupt nur die Wohnung des späteren Opfers Peter B. angefahren hatte, um seinem Exfreund Geld und EC-Karte abzunehmen. Der Faktor Zeit sprach mehr als deutlich gegen eine Notwehrsituation

Die Wahrheit

Der Tathergang stellte sich für die Schwurgerichtskammer verkürzt beschrieben folgendermaßen dar: Z. hatte bei seinem Besuch in der Wohnung seines Exfreundes in Aschaffenburg wohl sehr schnell das Gespräch auf das Thema Geld gelenkt. Aber Peter B. hatte wohl nicht mehr als etwa 60 Mark in seiner Geldbörse, sodass Christian Z. nach Meinung des Gerichts den Beschluss fasste, sich die EC-Karte nebst Geheimnummer seines Exfreundes zu nehmen. Dann ging er – vermutlich unter dem Vorwand, seinem im Auto wartenden Kumpel kurz Bescheid zu geben – nach draußen und holte aus dem Kofferraum eine Rolle Isolierband, um Peter B. damit zu fesseln. Das war gegen 0:45 Uhr, denn diese Uhrzeit konnte auch der im Auto dösende Martin H. bestätigen.

Wieder oben in der Wohnung drohte Z. damit, Peter B. zu fesseln, und zog dabei auch sein Kampfmesser mit einer 18 Zentimeter langen Klinge. Z. wusste vermutlich aus der gemeinsamen Zeit mit Peter B., dass sein Exfreund ein ordentlicher Mensch war, der seine Bankauszüge ganz akribisch in einem Aktenordner abheftete. Und genau dort dürfte er auch die geheime PIN-Nummer vermutet haben.

In dem nur 70 Zentimeter breiten Durchgang zu der Schlafnische des Peter B. muss es dann zum Eklat gekommen sein. B. geriet vermutlich in Panik und griff infolgedessen nach dem Messer, wobei Z. selbst sich schlimme Schnittverletzungen an seiner linken Hand zuzog. Das Gericht ging später davon aus, dass in Christian Z. in diesem Moment alle Schranken fielen. Sein erster Stich ging in die rechte Brustseite des Peter B. unterhalb des Schlüsselbeins, in die linke Schulterkugel und ins Schultergelenk sowie in den rechten Unterarm.

Der Mord

Spätestens jetzt musste Christian Z. den Entschluss gefasst haben, seinen Exfreund zu töten. Er wusste zumindest theoretisch, wie das geht, war er doch als Zeitsoldat bei einer Gebirgsjägereinheit in Mittenwald zum Einzelkämpfer ausgebildet worden. Peter B. hatte keine Chance. Der zierliche junge Mann war 1,77 Meter groß und brachte gerade einmal 65 Kilo auf die Waage. Sein Gegenüber mit dem Messer in der Hand wog 84 Kilo bei einer Körpergröße von 1,83 Meter.

Peter B. war bereits erheblich verletzt, aber der junge Mann wehrte sich noch immer heftig gegen seinen Angreifer. Bei weiteren Kampfhandlungen stürzten Z. und der schwer verletzte Peter B. neben das Bett, wo das Opfer auf der Brustseite zum Liegen kam. Und da machte Christian Z., was er unzählige Male im Film gesehen hatte: Er schnitt Peter B. die Kehle durch und rammte ihm noch einmal das Messer in den Nacken. Peter B. war sofort handlungsunfähig und starb kurze Zeit später.

Was dann folgte, war nicht von Panik, sondern von äußerster Zielstrebigkeit geprägt: Z. ging ins Bad, wusch das Blut ab, versorgte die eigene Wunde an seiner Hand mit einem Pflaster, entfernte seine Fingerabdrücke von dem Saftglas, holte den Zettel mit der PIN-Nummer aus dem Bankordner, schnappte sich die Brieftasche des Opfers und machte sich mit seinem Kumpel auf den Weg zur Autobahn, er wechselte am nächstmöglichen Parkplatz in Aschaffenburg Ost seine blutige Kleidung und fuhr dann zu einem Bankautomaten nach Seligenstadt. Panik? Keine. Blackout? Nicht zu erkennen.

Das Urteil

Christian Z. berichtete vor Gericht von seiner schwierigen Kindheit. Er erzählte von dem Vater, der ihn als Kind verprügelt habe, den abgebrochenen Lehren, der fristlosen, unehrenhaften Entlassung bei der Bundeswehr und seiner Homosexualität, die ihn im Herbst 1989 während einer dreiwöchigen Beziehung zu Peter B. gebracht hatte.

Das alles half Christian Z. nicht mehr. Er wurde wegen Mordes in Tateinheit mit schwerem Raub mit Todesfolge zu einer lebenslangen Haftstrafe verurteilt – mit gerade einmal 25 Jahren. Und der Kriminaltechniker des Bayerischen Landeskriminalamts in München denkt noch heute, 25 Jahre später, immer mal wieder an diese Uhr. An dieses vermeintlich unauffällige Zifferblatt. Und an die ungeheuerliche Beweiskraft, die zwei winzig kleine Punkte am Ende doch haben können.

Ein geheimnisvoller Tresor

In einem anderen Fall hatte das Sachgebiet Formspuren in München vor einigen Jahren den Auftrag erhalten, einen alten, historischen Tresor aus den 1920er-Jahren zu untersuchen. Ein merkwürdiger Fall: Ein Mann hatte von seiner Schwester 20 000 Euro zur Aufbewahrung bekommen. Sie bat ihren Bruder, das Geld in seinem Tresor zu legen, da sie selbst einen solch hohen Betrag nicht ungeschützt in ihrer Wohnung herumliegen haben wollte.

Aber schon nach ein paar Tagen war das Geld weg. Einfach so aus dem Tresor verschwunden. Der Fall wurde zur Anzeige gebracht und das Kriminaltechnische Institut gebeten, den Tresor auf Einbruchspuren zu untersuchen. Das Schloss des Panzerschranks wurde also ausgebaut und nebst Tresorschlüssel zur Begutachtung an das Bayerische Landeskriminalamt geschickt.

Aber trotz allen Untersuchungen waren an dem alten Schloss keine Spuren festzustellen, die einen Hinweis darauf hätten geben können, dass der Panzerschrank geknackt worden war. Keine Kratz- oder Schleifspuren – nichts. Ein kurzer Bericht an die zuständigen Polizeikollegen, und fertig. Das könnte man meinen, aber es gibt ja schließlich noch den berühmten »Kommissar Zufall«, und der sorgte dafür, dass einer der Gutachter des Landeskriminalamts sich bemüßigt fühlte, das Schloss an dem alten Geldschrank wieder sachgemäß einzubauen. Der Mann war der Ansicht, dass man einem derart schönen, historischen Safe eine gewisse Sorgfalt beim Einbau des Schlosses einfach »schuldig« war, und so machte sich der Mann also auf in die Wohnung, in welcher der Geldschrank stand.

Während der Sachverständige also den Schließzylinder wieder in den Tresor einsetzte, entdeckte er ein kleines, unscheinbares, zusätzlich verschließbares Fach. Der Kriminaltechniker, ganz verliebt in dieses wunderbare alte Stück Ingenieurskunst, interessierte sich für das Geheimfach und öffnete es – die Fähigkeiten dazu hatte er schließlich.

In dem versteckten Fach lag, neben ein paar Unterlagen, ein Bündel Geld. Genau genommen exakt 20 000 Euro. Der Bruder, der das Geld für seine Schwester aufbewahren sollte, gab sich unwissend. Er habe keine Ahnung gehabt und überdies keine Erklärung, wie das Geld in das kleine Geheimfach kommen konnte. Nun, alles sah danach aus, dass der Mann seine Schwester beklauen wollte und dabei einen Einbruch vorgetäuscht hatte. Warum er das Geld dann allerdings weiter in dem Geldschrank liegen ließ, wird nur er selbst wissen ...

Der Automatenknacker

Mitarbeiter des Sachgebiets Formspuren treffen regelmäßig Werkzeughersteller, um sich jederzeit auf dem neuesten Stand der Technik zu halten. Auch Handwerks- oder Werkzeugmessen werden gerne besucht, was nebenbei bemerkt auch Einbrecher tun, um sich die neuesten Objekte, die zu knacken sind, in Ruhe aus der Nähe anzuschauen. Es ist vermutlich nicht auszuschließen, dass mitunter Kriminaltechniker und Ganoven Schulter an Schulter vor einem Messestand mit den neuesten Türschlössern stehen, um sich zu informieren.

Ob der eine Ganove, der bei einer Fahrzeugkontrolle aufgefallen war, auch einschlägige Messen besucht hatte, ist nicht dokumentiert. Dafür die Ladung seines Wagens: 7000 Euro in Münzen und rund 20 Schraubendreher. Dazu fanden die Ermittler ein kleines Taschenbuch mit Adressen und Vermerken – der gemeine Deutsche ist ja nun mal gründlich und akkurat.

Die in dem Büchlein aufgeführten Örtlichkeiten wurden kontrolliert, und dabei fand man heraus, dass an den besagten Adressen Telefonkartenautomaten aufgebrochen worden waren. Die Schlösser der Automaten, an denen bereits mit bloßem Auge Schürf- und Kratzspuren erkennbar waren, wurden ausgebaut und zusammen mit den rund 20 Schraubendrehern zu weiteren Untersuchungen nach München geschickt.

Im Sachgebiet Formspuren nahmen die Experten dann Silikonabdrücke von jedem einzelnen Werkzeug und legten diese dann zusammen mit den an den Schlössern gesammelten Tatortspuren unter ein sogenanntes Vergleichsmakroskop. Diese Apparatur macht es möglich, mittels einer hochkomplexen Optik zwei separate Objekte auf eine Betrachtungsebene zu bringen. Die Technik wird immer dann gebraucht, wenn man zwei gleichartige Objekte einander gegenüberstellen muss. Ein typischer Fall dafür wäre der Vergleich von Projektilen.

Neben der Ballistik wird das Vergleichsmakroskop auch im Bereich von Werkzeugspuren eingesetzt, die miteinander verglichen werden sollen.

Im Gegensatz zu einem Vergleichsmikroskop werden beim Makroskop jedoch nur Vergrößerungen kleiner als 100fach erreicht. Normalerweise genügen für einen Vergleich auch Vergleichsmikroskope, die es ermöglichen, unter einem Gerät zwei nebeneinanderliegende Objekte miteinander zu vergleichen. Es besteht aus zwei herkömmlichen Mikroskopen, die über eine Brücke in Verbindung stehen. In dieser Brücke sind eine ganze Reihe von Spiegeln und Linsen verbaut, die die Bilder von zwei Untersuchungsobjekten zu einem verbinden – ähnlich einem Fernglas. Der Kriminaltechniker sieht im Grunde ein rundes, in zwei Hälften geteiltes Feld, in dem er die mikroskopischen Feinheiten der beiden Objekte miteinander vergleichen kann.

Schleifspuren entstehen immer dann, wenn ein Werkzeug über eine harte Oberfläche gleitet beziehungsweise kratzt, zum Beispiel Meißel, Stemmeisen oder eben wie im vorliegenden Fall Schraubendreher.

Hierbei ergeben sich jedoch nicht willkürliche Kratzmuster, sondern individuelle, fast einem Fingerabdruck gleiche Spuren. Es gibt, auch wenn die Werkzeuge vom gleichen Hersteller und aus der gleichen Produktreihe sind, immer kleine, winzige Abweichungen in der Oberflächenbeschaffenheit. Auch bei Werkzeugen, die in Massenproduktion hergestellt werden, entstehen kleinste Materialfehler. Werden diese Geräte später verwendet, kommen weitere, individuelle Gebrauchsspuren wie Riffelungen, Kerben, kleine Beschädigungen oder Mulden hinzu.

Und genau diese Faktoren ergeben gleichsam den Fingerabdruck eines Stücks Metall, der unter einem Vergleichsmikroskop, oder eben einem -makroskop zum Vorschein kommen kann. Das war auch bei den Telefonkartenautomaten der Fall. Bei dieser Untersuchung stellte sich dann auch heraus, dass die Schlösser der Telefonkartenautomaten exakt mit den im Auto gefundenen Schraubendrehern geknackt worden waren. Die Kratz- und Schleifspuren stimmten zu 100 Prozent mit den Oberflächeneigenschaften der Werkzeuge überein. Der Täter war mithilfe der Kriminaltechnik überführt und der Fall somit abgeschlossen.

Der Tote in der Plastikfolie

Als im Main vor einigen Jahren Treibgutrechen eines Kraftwerks Leichenteile gefunden haben, waren die Formspurenexperten des Bayerischen Landeskriminalamts für ein Gutachten angefragt. In dem Rechen wurde nur der Torso einer menschlichen Leiche gefunden, fest verpackt und verklebt in Kunststofffolie. Kopf und Arme des Leichnams fehlten, was die Ermittler jedoch nicht davon abhalten konnte, schon bald die Identität des Opfers herauszufinden. Und auch ein Tatverdächtiger war schnell identifiziert, und bei der Durchsuchung des Dachbodens, der zu der Wohnung des mutmaßlichen Mörders gehörte, konnte die Spurensicherung eine Rolle mit Plastikplane sicherstellen.

Diese Rolle und auch die große Plastikplane, in der das Opfer einge-
wickelt war, wurden zur Untersuchung zum BLKA geschickt. Dort
konnte man schließlich die Abschnittkante der beiden Vergleichspro-
ben miteinander vergleichen und feststellen, dass die beiden Plastik-
planenabschnitte wie zwei Puzzleteile zueinander passten. Die Faltung der Plane, Hersteller und das Produkt selbst waren ebenso
identisch wie die Abschnittkante, sodass dem mutmaßlichen Täter
durch das Gutachten der Münchner Kriminaltechnik ohne jeden
Zweifel eine Tatbeteiligung nachgewiesen werden konnte. Das ist
eben der Nachteil an der Sparsamkeit – der Täter wollte die verbliebe-
ne Plastikplane nicht wegwerfen.

Eine verräterische Heftklammer

Dem Sachgebiet Formspuren wurden im Rahmen einer Untersuchung in einem kleinen Betrieb ein paar anonyme Briefe mit beleidi-
gendem Inhalt übergeben. Ein unschöner Fall, zumal es sich bei dem
in Verdacht geratenen Mann um einen Menschen mit einer allseits
bekannten moralischen und christlichen Grundeinstellung handelte.
Sollte er, der Chef des Unternehmens, tatsächlich eine seiner Mitar-
beiterinnen gemobbt und überdies sexuell belästigt haben? Der
Mann wäre gesellschaftlich erledigt, würden sich diese schlimmen
Vorwürfe tatsächlich bestätigen lassen. Es ist leicht vorstellbar, wie
sehr den Mann diese Vorwürfe belasteten.

Die Ermittler standen vor einem Rätsel. Die Briefe waren auf einen
Computer geschrieben worden, aber es fand sich auf keinem der geprüf-
ten Rechner eine dazu passende Datei. Auf den Schreiben selbst gab es
weder Fingerabdrücke noch DNA-Spuren. War der Fall somit unlösbar,
und blieb an dem Mann auf Lebenszeit der Makel des Verdachts hängen?

Nein! Die Ermittler gaben noch lange nicht auf. Ein Bestandteil dieser Briefe barg womöglich doch noch einen Hinweis auf die Lösung

dieses merkwürdigen Falls: die Klammern, mit denen die anonymen Schreiben zusammengetackert worden waren. Und so unterzog man die hierfür notwendigen Gerätschaften einer Untersuchung.

Bei einem Mitarbeiter des Unternehmens wurde daraufhin diverses Büromaterial sichergestellt – unter anderem ein Hefter, der ebenfalls zur Untersuchung in das Kriminaltechnische Institut geschickt wurde. Dort konnte dann der Nachweis erbracht werden, dass die Prägespuren auf den Klammern aus dem fraglichen Hefter absolut identisch waren mit denen der anonymen Briefe. Der Mitarbeiter war hiermit überführt. Er mochte an vieles gedacht haben, aber nicht daran, dass man beim Landeskriminalamt in München im Zweifel auch »die DNA« oder den »Fingerabdruck« einer Heftklammer feststellen kann. Der angesehene Unternehmer hatte seinen guten Ruf am Ende doch nicht verloren.

Ein toter Wachmann

In einem weiteren Fall, den das Sachgebiet Formspuren zu bearbeiten hatte, war es bei einem Einbruch in die Bundeswehrhochschule in Neubiberg in der Nacht vom 4. auf den 5. Februar 1986 zu einem grauenhaften Mord gekommen. Der Wachmann, der um 4:50 Uhr in den frühen Morgenstunden von seinen Kollegen gefunden wurde, lag blutüberströmt auf dem Fußboden von Haus 33. Der Mörder hatte ihm die Kehle durchgeschnitten, und auch in der Brust des Opfers waren mehrere Stichwunden zu erkennen.

Die Münchner Kriminalpolizei konnte rekonstruieren, dass der Wachmann noch um 3:22 Uhr eine Kontrolluhr betätigt hatte – und zwar gegenüber von Haus 33. Man nahm an, dass der 45-jährige Mann aus dem fraglichen Gebäude Geräusche gehört haben musste und aus diesem Grund dann auch das Haus 33 betreten hatte, obwohl es eigentlich nicht zu seinem Rundgang gehörte.

Dort wurde der Wachmann dann – so die Annahme der Kripo München – auf dem Flur von hinten überwältigt, wobei ihm der Täter die

Kehle durchschnitt und mehrmals in die Brust stach. In Anbetracht der Brutalität und vor allem auch der »Technik« ging man davon aus, dass der unbekannte Einbrecher wohl über eine Nahkampfausbildung verfügte.

Was sofort festgestellt werden konnte: Es fehlten der Schlüsselbund mit rund 20 Schlüsseln und auch die Dienstwaffe des Mannes. Außerdem hatte ein Unbekannter offenbar versucht, in einem anderen Gebäude – etwa 500 Meter Luftlinie von Gebäude 33 entfernt – im Haus 41 die abgeschlossene Tür des Zimmers mit der Nummer 2408 aufzubrechen. Und dieses Zimmer gehörte dem Vorsitzenden des Prüfungsausschusses der Bundeswehrhochschule für den Fachbereich Informatik. Dem Täter war es aber nicht gelungen, die Tür zu öffnen, denn unter den Schlüsseln des getöteten Wachmannes befand sich nicht der für dieses Dienstzimmer.

Daraufhin, das ergab die Spurenlage, musste der Einbrecher auf das Türschloss geschossen haben, aber auch das half nichts – der Täter kam nicht in den Raum, in dem die korrigierten Examensklausuren einer Vordiplomprüfung lagen, die im Januar des Jahres geschrieben worden war. Blutspuren vor dem Raum indes gaben Grund zur Annahme, dass der Täter möglicherweise beim Versuch, das Türschloss aufzuschießen, von einem abprallendem Schuss getroffen worden war.

Vielleicht ein Student

Die ermittelnden Kriminalbeamten hatten logischerweise den Verdacht, dass einer der Informatikstudenten, die an der fraglichen Prüfung teilgenommen hatten, der Täter sein könnte. Studenten bei der Bundeswehr, um dies ein wenig aufzuklären, sind von ihrer militärischen Laufbahn betrachtet zugleich auch Offiziersanwärter und begleiten in der Regel den Rang eines Fähnrichs oder Oberfähnrichs.

Um die Suche weiter einzugrenzen, konzentrierte man sich zunächst einmal auf jene Offiziersanwärter, die in einer Teilprüfung im September 1985 bereits einmal durchgefallen waren. Diese Kandidaten lud man schon bald zu einer Routinebefragung ins Polizeipräsidium in München ein.

Einer der Offiziersanwärter, Udo H., der bei der fraglichen Prüfung mit der Note 4,7 durchgefallen war, verstrickte sich bei dieser Befragung in Widersprüche, und nachdem man an seiner rechten Hand auch noch Schmauchspuren feststellen konnte, nahm man ihn in der Nacht zum 7. Februar vorläufig fest.

Was sich die Beamten allerdings fragten: Warum hätte Udo H. diese Tat überhaupt begehen sollen? Ja, er war tatsächlich einmal durch diese Vordiplomprüfung gefallen, aber diese zweite Prüfung, die in dem verschlossen Dienstzimmer seines Professors lag und zu der er sich offenbar hatte Zugriff verschaffen wollen, wäre nicht seine letzte Chance auf die gewünschte Offizierslaufbahn gewesen. Selbst wenn er auch diese zweite Teilprüfung vermasselt hätte, wäre die Chance zu einer Nachprüfung noch gegeben gewesen.

Zu allem Überfluss waren seine Versagensängste absolut unbegründet, denn er hatte, wie sich später noch herausstellte, diese zweite Klausur mit einem Notenschnitt von 2,7 bestanden. Hatte ihn am Ende die Angst vor dem Versagen zu einem Mörder gemacht?

Ein Messer

Am Tatort, neben dem toten Wachmann, hatten die Spurensicherer das Emblem eines Kampfmessers der Marke Gerber gefunden. Ermittlungen ergaben dann, dass der in Verdacht stehende Offiziersanwärter Udo H. tatsächlich ein solches Kampfmesser besaß. Allerdings fand sich dieses bei einer Durchsuchung seines Wohnraums nicht, und auf Nachfragen gab der Soldat an, er habe das fragliche Messer am 29. Januar 1986 auf dem Gelände der Bundeswehrhochschule verloren.

Aber das Messer wurde gefunden. In einem Waldstück unweit eines Orts, an dem Oberfähnrich Udo H. früher einen Teil seiner Kindheit verbracht hatte. Ein Gebiet also, das dem mutmaßlichen Täter

bestens vertraut war. Und dort fand die Polizei nicht nur das Kampfmesser, sondern auch die Pistole des Wachmannes und den Schlüsselbund, den dieser auf seinem Rundgang dabeigehabt hatte. Auf dem
Messer konnten die Experten des Landeskriminalamts in München
die Fingerabdrücke des 21-jährigen Soldaten feststellen – und: am
Griff des Messers fehlte das Emblem.

Gut, könnte man sagen, das passt alles zusammen, die Beweise für
eine Verurteilung waren erbracht. Wer das jedoch glaubt, kennt die
Praxis vor einem deutschen Gericht nicht, denn ein guter Strafverteidiger würde sofort infrage stellen, dass das bei dem Mordopfer gefundene Emblem tatsächlich zu dem Messer des Beschuldigten gehörte.

Ein Gutachter des Sachgebiets Formspuren beugte diesem potenziellen juristischen Schachzug jedoch vor und konnte in seinem Bericht ohne jeden Zweifel nachweisen, warum das Emblem zu dem
fraglichen Messergriff gehörte: Die Experten des Kriminaltechnischen Instituts konnten nicht nur zeigen, dass es eine 100-prozentige
Übereinstimmung bei dem Klebstoff gab, der an Messergriff und Emblem identifiziert wurde, sondern der Gutachter erbrachte auch den
Beweis, dass die Klebemuster des abgefallenen Emblems zu 100 Prozent mit den Rückständen auf dem Griff übereinstimmten, und daran
hätte nun der beste Strafverteidiger des Landes nicht mehr rütteln
können.

Der junge Soldat wurde schließlich zu einer lebenslänglichen Haftstrafe verurteilt, obwohl er seine Tat nicht gestanden hatte und es bei
dem Verbrechen, das ihm vorgeworfen wurde, keine Tatzeugen gab.
Die Bundeswehr hatte den jungen Mann, der bei dem Mord nur
knapp über 21 Jahre alt gewesen war, noch kurz vor Beginn der
Hauptverhandlung fristlos entlassen. Wäre er übrigens ein paar Wochen jünger gewesen, hätte bei dem Oberfähnrich als Heranwach-
sendem noch das Jugendstrafrecht gegolten. So aber bekam er die
Höchststrafe.

Waffen

Ein vermisster Zahnarzt

Am 11. Februar 2004 gibt ein Mann in München beim Kommissariat K 111, Vorsätzliche Tötungsdelikte, eine Vermisstenanzeige auf. Er erklärt, dass er seinen Freund, den Zahnarzt Dr. Heinz R., seit rund zwei Wochen nicht mehr erreichen könne. Er mache sich ein wenig Sorgen, da sich sein verschwundener Freund in der jüngsten Vergangenheit sehr zum Nachteil verändert habe, was der Zeuge darauf zurückführt, dass Dr. R. in engen Kontakt zu einem Münchner Musiker stehe – Bernd S., seit Jahrzehnten schon Gitarrist einer in München sehr populären Rock'n'Roll-Combo – und sich unter dessen merkwürdigem Einfluss offenkundig stark gewandelt habe. Dr. R. verehre die Band, vor allem aber den Musiker Bernd S. auf eine ungesunde und eigenartige Weise.

Das sind natürlich zunächst einmal Anschuldigungen, die ein erfahrener Beamter der Kriminalpolizei so nicht einfach stehen lassen kann. Deshalb wird der besorgte Zeuge in dieser Sache weitergehend befragt. Der gibt an, dass sein Freund Dr. Heinz R. in der Vergangenheit sämtliche seiner Vermögenswerte an den Musiker Bernd S. überschrieben habe, worunter Heinz R. zuletzt jedoch sehr gelitten habe. Der Zeuge weiß im Grunde zwar nichts Genaues, aber er unterstreicht noch einmal seine Befürchtung, dass seiner Ansicht nach dem Zahnarzt Dr. Heinz R. etwas zugestoßen sein könnte, was die Kriminalbeamten, die die Angaben des Zeugen entgegennehmen, dazu veranlasst, den Fall zunächst einmal an das Fachkommissariat

K 114, das für Vermisste und unbekannte Tote zuständig ist, zu übergeben.

Das K 114 beginnt erste Nachforschungen und findet recht bald heraus, dass der vermisst gemeldete Zahnarzt R. zuletzt als Mieter in einer Wohnung gemeldet war, die er ein Jahr zuvor an einen neuen Besitzer verkauft hatte. Heißt: Dr. Heinz R. hatte eine Eigentumswohnung verkauft, aber dennoch weiterhin darin gelebt. Der neue Eigentümer, ein Rechtsanwalt, erklärt außerdem, dass für die besagte Wohnung auch noch eine weitere Person gemeldet gewesen sei: der Musiker Bernd S.

Kurze Zeit später meldet sich der Wohnungseigentümer erneut bei der Polizei und sagt, er habe in der Zwischenzeit mit dem Musiker S. sprechen können, und der habe ihm erzählt, dass Dr. Heinz R. mittlerweile in Italien lebe. Das Fachkommissariat K 114 geht diesem neuen Hinweis nach und kann tatsächlich den neuen Wohnort des Zahnarztes Dr. Heinz R. in einem kleinen Dorf in Italien ermitteln.

Der Tote auf dem Waldboden

Ein paar Tage zuvor, es ist der 3. Februar 2004 gegen 10:30 Uhr am Morgen, wird auf dem Gebiet der österreichischen Gemeinde Natters eine männliche Leiche entdeckt. Sie liegt neben einem Baum auf dem Waldboden, in der Hand, die auf der Brust liegt, hält der Tote eine Pistole der Marke Walther PP, Kaliber 7,65 Millimeter. Es ist Winter und recht kalt – der Leichnam trägt jedoch Sommerkleidung …

Den Todeszeitraum werden die österreichischen Behörden auf einen Zeitraum von etwa zwölf Stunden begrenzen – ungefähr zwischen 22 Uhr am Vorabend des Funds, also dem 2. Februar 2004, und dem Morgen des 3. Februars. Ausweispapiere werden keine gefunden, nichts, was auf die Identität des toten Mannes schließen lässt. Einzig in der vorderen Hosentasche des Leichnams findet sich ein handgeschriebener Zettel mit einer deutschen Mobilfunk-Telefonnummer.

Die Tiroler Polizei wählt am 5. Februar 2004 die besagte Telefonnummer an, und es meldet sich ein Mann, der sich als Alois Hartmann ausgibt. Er ist freundlich, zuvorkommend und behauptet im Lauf des Gesprächs, gerade in Flensburg zu sein. Der Polizist aus Innsbruck erklärt, worum es sich bei dem Anruf handelt, erzählt von dem unbekannten Toten, der in einem Waldstück unweit der Brennerautobahn anscheinend Selbstmord begangen hat, gibt eine kurze Personenbeschreibung ab und fragt den Herrn Hartmann in Flensburg, ob er einen Mann mit dieser Beschreibung vielleicht kenne, aber dem freundlichen Herrn am anderen Ende der Leitung sagt das alles gar nichts. Er fragt den Polizisten aus Österreich, ob der nicht vielleicht ein Foto des unbekannten Toten zur Polizei nach Flensburg schicken könne, dann werde er, Hartmann, sich das Foto gerne anschauen, und dann wisse man auch genau, ob er diese Person kenne oder eben nicht.

So wird das dann auch gemacht. Der Beamte aus Innsbruck setzt sich mit seinen deutschen Kollegen in Flensburg in Verbindung, erläutert den Sachverhalt und schickt per Mail ein Foto an die betreffende Flensburger Polizeidienststelle. Dort allerdings wird sich der nette Herr Hartmann nie melden, und ab diesem Zeitpunkt ist das besagte Mobiltelefon nicht mehr zu erreichen.

Der Musiker mit Vollmacht

Zurück in München: Der Musiker Bernd S., der in der Wohnung des vermissten Zahnarztes gemeldet war, wird zu einer Zeugenvernehmung am 26. Februar vorgeladen, aber zu dieser Befragung erscheint der Mann nicht. Die kann schließlich erst am 16. März stattfinden, als Bernd S. endlich doch bei der Münchner Kriminalpolizei auftaucht.

In dem Gespräch gibt der Gitarrist an, den fraglichen Zahnarzt Heinz R. bereits seit 35 Jahren zu kennen und ihm freundschaftlich sehr verbunden zu sein. Er betont hierbei allerdings, dass es nur um reine Freundschaft gehe und nicht um eine sexuelle Beziehung oder dergleichen. Er berichtet außerdem, dass sein Freund, der Zahnarzt, ein Jahr zuvor aus einer vorübergehenden Geldnot heraus seine Wohnung an einen Rechtsanwalt verkauft habe. Der Musiker räumt außerdem ein, dass er von dem befreundeten Heinz R. eine sogenannte Blankovollmacht bekommen habe, was er aber selbstverständlich nicht ausgenutzt habe, obwohl er selbst aufgrund eines gescheiterten Immobiliengeschäfts noch rund 500 000 Euro Schulden habe.

Zum Verbleib seines Freundes indes kann der Musiker S. auch nicht viel Erhellendes beitragen. Zuletzt gesehen habe er Dr. R. an dem Wochenende vom 23. bis 25. Januar 2004, und zwar in der besagten Wohnung, die ein Jahr zuvor an einen Rechtsanwalt verkauft worden ist. Und dort habe Heinz R. sich mit den Worten »Mach dir keine Gedanken, ich melde mich wieder« von Bernd S. verabschiedet. Es ist mittlerweile Mitte März 2004, und von dem vermissten Zahnarzt Heinz R. gibt es noch immer nicht die geringste Spur.

Die Zahnarzthelferin

Als Nächstes wird die Zeugin Elvira F. zur Befragung bei der Kriminalpolizei einbestellt. Sie ist zwischen 1996 und 2003 als Zahnarzthelferin bei Dr. Heinz R. beschäftigt gewesen. Ihr hat R. erzählt, dass er seine Wohnung zu Lebzeiten auf den Musiker Bernd S. überschrieben habe. Außerdem weiß die Frau zu berichten, dass S. über eine Blankovollmacht ihres ehemaligen Arbeitgebers verfügt habe. Und die Dame hat noch eine weitere, interessante Information: Sie ist der Ansicht, dass Heinz R. lange Zeit gar nicht gewusst habe, dass die Wohnung, in der er wohnte, verkauft worden war. Ihrer Meinung nach habe der neue Käufer, dieser Rechtsanwalt, mit dem Musiker S. vertraglich vereinbart, dass ihr Exchef ein lebenslanges Wohnrecht für diese Wohnung habe. Sie glaube aber, dass der Rechtsanwalt die fragliche Wohnung nun habe verkaufen wollen. Dr. Heinz R. hätte dann vermutlich ausziehen müssen. Und wenn dem so gewesen wäre, dann hätte der Zahnarzt auf diesem Weg letztlich davon erfahren, dass ihm diese Wohnung schon längst nicht mehr gehörte.

So etwas nennt man dann schon mal ein mögliches Motiv. Ob es zum Mordmotiv taugt, kann keiner wissen, da von Heinz R. noch immer jede Spur fehlt, aber als Grundlage für eine ernste Auseinandersetzung zwischen dem Musiker S. und dem Zahnarzt R. taugen die erstaunlichen Informationen der ehemaligen Zahnarzthelferin allemal. Die Münchner Kripobeamten bestellen Bernd S. zu einer weiteren Befragung ein, die jedoch nichts Neues ergibt.

In der Zwischenzeit konnte ermittelt werden, dass die Angaben der ehemaligen Zahnarzthelferin hinsichtlich der Wohnung tatsächlich stimmen. Die Wohnung, in der Heinz R. lebte und die mittlerweile einem Rechtsanwalt gehört, ist in der Tat bereits verkauft. Und nicht nur das: Die Wohnung ist in der Zwischenzeit – während behauptet wurde, Heinz R. sei in Italien – sogar schon geräumt worden. Nachbarn wissen zu berichten, dass die Einrichtungsgegenstände des Zahnarzts abgeholt worden seien – mit der offiziellen Begründung, dass die Wohnung während des Italienaufenthalts von R. gründlich renoviert werden würde.

Die ganze Geschichte wird also immer undurchsichtiger, aber noch darf man nicht zwangsläufig von einem Verbrechen ausgehen, denn Heinz R. ist noch immer unauffindbar. Von ihm gibt es noch immer keine einzige Spur – weder tot noch lebendig. Dass die Ermittlungsbehörden im nur etwa 100 Kilometer Luftlinie entfernten österreichischen Innsbruck noch immer die Herkunft des Leichnams eines unbekannten, vermeintlichen Selbstmörders zu klären versuchen, davon weiß man in der bayerischen Landeshauptstadt zu der Zeit leider noch nichts.

Der Zahnabgleich

Die losen Enden dieser beiden Stränge fanden erst im August 2004 zusammen, als die Innsbrucker Behörden im deutschen *Bundeskriminalblatt* über den Zahnstatus eines vermisst gemeldeten Münchners stolperten und daraufhin mit der im Februar des Jahres bei Natters gefundenen namenlosen Leiche einen Zahnabgleich machten. Treffer. Die Innsbrucker Polizisten hatten endlich eine Identität zu dem unbekannten Selbstmörder und die Münchner Kollegen einen Kriminalfall, den sie nun lösen mussten.

Am 16. Februar 2005, also gut ein Jahr nachdem der Zahnarzt R. in Tirol zu Tode gekommen war, klickten bei dem Musiker Bernd S. die Handschellen. Sein Motiv hatte sich bereits abgezeichnet, doch nun hatten umfangreiche Ermittlungen darüber hinaus ergeben, dass für den Tag unmittelbar nach der Tatnacht, also für den 3. Februar 2004, um 14 Uhr ein Besichtigungstermin für die Wohnung des Zahnarztes R. mit einem Kaufinteressenten vereinbart worden war. Heinz R., wäre er noch am Leben gewesen, hätte bei diesem Termin mit großer Wahrscheinlichkeit gestört. Es sieht alles danach aus, als hätte er für dieses bevorstehende Geschäft »beseitigt« werden müssen.

Der Musiker Bernd S. war von dem Zahnarzt als alleiniger Erbe eingesetzt worden, und es konnte überdies in Erfahrung gebracht werden, dass die Erlöse aus drei verkauften Wohnungen, die sich allesamt im Besitz des Heinz R. befunden hatten, nie auf den Konten des Zahnarzts verbucht worden waren. Die vielen Hunderttausend Euro waren alle an den Mann mit der Blankovollmacht gegangen. Und das sollte für einen Haftbefehl nun wirklich genügen.

Die unbekannte Handy-Nummer

Der festgenommene Musiker S. verstrickte sich bei weiteren Befragungen in immer mehr Widersprüche. Von den Innsbrucker Kollegen hatten die Münchner Kriminalbeamten natürlich auch von der Handynummer erfahren, die auf einem Zettel notiert gewesen war, der in Heinz R.s Hosentasche gefunden werden konnte. Mit der Frage konfrontiert, ob der Musiker im Februar 2004 einen Anruf der österreichischen Polizei erhalten habe, sagte dieser: »Daran kann ich mich jetzt nicht erinnern.« Jetzt also gerade nicht.

Der Gitarrist gab überdies an, dass ihm diese Nummer überhaupt nicht bekannt sei. Das wiederum fanden die Kriminalbeamten merkwürdig, denn die hatten in der Zwischenzeit herausgefunden, dass einige Personen im Umfeld des Musikers genau diese Nummer unter seinem Namen abgespeichert hatten. Mit dieser Tatsache konfrontiert, räumte Bernd S. nun doch ein, dass er einmal im Besitz dieser Nummer gewesen sein könnte – daran erinnern könne er sich jedoch nicht, da er in seinem Leben schon derart häufig Handys verloren habe, dass er sich die vielen Nummern gar nicht mehr habe merken können.

Merkwürdigerweise konnte aber festgestellt werden, dass das Mobiltelefon des Bernd S. am 5. Februar 2004 in Venedig benutzt worden war. Zur Information: Nach Venedig fährt man von München aus kommend an Innsbruck vorbei über die Brennerautobahn. Als die österreichische Polizei an dem besagten 5. Februar morgens um 9:41 Uhr die fragliche Nummer angewählt hatte, hatte der Teilnehmer am anderen Ende der Leitung behauptet, er sei in Flensburg. Das passte irgendwie auch nicht zusammen, zumal man bei Bernd S. auch noch einen Beleg für die bezahlte Autobahnmaut in Italien für den Zeitraum Anfang Februar gefunden hatte.

Bernd S. behauptete, sich erinnern zu können, dass er um die Zeit des Verschwindens seines Freundes, so um den 7. Februar 2004 herum, den neuerlichen Verlust eines Mobiltelefons bemerkt habe – möglicherweise sei es jenes mit der besagten Nummer gewesen. Möglicherweise ist die Erde auch eine Scheibe, mochten die Beamten in diesem Augenblick denken, aber das ist natürlich keineswegs überliefert.

Doch nun galt es zunächst einmal zu klären, wie der Zahnarzt Heinz R. überhaupt zu Tode gekommen war. Hatte er tatsächlich Selbstmord begangen, wie es die Auffindungssituation des Toten am 3. Februar 2004 in Natters suggeriert hatte, oder war er vielleicht doch einem Verbrechen zum Opfer gefallen?

Ein bisschen Staub

Im vorliegenden Fall des Zahnarztes Heinz R. galt es nicht nur, den Schusskanal im Kopf des toten Mannes zu analysieren, sondern vor allem war auch zu untersuchen, ob die Schmauchspuren am Körper des Leichnams die zumindest auf dem ersten Blick schlüssige Suizidtheorie aus Innsbruck bestätigen konnten. Und beide Untersuchungsgegenstände lieferten in der Tat Stoff für starke Zweifel an der Annahme, dass der Zahnarzt R. Selbstmord begangen hatte.

Generell muss gesagt werden, dass beim Auffinden eines Toten die Erhebung, Dokumentation und Interpretation der Spurenlage von allergrößter Bedeutung sind, denn diese Informationen liefern, zusammen mit den Obduktionsbefunden, die wichtigsten Daten zur Klärung des Geschehens. Untersuchungen haben ergeben, dass bei verlässlich festgestellten Selbsttötungen mit Handfeuerwaffen nicht einmal ein Drittel der Toten die Waffe noch in der Hand hielt. Das Bild, dass ein Täter seinem Opfer nachträglich eine Handfeuerwaffe in die Hand legt, um einen Selbstmord zu inszenieren, kennen wir alle aus zahlreichen Thrillern im Kino oder Fernsehen – der Realität entspricht diese Konstruktion jedoch nur in einer sehr geringen Zahl der Fälle.

Die Untersuchung der Kopfwunde und des Schusskanals am Leichnam des Heinz R. hatte außerdem ergeben, dass es sich nicht um einen typischen Schläfenschuss handelte, wie er bei Selbsttötungsdelikten gemeinhin vorkommt. Der Schuss war vielmehr deutlich weiter hinten angesetzt, was wiederum auch die Schmauchspurenanalyse bestätigte, die ergab, dass die größten Schmauchanhaftungen im hinteren Schulterbereich zu finden waren. Und, noch viel wichtiger: An der rechten Hand des toten Zahnarztes, also an der Hand, mit der er sich angeblich in den Kopf geschossen haben sollte und in der auch die Waffe lag, als der Leichnam gefunden wurde, waren keinerlei Schmauchspuren zu finden.

Ein Anfängerfehler, wie man jetzt vielleicht hämisch anmerken könnte, aber bei Taten dieser Art, also Kapitaldelikten, sind nun mal gottlob die meisten Täter, sofern es sich nicht um Serien- oder Auftragsmörder handelt, irgendwie Anfänger. Und eine falsche, manipulierte Schmauchspur auf so eine Arte und Weise zu legen, dass sie von Kriminaltechniker nicht als eine gefälschte Spur erkannt werden kann – ist nun mal so gut wie unmöglich.

Der Schuss

In dem Moment, in dem ein Schuss abgefeuert wird, explodieren in der Patrone Zündsatz und Schießpulver, was einen Druck von mehr als 3000 Bar erzeugt, der dafür sorgt, dass das Projektil durch den Lauf der Waffe getrieben wird. Mit demselben Druck entweicht auch ein Großteil dieser Explosionsgase und des damit verbundenen Feinstaubs mit dem Projektil zusammen aus dem Lauf. Der andere Teil dieser Gase jedoch tritt durch Öffnungen in der Waffe aus und legt sich auf Hand, Arm, Gesicht, Haare und beispielsweise auch auf den Hemd- oder Jackenärmel des Schützen – und zwar genau so, wie es abhängig vom Waffentyp die individuellen Öffnungen eben zulassen, weshalb es praktisch unmöglich ist, eine solche Spur nachträglich zu legen, es sei denn, man hätte im Fall des Heinz R. mit seiner bereits leblosen Hand einen weiteren Schuss abgegeben.

Dieser bei der Schussabgabe austretende Schmauch besteht in der Hauptsache aus metallischen Schmelzprodukten von Blei, Barium und Antimon. Dazu kommen die organischen Anteile wie Ruß und unterschiedlich stark verbrannte Pulverteilchen. Durch die hohen Temperaturen und den enormen Druck bei der Schussabgabe verdampfen die verschiedenen Bestandteile des Zündsatzes zu kleinsten, staubähnlichen Partikeln.

Schmauchspuren an der Hand können einerseits leicht wieder abfallen oder von Tätern auch abgewaschen werden. Das ist jedoch nicht ganz so leicht zu bewerkstelligen, denn durch den gewaltigen Druck, mit dem die Teilchen aus der Waffe entweichen, entstehen in den Hautpartikeln regelrechte Einsprengungen, feinste Läsionen, die in Fachkreisen auch als sogenannte Pulvertätowierungen bezeichnet werden, und diese können tatsächlich nur sehr mühsam wieder entfernt werden.

Bei der Analyse von Schmauchspuren müssen die Kriminaltechniker übrigens immer auch die äußeren Gegebenheiten in ihre Berechnungen und Gutachten mit einfließen lassen, denn beispielsweise Wind oder auch Regen können durchaus Auswirkung auf die Verbreitung von Explosionsgasen haben. Beim mutmaßlichen Täter Bernd S. konnten nach so vielen Monaten verständlicherweise keine Pulveranhaftungen mehr gefunden werden, aber diese Art des Beweises war in diesem Fall auch gar nicht mehr notwendig.

DNA an der falschen Stelle

Für den Musiker Bernd S. sah die gesamte Spuren- und Indizienlage schon so nicht besonders günstig aus. Da war der Zettel mit der Telefonnummer in der Hosentasche des Opfers, die Blankovollmacht, die Schulden, das Testament zu seinen Gunsten, die Sache mit dem bevorstehenden Wohnungsverkauf …

Dazu kamen noch weitere belastende Indizien aus der Kriminaltechnik des Bayerischen Landeskriminalamts. Die österreichischen Kollegen wussten selbstverständlich auch, wie man zeitgemäß Spuren sichert, und so konnte dann beispielsweise in der rechten Gesäßtasche des Opfers die DNA des Bernd S. festgestellt werden. Die Anhaftungen müssen zustande gekommen sein, als der Musiker seinem toten Freund die Brieftasche aus der Hose zog – anders hätte sie da unter normalen Umständen nicht hinkommen dürfen. Die DNA des Bernd S. konnte überdies auch am rechten Hemdsärmel des Opfers gefunden werden. Auch dort hatten sich wohl feinste Hautpartikel bei der Manipulation des Leichnams gelöst, möglichweise als S. die Mordwaffe in der Hand des toten Zahnarztes drapierte, um das Ganze als Selbstmord zu inszenieren.

Auf dem Leichnam im Wald bei Natters konnten außerdem Haare gefunden werden, die mit denen des Hundes von Bernd S. übereinstimmten. Im Blut des Opfers konnte auch eine hohe Schlafmittel-konzentration festgestellt werden. Außerdem war der Reißverschluss der Hose von Dr. Heinz R. geöffnet, was darauf hindeutete, dass der arglose Mann sich einfach nur erleichtern wollte. Denn wer tatsächlich einen Selbstmord begehen möchte, muss sich hierfür nicht die Hose öffnen. Viele, viele Indizien also, die zusätzlich zu den fehlenden Schmauchspuren und dem fragwürdigen Schusskanal nur sehr schlecht zu einem Selbstmord des Zahnarztes passen wollten.

Der Prozess

Nach einem sechs Monate langen Prozess wurde der Musiker Bernd S. unter dem empörten Raunen zahlreicher Fans schließlich zu einer lebenslangen Freiheitsstrafe verurteilt, wobei anzumerken ist, dass die Strafkammer in München überdies auch die »besondere Schwere der Schuld« feststellte, was eine frühzeitige Entlassung nach 15 Jahren für den zum Zeitpunkt des Urteilsspruchs 59-jährigen Mann wohl verhindern wird.

Die Richter kamen zu dem Ergebnis, dass Bernd S. den zurückgezogen lebenden Zahnarzt Heinz R. jahrelang finanziell ausgenommen und hinter dessen Rücken mithilfe von Blankovollmachten geradezu hinterhältige Geschäfte mit dem Vermögen des arglosen Mediziners betrieben hatte. Von all den verkauften Immobilien landete nie auch nur ein Cent bei dem Menschen, der sich das Vermögen im Lauf der Jahrzehnte hart erarbeitet hatte. Das Ganze ging offenbar so lange gut, bis der Zahnarzt herausfand, dass Bernd S. auch jene Wohnung verkauft hatte, in welcher der vermeintliche Eigentümer noch wohnte. Heinz R. musste erkennen, dass er all die Jahre von seinem angeblichen Freund S. betrogen worden war und nun auch noch aus »seiner« Wohnung ausziehen sollte.

Für Bernd S. schien es nur noch eine Möglichkeit zu geben: Er musste den Zahnarzt R. verschwinden lassen. Daraufhin hatte er sein späteres Opfer wohl zu einer Italienreise überreden können, wie auch immer ihm dies in dieser angespannten Stimmungslage noch gelingen konnte. Auf dem Weg zum Brennerpass hielt man dann an einem Waldstück für eine kurze Pinkelpause an, und als der ahnungslose Zahnarzt an einen Baum trat und seine Hose öffnete, schoss ihm der Musiker von hinten eine Kugel in den Kopf.

S. drapierte die Leiche dergestalt, dass es nach einem Suizid aussah, nahm die Papiere des Toten an sich, um eine Identifizierung des Mannes zu erschweren, und fuhr weiter nach Italien. Es war das Ende einer jahrzehntelangen Musikerkarriere. Und das alles letztlich nur, weil ein wenig Staub fehlte ...

Unabhängigkeit und Objektivität

Der Fall des Musikers, von dem seine Fans nicht glauben wollten, dass er zu einem Mord fähig war, ist eine hervorragende Gelegenheit, um die Stellung des Sachverständigen vor Gericht und in seiner Behörde einmal genauer anzusehen. Der Gutachter wird ja vom Gericht als unabhängiger Experte geladen, um zu einem bestimmten Thema ein Gutachten zu erstellen. Andererseits steht er als Angestellter oder Beamter im Dienst des Freistaats Bayern und ist in die Struktur des BLKA respektive der Polizei eingebunden. Wie verträgt sich das nun mit dem Anspruch der Unabhängigkeit? Besteht getreu der alten Weisheit »Wes Brot ich ess, des Lied ich sing« nicht die Gefahr, dass hier Gefälligkeitsgutachten erstellt werden?

Schon vorab: Die Frage kann mit einem klaren Nein beantwortet werden. Aber dafür müssen wir uns das Ganze etwas näher anschauen. Im KTI des BLKA arbeiten mehr als 200 Wissenschaftler, Ingenieure und Laboranten. Ihre Aufträge erhalten sie gemäß des Polizeiorganisationsgesetzes von Richtern und Staatsanwälten, ganz überwiegend aber von Polizisten. Der Auftrag ergeht aber ohne Ansehen der betroffenen Person. Namen spielen keine Rolle. Für DNA-Untersuchungen ist es sogar ausdrücklich im Gesetz vorgeschrieben, dass der Untersuchungsstelle Personalien nicht mitgeteilt werden dürfen. Meist wissen die Gutachter nicht einmal, um welchen Kriminalfall oder welche Straftat es sich handelt. Die Aufträge lauten dann beispielsweise so: Stammt Spur A vom Werkzeug B? Zu welchem Zeitpunkt wurde eine bestimmte Unterschrift geleistet? Welchem Kleidungsstück ist eine bestimmte Faser zuzuordnen? Ist die Substanz ein Rauschgift? Welches und welcher Wirkstoffmenge? Ist Fingerabdruck A identisch mit Fingerabdruck B? Aus welcher Entfernung wurde der Schuss abgegeben? Alle Fragen lassen sich ohne Ansehen der Person beantworten. Es kommt nicht darauf an, ob der Beschuldigte Otto Normalverbraucher oder Al Capone ist. Hier gibt es also niemanden, dem man einen Gefallen tun oder schaden möchte.

Allerdings gibt es ja noch den Auftraggeber selber, den Polizisten oder Richter. Sollte man nicht diesem zu Gefallen sein, um weitere Aufträge zu erhalten? Diese Fragestellung verkennt jedoch, dass die Sachverständigen des KTI nicht pro Auftrag bezahlt werden. Sie sind nicht abhängig von Folgeaufträgen, sondern werden als Beamte »alimentiert«. Egal, wie ihr Gutachten lautet, auf dem Gehaltszettel (bei Beamten heißt der »Bezügemitteilung«) steht jeden Monat derselbe Betrag. Und egal, ob Beamter oder Angestellter – im öffentlichen Dienst sind sie fast gar nicht oder nur sehr schwer kündbar. Diese Sicherheit gibt ihnen die Freiheit, auch einmal selbstbewusst zu erklären, dass ein Auftrag unmöglich ausgeführt werden kann, eine Untersuchung zu keinem verwertbaren oder zu einem anderem als vom Auftraggeber gewünschten Ergebnis führt oder ganz einfach nicht in der gewünschten Zeit erledigt werden kann. Eine ähnliche Sicherheit haben Privatgutachter nicht, noch dazu, wenn sie auf Erfolgsbasis honoriert werden. Insofern ist es sogar gut, wenn die Gutachter Staatsdiener sind. Ich denke, an dieser Stelle wäre auch einmal ein kleines Lob des Berufsbeamtentums fällig.

Ein bunter Blumenstrauß

An dieser Stelle sei noch auf eine andere Besonderheit eines Kriminaltechnischen Instituts – sei es nun in Bayern oder in irgendeinem anderen Bundesland oder beim Bundeskriminalamt – hingewiesen. Dort ist die Expertise verschiedenster wissenschaftlicher Fakultäten unter einem Dach gleichsam wie in einem bunten Blumenstrauß gebündelt. Viele Fachrichtungen können sowohl miteinander als auch zeitgleich nebeneinander an einem Fall arbeiten. Sie unterstützen sich gegenseitig, forschen, entwickeln neue Methoden und tauschen alle Informationen vorbehaltlos untereinander aus.

Das klingt zunächst einmal selbstverständlich. Die Vorteile dieses Modells soll aber ein Blick nach Großbritannien verdeutlichen. Dort existierte mit dem Forensic Science Service (FSS) ein großes renommiertes staatliches Institut. Weil man glaubte, mit kleineren privaten Unternehmen schneller und billiger arbeiten zu können, wurde der FSS 2011 aufgelöst. Nun erstellen zahlreiche privatwirtschaftlich organisierte Unternehmen die Gutachten. Die Aufträge werden alle paar Jahre neu vergeben. Diese Unternehmen sind in der Regel auf ein Fachgebiet beschränkt. An einem Asservat können so nicht mehrere Untersuchungen gleichzeitig durchgeführt werden. Ein fachlicher Austausch findet nicht statt, da Forschungsergebnisse und Methodenentwicklungen unter Konkurrenten als Betriebsgeheimnisse gehandelt werden. Inzwischen deuten erste Bewertungen darauf hin, dass nach der Privatisierung einzelne Gutachten tatsächlich schneller und billiger, aber nicht unbedingt besser geworden sind.

Diese Erfahrung mag daher bestätigen, dass die – wie in einem bunten Blumenstrauß – gebündelte Vielfalt und Kompetenz eines großen staatlichen Instituts größer sind als die bloße Summe seiner Einzelteile.

Der Andenmord

Der Tatort lag auf knapp 4000 Metern Höhe in Peru. Das Opfer stammte aus München, wohnte aber bis zuletzt in New York. Der folgende Fall, den wir hier beschreiben wollen, war nicht nur geografisch exotisch, er füllte am Ende, als es vor dem Münchner Schwurgericht zum Prozess kam, 20 000 Seiten Aktenmaterial, erbrachte einen Ermittlungsbericht von 200 Seiten und kostete grob geschätzt mehr als 300 000 Euro.

Die aufstrebende Biologin und Krebsforscherin Ulla G., hätte am 18. Januar 1997 ihren 35. Geburtstag gefeiert, aber diesen Tag sollte die erfolgreiche Wissenschaftlerin nicht mehr erleben. Auf einer Urlaubsreise nach Peru zum legendären Machu-Picchu-Nationalpark, wo sie gemeinsam mit ihrem Ehemann Ilan T. den sogenannten Inka-Trail begehen wollte, wurde die junge Frau am 7. Januar 1997 in ihrem Zelt, fernab der »Zivilisation«, erschossen.

Am 24. Dezember 1996, es ist Heiligabend, fliegt Ulla G. zusammen mit ihrem israelischen Mann Ilan T. mit der Aeroperú, Flug PL 691, von New York nach Lima. Sie reisen ein paar Tage mit dem Bus durchs Land und treffen schließlich am 1. Januar 1997 in der Stadt Cusco ein. Von dort fahren sie weiter mit dem Zug nach Corihuayrachina, wo sie auf etwa 2500 Metern Höhe den Eingang zum Inka-Trail passieren. Ihre Ausweise werden kontrolliert, die Personalien festgehalten, und die beiden müssen 30 Dollar »Eintritt« bezahlen – der Nationalpark Machu Picchu ist gut bewacht und das Betreten des Geländes nur über solche Kontrollstationen erlaubt.

Zwei Fremde mit Taschenlampen

Das deutsch-israelische Paar ist spät dran – es ist bereits halb fünf Uhr abends, und den beiden bleibt nicht mehr allzu viel Zeit, eine geeignete Stelle für ihr Zelt zu finden, denn gegen halb acht wird es in der Gegend um diese Jahreszeit bereits dunkel. Eine ungewöhnliche Zeit, den Inka-Pfad zu starten, treffen doch die meisten Touristen bereits früh am Morgen hier ein. Deshalb kommen die beiden an diesem Tag auch nicht mehr allzu weit und schlagen unweit des Flusses Cusichaca schließlich ihr Nachtquartier auf – sie campen wild und nicht auf einem der im Park ausgewiesenen Campingplätze.

Bereits in dieser ersten Nacht wachen die beiden jedoch am 6. Januar gegen 3:00 Uhr auf, weil sie draußen vor dem Zelt Stimmen hören und die Lichtkegel von Taschenlampen sehen. Ilan T. wird später berichten, dass er zwei Männer gesehen habe, die um das Zelt geschlichen seien und etwas aus einer Tüte gegessen hätten. Nach etwa 20 Minuten ist der Spuk jedoch wieder vorbei, die Männer verschwinden, das beunruhigte Paar schläft wieder ein.

Am folgenden Morgen packen die beiden ihr Gepäck zusammen, frühstücken um 7:00 Uhr und marschieren los in Richtung Runkuracay, wo eine wunderschöne alte Ruine steht. Sie passieren auf dem Weg dorthin gegen 16:45 Uhr sogar einen Campingplatz, der zu dieser Zeit noch völlig leer ist, beschließen aber, weiter bis zu der Ruine zu gehen, um dort das Zelt für die kommende Nacht aufzuschlagen. Sie übernachten also erneut an einem Ort, der völlig menschenleer ist …

Der Schuss ins Zelt

Gegen 5:00 Uhr, es ist der 7. Januar 1997, wacht Ilan T. auf, weil er draußen vor dem Zelt ein Geräusch hört. Und dann geht alles ganz schnell: Der Reißverschluss zum Zelt wird aufgerissen, Ilan T. sieht eine Hand mit einer Pistole, und Sekunden später fällt ein Schuss. Dann wird die Pistole auf Ilans Stirn gehalten, der greift erschrocken nach seiner Hose und gibt dem Räuber seine Geldbörse, in der geschätzt rund 1000 Dollar stecken. Draußen vor dem Zelt hört der Mann von Ulla G. eine weitere Männerstimme, die nervös ruft: »Was hast du gemacht? Warum hast du geschossen?« Und dann spricht ihn der Mann an, der noch immer seine Pistole auf Ilans Kopf gerichtet hat: »Money!«

Ilan T. ist furchtbar nervös und aufgeregt. Neben ihm liegt seine Frau mit einer blutenden Schusswunde am Kopf, vor ihm kniet der Räuber und fuchtelt mit der Pistole herum. Ilan versucht dem Mann zu erklären, dass man ein Paar sei und das Geld beiden gehöre. Seine Frau habe nichts. Um seine Angaben zu unterstreichen, zeigt er auf seinen Ehering: Hier, wir sind verheiratet, das ist unsere gemeinsame Reisekasse. Der Mann mit der Pistole lässt von dem geschockten Mann ab, und die beiden Täter verschwinden in der Morgendämmerung. Ilan T. versucht verzweifelt, seiner Frau zu helfen – er säubert die Wunde am Kopf mit Klopapier und zieht ihre Zunge aus dem Mund, damit sie nicht daran ersticken kann.

Das zumindest ist die Aussage, die der damals 26-jährige Ilan T. später vor der Polizei machen wird – eine andere gab es einstweilen nicht, denn ansonsten war da oben auf gut 3900 Metern Höhe weit und breit kein Mensch, der etwas hätte sehen oder hören können.

Einer Arbeitskollegin seiner Frau wird Ilan T. später indes erzählen, Ulla sei wegen der Geräusche vor dem Zelt nach draußen gegangen. Dann sei ein Schuss gefallen, Ulla sei zurück in das Zelt gestürzt, und dann habe man Ilan ausgeraubt. Die Zeugin ist sich absolut sicher, dass Ilan ihr das berichtet habe. Einem anderen Zeugen beschreibt er den Überfall wieder etwas anders: Der Täter sei in das Zelt eigedrungen, Ulla habe ihm das Geld gegeben, und dann sei der Schuss gefallen. Und den Ermittlungsbehörden wiederum erzählt er später die leicht abgeänderte Version seiner ersten Befragung: Ulla habe, als der Täter die Pistole in das Zelt gehalten hätte, ihre Hand gehoben. Ilan mutmaßt, dass der Täter deswegen erschrocken sei und deswegen geschossen habe.

Bei den ersten polizeilichen Befragungen in Peru will er sich daran noch nicht erinnern. Die Hand kommt erst ins Spiel, nachdem Ilan T. in München mit seinen Schwiegereltern gesprochen hat. Die haben nämlich die Frage gestellt, ob ihre Tochter vielleicht die Hand hochgehalten habe – gleichsam als Schutz- oder Abwehrbewegung. Und von diesem Tag an bleibt Ilan T. bei seiner Version mit der hochgehaltenen Hand. Aber zurück zum Tatort, zurück zum 7. Januar 1997.

Die Zahnärztin

Auf dem Campingplatz, den das deutsch-israelische Paar am Vortag passiert hat, übernachtet eine Reisegruppe rund um den einheimischen Führer Fredy M. Diese Gruppe haben Ilan und Ulla am Tag zuvor ein paar Mal unterwegs getroffen, und von dieser Gruppe, die am 7. Januar gegen acht Uhr aufbrechen möchte, setzt sich um fünf Uhr eine argentinische Zahnärztin mit ihrem persönlichen Träger ab. Sie will früher starten, um in der extrem dünnen Luft auf dieser Höhe nicht so schnell gehen zu müssen. Sie startet zum Aufstieg zu der Runkuracay-Ruine in Richtung Pass, der auf gut 4000 Metern Höhe liegt.

Der Aufstieg zur Ruine dauert gut 40 Minuten, und als sie die Gebäudereste erreichen, ist es bereits hell geworden, und die Medizinerin beschließt, ein Foto zu machen. Da aber etwa 50 Meter unterhalb der Steinmauern ein Zelt aufgebaut ist, das die Frau nicht auf dem Foto mit draufhaben möchte, geht sie den schmalen Pfad ein wenig weiter. Und plötzlich sieht sie oben bei der Ruine einen Mann, der ganz offensichtlich erschrickt, als er die Wanderin und deren Träger entdeckt. Der Mann dreht um, rennt den Pfad nach oben, kommt dann wieder zurück, stoppt, dreht erneut um und hastet wieder die Stufen zur Ruine hoch. Das Ganze macht der Mann etwa sechs Mal, bis er schließlich atemlos und aufgeregt vor den beiden ahnungslosen Inka-Trail-Wanderern stehen bleibt. Sein T-Shirt ist blutverschmiert, die Hose ebenso, und auch seine Hände, so weiß sich die Zahnärztin zu erinnern, sind voller Blut.

Die Frau aus Argentinien spricht nur wenig Englisch und kann den Mann, der da vor ihr steht, kaum verstehen. Sie glaubt, dass sich vielleicht einer seiner Begleiter etwas weiter oben am Berg verletzt hat, und gibt Ilan mit Händen und Füßen zu verstehen, dass etwas weiter unten, auf dem Campingplatz, ein Arzt sei. »Médico, Doctor«, sagt sie und zeigt mit dem Finger talabwärts. Ilan T. bedankt sich und geht zielstrebig den Berg hinunter. Die argentinische Wanderin ist erleichtert. Sie glaubt, dass der verzweifelt wirkende Mann sie verstanden hat – sein »Gracias« zumindest lässt dies vermuten. Die Frau und ihr Träger gehen weiter – sie ahnen nicht, dass in dem Zelt, das nur unweit der beiden in der Ruine steht, Dr. Ulla G. im Sterben liegt.

Endlich Hilfe

Gegen acht Uhr bricht die Gruppe um Tourguide Fredy M. am Campingplatz auf zu ihrer letzten Tagesetappe. Es ist etwa neun Uhr, als sie die alte Ruine Runkuracay unterhalb des Passes erreicht. Ilan T. geht ruhig und mit frischer Bekleidung auf die Wanderer zu und sagt, dass jemand seine Frau erschossen habe. »Someone shot my wife!« Der Arzt in der Gruppe und ein Sanitäter rennen zu dem Zelt, in dem sie einen Menschen stöhnen und röcheln hören. Ulla G. lebt. Sie hat das Bewusstsein verloren, atmet aber noch. An ihrem Kopf entdeckt der Arzt eine verkrustete Wunde – eine Erstversorgung hatte augenscheinlich bis dahin nicht stattgefunden. Der Mediziner legt der schwerverletzten Frau einen Kopfverband an und bleibt bei ihr im Zelt.

Fredy M. indes schickt sofort Träger ins Tal, um Hilfe zu rufen, aber es sollen noch Stunden vergehen, bis diese endlich eintrifft. Die Teilnehmer der Gruppe bauen eine provisorische Trage und transportieren die bewusstlose Münchner Wissenschaftlerin etwa zehn Kilometer hangabwärts zu einer Stelle, wo der Rettungshubschrauber landen kann. Ilan T., der die Rettungsaktion noch in aller Seelenruhe gefilmt hat, und seine Frau Ulla G. werden daraufhin endlich nach Cusco geflogen. Ulla G. wird dort medizinisch versorgt und ihr Ehemann Ilan im Beisein der deutschen Honorarkonsulin Maria J. von der Polizei zu dem Überfall befragt.

Auf der Polizeistation von Cusco gibt T. erstmals so etwas wie eine Täterbeschreibung ab: Der Mann, der geschossen hat, habe eine hellgrün bis gelbliche Hose und einen Kasack getragen, also ein weites, schwarzes Sakko, und mit seinen kurzen dunklen Haare wie ein Mestize ausgesehen.

Skeptische Polizisten

Irgendwie wollen die peruanischen Polizeibeamten dem Mann allerdings nicht so recht glauben. Da sind zu viele Ungereimtheiten, die sie einfach nicht zusammenbekommen wollen:

- Warum sollten Räuber beim Überfall auf ein Ehepaar ausgerechnet die Frau erschießen, den Mann aber verschonen?
- Warum sollten Räuber bei solch einem Überfall nur das Geld mitnehmen, die äußerst wertvolle Fotoausrüstung des Paars aber nicht?
- Warum ist dieses Verbrechen ausgerechnet in dem so gründlich bewachten Nationalpark geschehen, wo es bei 250 000 Besuchern jährlich in der Vergangenheit noch nie zu einem Gewaltverbrechen gekommen ist?
- Warum hat der Ehemann nach dem Überfall vier Stunden neben seiner schwer verletzten Frau verharrt, ohne etwas zu tun? Und warum war er, selbst nachdem ihn die Zahnärztin darauf aufmerksam gemacht hatte, dass es dort einen Arzt gab, nicht aufgebrochen, sondern hatte sich lieber in aller Seelenruhe umgezogen?
- Warum erkundigte der Mann sich im Krankenhaus, ob die Abschaltung der lebenserhaltenden Geräte bei seiner Frau womöglich Auswirkungen auf die Versicherungsleistungen haben könnte?
- Und warum überhaupt hatte er mit seiner Frau zusammen an einem derart abgelegenen Ort übernachtet, wo doch ein Campingplatz nur gut eine halbe Stunde entfernt lag, zumal man ja angeblich schon in der ersten Nacht von Männern mit Taschenlampen geweckt und geängstigt worden war?

Bei der Untersuchung der Hände des Ehemanns können zwar Bleianhaftungen nachgewiesen werden, aber eben keine klassischen Schmauchreste. Die peruanische Polizei traut dem Mann nicht, aber sie hat letztlich nichts gegen ihn in der Hand. Keine Zeugen, keine Tatwaffe, ein bisschen Blei an den Händen ... das reicht auch in Peru nicht für einen Haftbefehl. Außerdem hat der Mann eine einflussreiche Fürsprecherin an seiner Seite: die deutsche Honorarkonsulin Maria J. Sie stellt sich vor den jungen Mann, der gerade auf tragische Weise seine Ehefrau verloren hat, und wittert sogar eine Verschwörung. Ilan T. hat seine Täterbeschreibung mittlerweile nämlich etwas nachjustiert und glaubt nun, der Täter hätte eine Art Uniformjacke getragen. Am Ende, so die deutsche Abgesandte, kämen die Täter womöglich sogar aus den Reihen der Polizei. Und um davon abzulenken, versuche man nun, den armen Ehemann des Opfers zu beschuldigen. So etwas kann und will sie nicht dulden. Und die Worte der Frau haben Kraft – Ilan T. darf wieder gehen.

Das Opfer stirbt

Ein paar Tage später, am 10. Januar, wird Ulla G. nach Lima in eine besser ausgestattete Klinik überführt. Dort stirbt die Frau am 13. Januar 1997 – nur wenige Tage vor ihrem 35. Geburtstag. Man hat die lebenserhaltenden Geräte abgeschaltet, nachdem nur noch der Hirntod der Frau festgestellt werden konnte. Aufgewacht aus ihrem Koma ist sie nach dem brutalen Kopfschuss nicht mehr – sie nimmt alle Fragen, die dieser Fall auch in der Folgezeit noch mit sich bringen wird, mit ins Grab.

Am 17. Januar reist der Witwer Ilan T. nach München, um die Familie seiner verstorbenen Frau zu besuchen. Der Mutter des Opfers fällt bei diesem Besuch auf, dass Ilan T. noch immer seinen alten, abgegriffenen Geldbeutel besitzt. Aber der soll ihm doch in Peru von den beiden Räubern abgenommen worden sein. Sie spricht ihn darauf an, aber ihr Schwiegersohn reagiert nur mit Schweigen.

Der Leichnam von Ulla G. wird am 20. Januar nach Deutschland überführt, aber aus den Unterlagen, die auf den Transport mitgegeben werden, ergibt sich nichts, was Rückschlüsse auf den oder die Täter geben könnte. Der Leichnam der jungen Wissenschaftlerin wird im Münchner Institut für Rechtsmedizin einer erneuten Obduktion unterzogen, die ergibt, dass Ulla G. an einem Steckschuss im Kopf gestorben ist – weitere Hinweise auf Spuren von Gewalteinwirkung können die Experten dort nicht erkennen.

Den Münchner Kriminalpolizisten ist durchaus bewusst, dass die Angaben des Ehemanns des Opfers sehr vage und bisweilen auch spekulativ sind, aber sie haben nichts gegen den Mann in der Hand. Ulla G. wird am 24. Januar in München beigesetzt, und da das Opfer seinen letzten innerdeutschen Wohnsitz in der bayerischen Landeshauptstadt hatte und überdies offensichtlich ein Gewaltverbrechen vorliegt, gehen alle weiteren Ermittlungen zu diesem Fall an das Polizeipräsidium München – ins Kommissariat 111. Ilan T. indes reist am 27. Januar wieder zurück in die Vereinigten Staaten. Die Ermittler in München stehen vor einem Rätsel, und es sieht in diesen Tagen und Wochen mitnichten danach aus, als könnten sie es in absehbarer Zeit lösen.

Ihre Anfragen bei den Kollegen in Peru bleiben zunächst unbeantwortet. Die deutschen Kriminalbeamten hängen gewissermaßen im luftleeren Raum: keine Waffe, kein Projektil – Zelt, Schlafsäcke und andere spurenrelevante Gegenstände bleiben den Münchner Ermittlern auch vorenthalten. Es gibt einfach nichts, was sie untersuchen könnten.

Erst am 28. August 2008 erreicht die Beamten in München ein Schreiben von der zuständigen Polizeibehörde in Peru. Darin beschreiben die Beamten ihre Zweifel an der zu Protokoll genommenen Version des Ilan T. Sie heben deutlich hervor, dass sie von einer Täterschaft des Ehemanns dringend ausgingen – allerdings ohne wirkliche gerichtsverwertbare Beweise vorliegen zu haben. Die ebenso kontaktierte Honorarkonsulin Maria J. in Cusco indes teilt die Einschätzung der peruanischen Polizei immer noch nicht. Es vergehen weitere Wochen und Monate, dann stellt die Staatsanwaltschaft München das Ermittlungsverfahren gegen Unbekannt am 22. Januar 1998 schließlich ein, da es einfach keinerlei konkrete Hinweise auf den oder die Täter gibt.

Der Anruf des Bruders

Etwa ein Jahr später, am 2. Februar 1999, meldete sich der Bruder der ermordeten Wissenschaftlerin, Markus G., bei der Münchner Kriminalpolizei, der wahrlich interessante Dinge zu berichten hatte. Ullas Bruder hatte offenkundig von Anfang seinem Schwager misstraut, zumal er von seiner Schwester in der Vergangenheit erfahren hatte, dass Ilan T. schon mehrfach versucht hatte, Versicherungen zu betrügen. So war beispielsweise der in Deutschland gekaufte Opel des T. in Israel ausgebrannt gefunden worden, nachdem Ullas Mann den Wagen gestohlen gemeldet hatte. Die Polizei in Israel hatte Zweifel an dieser Geschichte, eine deutsche Versicherung zahlte 15 900 Mark.

Ein anderes Mal hatte T. angeblich versucht, seine Ehefrau zu einem Betrugsversuch mit Reisegepäck zu überreden, es gab Einbrüche in sein Elektrogeschäft, das er in Israel betrieb, bevor er zu Ulla G. nach New York zog, und einmal wollte er unter Mithilfe von Ulla G. eine israelische Lebensversicherung betrügen. Sie sollte ihn für tot erklären lassen, um dann umgerechnet 135 866 Mark zu kassieren. Ulla G. machte nicht mit, und der Fall war dann irgendwie erledigt.

Und nun hatte der Bruder des Mordopfers erfahren, dass US-amerikanische Privatermittler im Auftrag verschiedener Versicherungen herausgefunden hatten, dass Ilan T. aus Lebensversicherungen, die auf seine Frau abgeschlossen waren, sehr hohe Beträge zu erwarten hatte: Etwa 900 000 Dollar, von denen 600 000 Dollar offenbar schon ausbezahlt worden waren.

Das war äußerst merkwürdig, denn die Münchner Kriminalpolizei hatte Ilan T. bei ihren Ermittlungen natürlich auch auf dieses Thema angesprochen. Fragen nach Lebensversicherungen gehören gewissermaßen zur Routine einer anständigen Mordermittlung und werden in Fällen wie diesen fast schon automatisch gestellt. Ilan T. hatte damals aber nur von einer in Israel abgeschlossenen Lebensversicherung in Höhe von 100 000 Dollar gesprochen, abgeschlossen im Jahr 1993, und das war nun mal – auch wenn nicht selten für weniger Geld getötet wird – keine Versicherungssumme, bei der ein Ermittler sofort hellhörig wird, zumal die Versicherung bereits vor vier Jahren abgeschlossen worden war.

Gut versichert

Die nun plötzlich auftauchenden Versicherungen hatte Ilan T. offenbar verschwiegen – ebenso eine Reiseversicherung inklusive Leichenrückführungsgarantie (!) in Höhe von 50 000 Dollar. Insgesamt, so wurde 1999 langsam klar, waren also Versicherungen zu Ilan T.s Gunsten in Höhe von rund einer Million Dollar abgeschlossen worden, was 1999 einer Summe von etwa 1,7 Millionen Mark entsprach. Und das war – im Gegensatz zu den damals zunächst angenommenen 100 000 Dollar – dann doch ungewöhnlich viel Geld. Die Staatsanwaltschaft München I nahm daraufhin am 8. März 1999 das Ermittlungsverfahren gegen Unbekannt dann doch wieder auf.

Ilan T. selbst ist zu der Zeit in den Vereinigten Staaten, kann aber tatsächlich dazu bewegt werden, noch einmal für ein paar Fragen nach München zu kommen. Die Ermittler verraten ihm selbstverständlich nicht, dass sie über die unzähligen Versicherungen mittlerweile im Bilde sind. Es entwickelt sich am 12. April 1999 ein interessantes Gespräch, in dem die Kriminalbeamten Ilan T. erst nach und nach mit den diversen Lebensversicherungen konfrontieren. Der Mann ist zunächst natürlich überrascht, erläutert dann aber einigermaßen abgeklärt, dass es in den USA durchaus üblich sei, mehrere Lebens- und Unfallversicherungen abzuschließen. Aber so viele, dass man hierfür 711 Mark pro Monat bezahlen musste? Also insgesamt mehr als 8500 Mark im Jahr?

Die Ermittler wollen wissen, warum T. nicht schon bei seinen ersten Befragungen von den Versicherungen erzählt habe, aber der Mann wiegelt ab und gibt Erinnerungslücken vor. Er hält weder eine adäquate Erklärung für die tatsächliche Versicherungssumme bereit, noch weiß er zu erklären, warum vom 17. März 1997 bis zum 1. Februar 1999 insgesamt 1 802 641 Mark auf seine Konten in Israel und in den Vereinigten Staaten geflossen sind. Woher stammt das restliche Geld? Gab es womöglich noch weitere Versicherungen?

Unter Mordverdacht

Ilan T. wird schließlich am 13. April 1999 wegen Mordverdachts in München vorläufig festgenommen, und am 14. April 1999 ergeht gegen den Ehemann der getöteten Biologin Ulla G. ein Haftbefehl wegen Mordes. Und nun läuft die Ermittlungsmaschinerie gegen den in Israel geborenen mutmaßlichen Mörder erst richtig an.

Zunächst gibt es bei einigen Bedenken, ob die Nationalität des Festgenommenen möglicherweise zu diplomatischen Verstimmungen führen könnte. Ein Israeli in einem deutschen Gefängnis ... eine Kombination, die aus geschichtlichen Erwägungen heraus durchaus Zündstoff hätte bergen können. Aber nichts dergleichen geschieht. Die Münchner Ermittler können sich zu 100 Prozent auf die Unterstützung der Behörden aus Tel Aviv, New York und Lima verlassen, und nun gilt es, endlich mögliche Beweisstücke in Peru aufzuspüren und diese dann auch zu untersuchen. Zum gegenwärtigen Augenblick fehlen:

1. das Zelt,
2. die Schlafsäcke,
3. das Projektil,
4. die Waffe.

Die Dienstreise

Und so fliegt vom 11. bis zum 29. März 2000 eine bayerische Delegation nach Peru, die aus einem Staatsanwalt, drei Kriminalkommissaren, zwei Beamten des Erkennungsdienstes (ED) und einem Schusswaffenexperten aus dem Sachgebiet 207 des Bayerischen Landeskriminalamts besteht. Sie wollen nun endlich Licht in diesen bis dahin so undurchsichtigen Kriminalfall bringen.

In der Hauptstadt Lima arbeitet die Gruppe zunächst in der Klinik, in der Ulla G. schließlich gestorben ist, einen Fragebogen ab, den Münchner Gerichtsmediziner eigens hierfür erstellt haben, und sie

99

bekommen endlich die Röntgenbilder ausgehändigt, die in Lima erstellt worden waren und auf denen der genaue Schusskanal zu erkennen ist. Dann fliegen sie in die etwa 1000 Kilometer südöstlich von Lima gelegene Stadt Cusco, um dort der deutschen Honorarkonsulin Maria J., die man bis dahin nur aus Briefen und Telefongesprächen kennt, einen Besuch abzustatten.

Mittlerweile ist nämlich zum Erstaunen aller Beteiligten doch noch das Zelt wieder aufgetaucht, von dem die Diplomatin immer behauptet hatte, dass es verschwunden sei. Erst sehr viel später wird sich herausstellen, dass die Honorarkonsulin das Zelt und einige andere Ausrüstungsgegenstände des Paars in ihrem Privathaus aufbewahrt hatte, weil sie bis zuletzt an die Unschuld des Ilan T. geglaubt hat.

Der Waffenexperte in Peru

Nun aber, im März 2000, ist das Zelt endlich im Besitz der deutschen Ermittler und wird umgehend für weitere kriminaltechnische Untersuchungen nach München zum BLKA geschickt. Vor Ort arbeitet man mit baugleichen Zelten, die man eigens für diese Untersuchung in Peru angeschafft hat.

Der Waffenexperte des BLKA kann sich währenddessen um die weiteren Nachforschungen hinsichtlich des Projektils kümmern. Die Patronenhülse war unter fragwürdigen Umständen in Peru verloren gegangen. Aber aus dem Kopf des Opfers konnten immerhin ein paar Fragmente des Projektils sichergestellt werden, das beim Aufprall auf den Schädelknochen der Ulla G. zersplittert war. Und aus diesen Splittern konnte der Kriminaltechniker aus München nachweisen, dass es sich um amerikanische 9-Millimeter-Hohlspitzmunition der Marke Speer, Typ Gold-Dot, handelte.

Recherchen des Kriminaltechnikers in Peru ergaben nun, dass Munition dieses Herstellers in Peru beim besten Willen nicht zu bekommen ist. Ulla G. und ihr Ehemann Ilan T. waren aus New York angereist, und so stellt sich natürlich die Frage, ob der mutmaßliche Täter

Ilan T. Waffe und Munition möglicherweise in seinem Reisegepäck aus den USA in das südamerikanische Land gebracht hat.

Schließlich treffen sich die deutschen Ermittler vor Ort, am Eingang zum Inka-Trail, mit dem Tourguide Fredy M., der als einer der Ersten am Tatort auf fast 4000 Metern Höhe war, und wandern mit ihm und einigen seiner Helfer den Weg hoch zu der Ruine, wo die Biologin Ulla G. erschossen worden ist.

Ilan T. hat bei seinen zahlreichen Befragungen immer angegeben, dass das Zelt damals mit einem unvermittelten »Ratsch« geöffnet worden sei und der Täter fast gleichzeitig eine Pistole vorgehalten habe. Sämtliche Versuche, das an der Ruine Runkuracay errichtete baugleiche Zelt mit einer Hand zu öffnen, scheitern, da sich jedes Mal der Reißverschluss verhakt. Der Täter hätte seine Waffe demzufolge ablegen und das Zelt mit zwei Händen öffnen müssen, bevor er dann wieder zu der Pistole griff. Die Version des Ehemanns spricht also nicht unbedingt für den tatsächlichen Tatverlauf. Da man bis zuletzt nicht gewusst hat, welches Zelt das Paar auf dieser Reise dabeihatte, hat man solche Versuche bis dahin auch nicht machen können. Es scheint durchaus von Vorteil für Ilan T. gewesen zu sein, dass das Zelt verschwunden war.

Spuren im Zelt

Tourguide Fredy M. berichtet den Münchner Ermittlern auch, dass er nach dem Abtransport der schwer verletzten Frau das Zelt abgesucht habe. Ziemlich genau in der Zeltmitte seien Geschoss- und Hirnteile zu sehen gewesen – und zwar alles auf einer Fläche in etwa so groß wie ein Handteller. Komisch: Ilan T. hatte bei ausnahmslos allen Befragungen immer angeben, dass er und seine Frau mit dem Kopf zum Zelteingang gelegen hätten – was im Übrigen die meisten Camper so machen. Und dann sei das Zelt aufgemacht und geschossen worden.

Demzufolge hätten die Geschoss- und Hirnteile im vorderen Eingangsbereich des Zelts, nicht aber in der Mitte liegen müssen. Die kriminaltechnische Untersuchung des Zelts kann den Bericht des Tourguides bestätigen: Schmauchspuren und andere Anhaftungen findet der Schusswaffenexperte des BLKAs bei seinen Untersuchungen in München nur in der Mitte des Zelts – und so stellt sich die Frage: Wer hat denn nun von welcher Stelle aus geschossen?

Und genau dieser Fakt wird Ilan T. später seine Freiheit kosten, denn die Untersuchungsergebnisse des Sachgebiets 207 erschüttern die Version des Ehemanns massiv. Schusskanal und Schmauchspuren lassen nur eine Interpretation zu: Die Frau wurde mitten im Zelt erschossen und nicht mit dem Kopf am Eingang liegend. Das und die unzähligen Ungereimtheiten, die sich im Lauf der Ermittlungen geradezu bergartig aufgetürmt hatten, lassen schließlich keine andere Interpretation zu als die, dass Ilan T. aus Habgier seine Frau Ulla in Peru erschossen hat.

Es hilft auch nicht, dass Ilan T. bis zuletzt darauf verweist, dass seine Frau schließlich noch mehrere Tage gelebt habe. Hätte er sie tatsächlich umbringen wollen, dann hätte er dies doch auf dem Inka-Trail auch getan …

Der gläserne Mensch

Aber auch diesem Erklärungsversuch folgt das Gericht nicht. Die Juristen sind vielmehr der Meinung, dass Ilan T. nach dem Kopfschuss der Meinung war, dass seine Frau tot sei, zumal Ulla G. vermutlich unmittelbar nach dem Schuss das Bewusstsein verloren hatte. Dann hatte der Mörder das Zelt wohl verlassen, um in der Nähe der Ruine die Pistole zu entsorgen. Das würde auch sein merkwürdiges Verhalten während der Begegnung mit der Zahnärztin erklären, die für den Prozess in München ebenfalls als Zeugin vorgeladen ist. Vermutlich kam sie gerade zu der Zeit zu der Ruine, als Ilan T. im Begriff war, die Waffe verschwinden zu lassen.

Als er zum Zelt zurückkehrte, hatte er wohl bemerkt, dass seine Frau doch noch lebt, aber nun war die Mordwaffe bereits weg – möglicherweise irgendwo in einer tiefen, nicht zugänglichen Felsspalte oder in einem nahen Gewässer verschwunden. Wie hätte er nun seiner Frau den Todesstoß versetzen können, ohne in Verdacht zu geraten? Erdrosseln? Ersticken? Mit einem Messer? All diese Versuche wären später mit Sicherheit auf ihn zurückgefallen.

Also blieb ihm nur das Spiel auf Zeit. Er ging eben nicht die kurze Strecke talabwärts zu dem Campingplatz, um Hilfe zu holen. Die Hilfe, die ihm die Zahnärztin doch angeraten hatte, als sie den Berg hinunter zeigte und »Doctor« sagte. Stattdessen blieb er einfach beim Zelt, zog sich um und wartete auf den Tod seiner schwer verwundeten Frau. Und als seine Frau talabwärts getragen wurde, wollte er auch noch das Zelt und die Schlafsäcke an die Träger aus der Helfergruppe verschenken. Als Dank für ihre Hilfe, wie Ilan T. behauptete. Oder um wichtige Beweismittel verschwinden zu lassen …

Den Münchner Ermittlern gelingt es nicht nur, den Tatverlauf genau zu rekonstruieren – fast das gesamte Leben des Ilan T. wird im Grunde gläsern gemacht. Viele unangenehme Dinge kommen ans Tageslicht. So kann man beispielsweise in Erfahrung bringen, dass das erste Telefonat, das Ilan T. nach dem angeblichen Überfall auf dem Inka-Trail führte, vom Haus der Honorarkonsulin aus an eine Reiseversicherungsgesellschaft in New York ging. Dort wollte T. angeblich in Erfahrung bringen, ob die Kosten für die Rückführung des Leichnams seiner Frau tatsächlich übernommen werden würden, dabei war Ulla G. zu diesem Zeitpunkt noch am Leben.

Seine zahlreichen Liebschaften und Affären werden ebenso vor dem Münchner Schwurgericht ausgebreitet wie die Hochzeitsreise des Paars im Jahr 1995. Die ging nach China, und T. hatte zu jener Zeit hartnäckig versucht, eine Kapitallebensversicherung für seine frisch vermählte Frau abzuschließen. Dabei ging es um eine Summe von rund 440 000 Mark. Die Biologin Ulla G. hatte die Police zum Reisebeginn allerdings noch nicht unterschrieben, was ihr zu diesem Zeitpunkt möglicherweise noch das Leben rettete. Denn so gab es für diese Reise nur die Lebensversicherung aus Israel, die jedoch lediglich 100 000 US-Dollar wert war, und das könnte Ilan T. damals womöglich zu wenig gewesen sein.

Vor Gericht wird überdies davon berichtet, dass Ilan T. vor der Peru-Reise, im Oktober 1986, in Florida einen Führerschein erworben hatte. Einen in den USA erworbenen Führerschein braucht es nämlich, wenn man sich in Florida eine Waffe kaufen möchte. War das also womöglich der Grund für seine Reise in den Süden der USA? Die Anschaffung der späteren Mordwaffe?

Zu viele offene Fragen

Warum hatte Ilan T. drei bis vier Wochen vor dem Abflug nach Peru seinen Job gekündigt? Weil er wusste, dass er bald zu sehr viel Geld kommen würde?

Warum schloss er sechs Tage vor Peru noch ein weiteres Reiseversicherungspaket in Höhe von 305 (!) Dollar ab, das es eigentlich gar nicht gebraucht hätte, da ein vergleichbarer Schutz über seine American-Express-Karte bestand?

Warum war Ilan T. vor der Peru-Reise derart nervös und angespannt, wie T.s Arbeitgeber zu berichten wusste?

Warum hatte der Mann bei fast allen Befragungen immer wieder behauptet, dass der Fußweg von der Ruine zum Campingplatz, wo Rettung für seine verwundete Frau gewartet hätte, rund drei bis vier Stunden lang war – wo die Ermittlungen vor Ort doch zeigten, dass man bergab etwa 15 Minuten und vom Campingplatz zur Ruine maximal 40 Minuten brauchte?

Vielleicht war er davon ausgegangen, dass man all seine Angaben und Behauptungen nie wirklich überprüfen würde?

Im großen Zusammenhang, in der Summe wiegt vor Gericht natürlich alles, was für dieses Verfahren mühsam zusammengetragen wurde, bleischwer. Jedes Puzzleteil allein für sich gesehen hätte vermutlich nie zu einer Verurteilung gereicht, auch wenn die meisten

Prozessbeteiligten und Ermittler schon frühzeitig ein ungutes Gefühl mit dem vermeintlich trauernden Ehemann gehabt haben. Zu Fall bringen kann ihn letztlich das Gutachten des Münchner Kriminaltechnischen Instituts, das die Aussagen des Beschuldigten auf wissenschaftlicher Ebene zu widerlegen weiß.

Nach 56 Verhandlungstagen, die sich fast über ein ganzes Jahr erstrecken, wird Ilan T. im Jahr 2002 schließlich wegen Mordes zu einer lebenslangen Gefängnisstrafe verurteilt. Nach acht Jahren Haft – wenn man die Zeit in der Untersuchungshaft hinzunimmt – wird der Mann im Jahr 2008 schließlich in ein Gefängnis in Israel überstellt. Und dort ist er noch immer in Haft …

Chemie

Der Fall Blumenstraße

Nein, dies hier ist keine Geschichte, die beschreibt, wie die Kriminaltechnik des Bayerischen Landeskriminalamts in München dazu beigetragen hat, einen Täter zu überführen. Das Sachgebiet 201, Chemie, um das es in diesem Kapitel gehen soll, hat es in dem vorliegenden Fall gerade nicht vermocht, den Täter zu identifizieren oder ihm vor Gericht in einem Gutachten seine Schuld nachzuweisen – das brauchte es letztlich auch nicht. Und dennoch sind die Chemiker des KTI bei ihrer Arbeit auf erstaunliche Wahrheiten gestoßen – verwirrende wohlgemerkt –, die den Täterkreis tatsächlich näher hätten eingrenzen können, wenn das Leben manchmal nicht verrückte Wendungen bereithielte.

Der Täter, um den es hier geht, wurde letztlich ganz einfach deswegen gefunden, weil sein letztes Opfer ihn kannte. Ganz profan. Und dann wurde er aufgespürt, verhaftet und von einem Gericht zu einer sehr langen Freiheitsstrafe verurteilt. Versagt hat das Sachgebiet Chemie aber dennoch nicht. Auch wenn die Kriminaltechniker am Ende ihrer Untersuchungen völlig falsch lagen, hatten sie mit ihren Schlussfolgerungen absolut recht. Eine merkwürdige Geschichte und eine sehr schreckliche Geschichte, aber beginnen wir sie einfach mal zu erzählen …

Das Entsetzen

Das Verbrechen, um das es hier gehen soll, traf am 19. Oktober 2001 ein ganzes Land. Es machte Angst, verströmte Unsicherheit und Misstrauen und sorgte landesweit für Entsetzen. An diesem Freitag nämlich wurde gegen etwa acht Uhr morgens ein siebenjähriges Mädchen, es ging gerade erst seit ein paar Wochen in die erste Klasse, auf der Schultoilette in der Theresia-Gerhardinger-Grundschule in der Münchner Blumenstraße brutal vergewaltigt.

Das Mädchen – die Polizei gab ihm damals für die Öffentlichkeit den Namen »Anna« – war an dem besagten Morgen von seinem Vater zur Schule gebracht worden. Das war so etwa gegen 7:50 Uhr. Eine Viertelstunde später, zum Unterrechtsbeginn um 8:05 Uhr, war Anna jedoch nicht in ihrem Klassenraum, woraufhin die Lehrerin des Mädchens nach ihr suchte. Etwa zehn Minuten später fand die Pädagogin Anna im Toilettenraum der Schule. Sie stand ohne ihr Unterhöschen über die WC-Schüssel gebeugt und sagte kein Wort.

Die Lehrerin machte an diesem Punkt einen großen Fehler. Sie glaubte, dem Mädchen sei einfach ein wenig schlecht, und mit dieser falschen Annahme ging die Pädagogin zurück in ihr Klassenzimmer und setzte den Unterricht fort. Als Anna jedoch nach weiteren zehn Minuten immer noch nicht im Klassenraum erschienen war, ging die zwischenzeitlich doch sehr beunruhigte Lehrerin noch einmal zurück zu der Schultoilette. Das Mädchen schwieg hartnäckig, woraufhin die Lehrerin sofort die Mutter des Kindes verständigte, die Anna umgehend von der Schule abholte.

Annas Mutter brachte ihre Tochter zu einem Arzt, der das Kind, das immer noch nicht ansprechbar war, unmittelbar in ein Krankenhaus einwies. Die Ärzte dort verständigten nach einer ersten Untersuchung des Mädchens sofort die Kollegen von der Rechtsmedizin und alarmierten umgehend die Polizei. Und dann mussten die Mediziner schnell handeln, denn das siebenjährige Mädchen hatte schwerste innere Verletzungen im Unterleib und überdies gravierende Würgemale am Hals. Nur eine rasch angesetzte Notoperation konnte der kleinen Anna das Leben retten.

Die Angst

Die Öffentlichkeit, auch die in Deutschland, war noch immer von den schrecklichen Anschlägen in New York traumatisiert, bei denen Terroristen Personenflugzeuge in die Zwillingstürme des World Trade Centers gelenkt und mehrere Tausend Menschen ihr Leben verloren hatten, aber dieses Verbrechen in München wühlte alle auf, über die Stadt- und Landesgrenzen hinaus.

Mit einem Schlag war der Gesellschaft ein Stück Sicherheit und Geborgenheit genommen worden. Schulen galten gemeinhin als sichere Orte. Ein Kind zu vergewaltigen war und ist ohnehin ein brutaler Tabubruch, aber ein solches Verbrechen in einer Schule selbst, auf einer Schultoilette, die anderen Klassenräume und Kinder nur einen Steinwurf entfernt – das überstieg jegliche Vorstellungskraft.

Bereits am Montag, dem 22. Oktober, verteilte die Polizei an den Münchner Schulen Flugblätter mit gut gemeinten Verhaltensratschlägen für Kinder, etwa: »Verdächtige Personen sofort melden« oder »Zu zweit auf die Toilette gehen«. Den Kindern wurde überdies geraten, bei Gefahr laut zu schreien und im Notfall schnell wegzulaufen … Was man eben versucht, Kindern beizubringen, wenn man sie vor einer Gefahr schützen möchte, die man eigentlich noch gar nicht begreifen kann.

Auch die Politik reagierte: Das Kultusministerium des Freistaats Bayern schickte an die Schulleiter der Stadt München einen Eilbrief mit der Aufforderung, so gut es gehe darauf zu achten, dass sich in den Schulgebäuden keine fremden Personen aufhielten, und dass man im Zweifel auch nicht davor zurückzuschrecken solle, die Polizei zu informieren, wenn man sich nicht sicher sei.

Ein schwieriges Unterfangen, da nach den Schreckensmeldungen vom 19. Oktober besorgte Eltern natürlich vermehrt damit begannen, ihre Kinder nicht nur zur Schule, sondern in vielen Fällen sogar direkt zu den Klassenzimmern zu bringen, was auf den Fluren der Schulen natürlich jene unübersichtliche Unruhe verursachte, die man nach dem Verbrechen an der kleinen Anna doch gerade zu verhindern versuchte.

Die Panik

Nach ein paar Tagen eskalierte die Situation derart, dass einzelne Schulen dazu übergingen, Vätern den Zutritt zu den Schulgebäuden zu verwehren, weil man keine »fremden Männer« auf den Gängen vor den Klassenzimmern haben wollte. Besonders besorgte Eltern informierten die Polizei gar, dass sie ihren Kindern nicht mehr den Schulbesuch erlauben würden, solange der Täter noch nicht gefasst sei. Auf den Ermittlungsbehörden lastete ein enormer öffentlicher Druck. Der Vergewaltiger der kleinen Anna musste schnellstmöglich gefasst werden, denn die Angst unter großen Teilen der Bevölkerung schien in den Tagen nach diesem schlimmen Verbrechen immer größer zu werden.

Die Dinge drohten langsam aus dem Ruder zu laufen. Aktionismus schien die Lösung zu sein, ob der nun blind war oder nicht. Die Polizei schlug vor, die Eingangsbereiche von Schulen mit Videokameras zu überwachen. In Konferenzen von Elternbeiräten wurden Forderungen nach Magnetkarten an den Eingangstüren von Schulen laut, manche verlangten gar den Einsatz von Schulsheriffs, um die Sicherheit der Kinder an bayerischen Schulen zu gewährleisten.

Und die Schule, an der das alles passiert war? Die versuchte irgendwie, den Schulbetrieb einigermaßen aufrechtzuerhalten, was in den Tagen nach dem schrecklichen Verbrechen selbstverständlich nur sehr schwer gelingen konnte. Zumindest erteilte die Schulleitung den zahlreich erschienenen Medienvertretern Hausverbot, was mit Sicherheit eine richtige Entscheidung war.

Denn insbesondere der Boulevard sah in diesem Verbrechen natürlich Potenzial für die aberwitzigsten Storys. So wurde beispielsweise ein »Phantombild« des Täters veröffentlich – angefertigt von einem zwölfjährigen Mädchen, das den Täter angeblich in der Theresia-

Gerhardinger-Grundschule gesehen hatte. Dummerweise war dieses Bild nur ein besseres Strichmännchen. Die Polizei fühlte sich durch solche Aktionen in ihrer Arbeit behindert, denn sie war am Ende ja irgendwie gezwungen, auch den Hinweisen aus der Bevölkerung auf diese Kinderzeichnung nachzugehen, was natürlich wertvolle Zeit und Arbeitskraft verschwendete.

Das erste Verbrechen

Im Hintergrund liefen die Ermittlungsarbeiten der Sonderkommission »Blumenstraße« natürlich auf Hochtouren. Es stellte sich recht bald heraus, dass Annas Vergewaltiger rund einen Monat vor der Tat auf der Schultoilette schon einmal zugeschlagen hatte: in den Umkleideräumen der Frauenklinik in der Münchner Maistraße.

Bei der Prüfung sämtlicher Sexualdelikte der jüngeren Vergangenheit waren den Ermittlern gewisse Parallelen aufgefallen: Auch hier handelte es sich um einen Überfall in einem »öffentlichen« Gebäude. Keine Parkanlage, keine Unterführung – hier eine Schule, da ein Krankenhaus.

Dort hatte sich der Täter in den frühen Morgenstunden des 17. Augusts 2001 wohl auf den verschiedenen Stockwerken des Hauses herumgetrieben, bis er gegen sechs Uhr einer 22-jährigen Studentin aus Tschechien begegnete, die während ihrer Semesterferien als Reinigungskraft in der Klinik arbeitete.

Die junge Frau hatte gerade ihre Schicht beendet, als ihr im Umkleideraum 4 ein Mann ohne jede Vorwarnung derart hart mit der Faust ins Gesicht schlug, dass die Studentin sofort zu Boden ging. Sie blutete aus Mund, Nase und Augen und verlor für kurze Zeit auch die Besinnung. Ein Fakt übrigens, den das Gericht später als Todesgefahr bewertet.

Als die junge Frau das Bewusstsein wiedererlangte, hatte ihr der Täter bereits die Hose heruntergezogen. Er bedrohte die Studentin mit der Faust und riss ihr mit einer derartigen Gewalt die Unterhose vom

Leib, dass diese geradezu zerfetzt wurde. Dann vergewaltigte er die wehrlose Frau, bis er plötzlich aufschrak, weil er auf dem Flur Geräusche vernommen hatte. Er ließ kurz von der Studentin ab, was dieser die Möglichkeit verschaffte, vor dem Täter zu flüchten. Sie stürmte schreiend und weinend aus dem Umkleideraum und traf dort auf einen Klinikmitarbeiter, bei dem sie geschockt und schwer verletzt Schutz suchte. Für den unbekannten Täter wurde es einigermaßen eng, weil das Fenster in der Umkleide vergittert war. Auch er musste raus auf den Flur, konnte von dort aus dann allerdings unerkannt flüchten. Am Tatort allerdings ließ er eine Halskette mit einem Kreuzanhänger zurück. Eine Spur, wenn auch nur eine äußert kleine ...

Die tschechische Studentin erlitt starke Einblutungen im Gesicht und in den Augenbindehäuten. Ein Zahn war abgebrochen, und am Hals konnten massive Würgemale festgestellt werden. Hatte der Täter sie vielleicht töten wollen, damit die junge Frau ihn später nicht hätte identifizieren können? Vielleicht! Und möglicherweise hatten der Studentin die Geräusche, die ein Mitarbeiter draußen auf dem Flur verursachte, das Leben gerettet. Und was war mit Anna? Hatte er das Mädchen vielleicht auch töten wollen?

Das Phantom

Den Beamten der 35 Mann starken Sonderkommission »Blumenstraße« war es in der ersten Novemberhälfte 2001 schließlich gelungen, ein seriöses Phantombild des Täters zu erstellen, was in den Wochen davor aufgrund widersprüchlicher Zeugenaussagen nicht möglich gewesen war. Die Ermittlungsgruppe hatte sich bei diesem Phantombild vor allem auf die Angaben der 20-jährigen Studentin verlassen, die von dem gesuchten Täter in der Münchner Frauenklinik vergewaltigt worden war und ihn recht gut beschreiben konnte.

Die kleine Anna hatte man bei der Phantomzeichnung des Gesuchten jedoch nicht mit einbezogen – schlichtweg, um das Mädchen, das noch immer unter Schock stand, zu schützen. In solchen Fällen gehen Mitgefühl und Rücksichtnahme vor, egal, wie stark der Wille und der Wunsch nach einem möglichst raschen Fahndungserfolg auch sein mögen.

Der Täter, von dem die Polizei vermutete, dass es sich um einen gefährlichen Serientäter handelte, wurde auf 20 bis 30 Jahre alt geschätzt. Er hatte eine schlanke Figur und trug zum Tatzeitpunkt kurze, blonde Haare. Und er sprach nach Angaben der Polizei fließend Deutsch. Für Hinweise, die zur Ergreifung des Täters führen würden, wurde eine Belohnung von 10 000 Mark ausgesetzt. Etwa 570 Spuren ging man im November 2001 nach, eine davon landete in den Räumen das Sachgebiets Chemie des Bayerischen Landeskriminalamts.

Das Sweatshirt

Es handelte sich hierbei um ein Sweatshirt, das der Täter bei seinem Überfall auf die kleine Anna in der Schule zurückgelassen hatte. Er musste das mit Körperflüssigkeiten besudelte Kleidungsstück ausgezogen haben, nachdem er sich an dem siebenjährigen Mädchen vergangen hatte, um es danach auf einen Schrank zu werfen, wo es die Spurensicherung schließlich finden konnte. Ein DNA-Abgleich mit der Datenbank ergab allerdings keinen Treffer.

Der Täter hatte – wie sich später herausstellte – überdies auch die Schultasche der kleinen Anna durchwühlt und in deren Trinkflasche eine mitgebrachte Flüssigkeit gefüllt. Die Ermittler gingen zunächst davon aus, dass es sich um eine Art Droge handelte, die in Szenekreisen »Poppers« genannt wird. Diese ist kurz wirksam und soll insbesondere bei Analverkehr dabei helfen, den Schließmuskel zu entspannen. Die Flüssigkeit hatte der Täter, wie sich später herausstellte, zuvor in einer Szenekneipe für 40 Mark gekauft. Was er nicht wusste: Der Verkäufer hatte ihn offenbar betrogen, denn in dem Fläschchen war lediglich Essigsäureethylester, der normalerweise in Klebstoffen und Nagellackentferner Verwendung findet und gelegentlich von so genannten Schnüfflern konsumiert wird, um sich an daran zu berauschen.

Interessant für die Kriminaltechniker des Sachgebiets war dennoch vor allen Dingen das besagte Sweatshirt des flüchtigen Täters. Konnte das Kleidungsstück vielleicht die entscheidenden Hinweise auf den Vergewaltiger geben? Konnte es etwas über den Menschen erzählen, der es getragen hatte, oder gar die Ermittler zu dem Täter führen?

Heiße Luft

Aufgrund der DNA-Spuren, die an dem Bekleidungsstück bereits sichergestellt werden konnten, war das Sweatshirt eindeutig dem gesuchten Täter zuzuordnen, so viel stand fest, als es den Experten des Sachgebiets 201 übergeben wurde.

Warum der Täter das Shirt auf einem Schrank im Vorraum der Schultoilette abgelegt hatte, dafür hatten die Ermittler bis dahin keine Erklärung finden können, aber das spielte in diesem Moment auch gar keine große Rolle, schließlich war man zu der Zeit um jede Spur froh, die man hatte – mochte sie noch so klein oder unbedeutend sein.

Polizeiliche Ermittlungen hatten bereits ergeben, dass dieses Sweatshirt aus dem Sortiment der Bekleidungskette C&A stammte. Wer allerdings dieses Shirt tatsächlich gekauft hatte, konnte leider nicht mehr ermittelt werden, zumal es sich nicht gerade um eine Einzelanfertigung handelte.

Das Shirt wurde in einem luftdicht schließenden Aluminiumbeutel an die Kriminaltechnik übergeben, und der erste Eindruck, den die Chemiker in München von der Textile bekamen, war die Tatsache, dass sie stark roch. So etwas freut den Kriminaltechniker, weil es die Schlussfolgerung zulässt, dass in den Luftpartikeln, die in dem Alu-Sack herumschweben, vielleicht etwas zu finden sein könnte.

Der Aluminiumbeutel wurde aus diesem Grund zunächst einmal auf eine Temperatur von 60 Grad Celsius erwärmt, um danach aus dem Dampfraum des Sacks mit einer Spritze Luft abzusaugen. Dieser Gasraum über dem Sweatshirt wurde dann einer GC-MS-Analyse unterzogen. Dabei wird ein Gaschromatograf (GC) mit einem Massenspektrometer (MS) verbunden, was den meisten Nichtchemikern unter den Lesern zunächst einmal wenig sagen wird. Deshalb hier der Versuch einer Erklärung.

Die Wissenschaft dahinter

Da es die Chemie in aller Regel mit Gemischen zu tun hat, ist es eine der Hauptaufgaben, diese Gemische zu trennen, um diese Einzelbestandteile dann in einem zweiten Schritt zu identifizieren. Und genau dieser Trennungsprozess geschieht mithilfe eines Gaschromatografen.

Normalerweise spritzt ein Labortechniker eine flüssige Probe in das eine Ende einer Säule ein, in dem die Flüssigkeit erhitzt und verdampft wird. In dem vorliegenden Fall handelte es sich bereits um ein Gasgemisch, das in dieser Säule also weiter erhitzt wurde. Der hierbei entstehende Dampf dringt in die Säule ein und strömt zusammen mit dem Trägergas so weit, bis er einen sogenannten Detektor erreicht. Da sich unterschiedliche Verbindungen mit unterschiedlichen Geschwindigkeiten bewegen, trennen sie sich auf diesem Weg voneinander, das heißt, die einzelnen Verbindungen erreichen nach Durchquerung der Säule den Detektor zu verschiedenen Zeitpunkten. Der Detektor meldet im Grunde jede »Ankunft« an ein Registriergerät, das diese Werte in einem Diagramm aufzeichnet und somit jede identifizierte Verbindung grafisch darstellt. Die hierbei entstandene Kurve wird als Chromatogramm bezeichnet.

Man kann sich diesen Prozess wie einen kleinen Bach vorstellen, in dem Steine liegen. Wirft man nun eine Handvoll unterschiedlich dicker und verschieden geformter Äste und Zweige ins Wasser, wird man beobachten können, dass manche Zweige einfach mit dem Wasser zusammen den Bach herunterschwimmen, andere werden an verschiedenen Steinen hängen bleiben und erst einige Zeit später unten ankommen. Auf diese Art und Weise wird das Zweiggemisch getrennt. So in etwa funktioniert, vereinfacht gesprochen, ein Gaschromatograf. Und nachdem das Gemisch nun getrennt worden ist, müssen die Einzelbestandteile in einem zweiten Schritt identifiziert werden.

Da keine zwei Substanzen komplett gleich aufgebaut sind, kann man sie mithilfe der Massenspektroskopie schließlich eindeutig bestimmen. Dabei werden die zuvor getrennten Verbindungen gewissermaßen einem Beschuss mit hochenergetischen Elektronen ausgesetzt, die diese Verbindungen praktisch sprengen. Danach durchlaufen diese Bruchstücke ein elektrisches beziehungsweise magnetisches Feld, das diese Fragmente nach ihren individuellen Massen voneinander trennt.

Hierbei entsteht ein sogenanntes Fragmentationsmuster dieser unbekannten Verbindung, das von einem Computer mit bereits bekannten Mustern verglichen wird. Im besten Fall erhält man daraus dann Schritt für Schritt die genaue Zusammensetzung des untersuchten Gemischs. Bei der GC-MS-Analyse des Gasraums über dem Sweatshirt des Täters konnten folgende Bestandteile identifiziert werden:

1. Hexamethylcyclotrisiloxan
2. Octamethylcyclotetrasiloxan
3. Eine Vielzahl von Riech- und Aromastoffen
4. Ethanol
5. Tetrachlorethen
6. 2-Hydroxy-2-methylpropionitril

Spätestens an dieser Stelle werden die meisten Leser wieder an den Chemieunterricht denken und sich gut daran erinnern können, warum sie dieses Fach in der Schule irgendwie nicht ganz so sehr gemocht haben. Wie auch immer, diejenigen, die diesem Fach mehr abgewinnen konnten – und dazu zählen die Chemiker des Münchner Kriminaltechnischen Instituts –, wussten aus Erfahrung, dass die

Hauptbestandteile des untersuchten Gemischs Hexamethylcyclotrisiloxan und Octamethylcyclotetrasiloxan in der Regel als Entschäumer in Reinigungsmitteln eingesetzt werden.

Das Reinigungsmittel

Daraufhin wurde der Markt abgegrast und jene Mittel gesucht, die »H« und »O« im Verhältnis 5:1 beinhalten – denn in diesem Verhältnis waren die beiden Stoffe auch in dem Gemisch enthalten gewesen. Zwei Produkte kamen nach dieser Untersuchung am Ende noch infrage. Nicht so schlecht, wenn man bedenkt, dass nur die Luft in dem Aluminiumbeutel untersucht worden war ...

Den Chemikern des LKAs stellte sich nun die Frage, ob diese Rückstände in dem Shirt vielleicht durch einen Waschvorgang in einem Waschsalon in den Stoff hätten eindringen können, da es sich bei den infrage kommenden Reinigungsmitteln eher um Industrieprodukte handelte. Die Ermittler kauften daraufhin bei C&A noch einmal ein solches Sweatshirt und ließen es in einem Waschsalon waschen. Das Ergebnis: Nein, der Waschvorgang hätte solche Rückstände nicht erbringen können, weshalb die Schlussfolgerung nahelag, dass es zu einer individuellen Auftragung hatte kommen müssen. Allerdings wohl nicht in einem Haushalt, da dort solche Mittel ja eher nicht zur Anwendung kommen.

Damit stellte sich also die nächste Frage: Wo an dem Sweatshirt waren die Anhaftungen von dem Reinigungsmittel genau zu finden? Bis dahin war ja nur die Luft in dem Alu-Beutel untersucht worden, nicht aber das Sweatshirt selbst. Das Kleidungsstück indes war einheitlich grau, etwaige Entschäumerrückstände waren mit dem bloßen Auge nicht zu erkennen. Aus diesem Grund legte man das Shirt unter UV-Licht, und dort waren die Spritzer tatsächlich zu sehen, allerdings wurde da auch schnell klar, dass nur UV-aktive Substanzen unter dem Licht weiß erscheinen konnten – »H« und »O« gehörten allerdings nicht dazu.

Was also konnten diese unter UV-Licht weiß scheinenden Flecken an den Ärmeln und im Bauchbereich des Sweatshirts nun sein? Um das herauszufinden, wurden die betreffende Stellen aus dem Shirt herausgeschnitten und mithilfe der sogenannten Infrarotspektrometrie untersucht. Mit dieser Methode können Verbindungen identifiziert werden, indem geprüft wird, welche Menge an Infrarotlicht von der fraglichen Verbindung absorbiert wird. Da jede Verbindung ein ganz bestimmtes Infrarot-Absorptionsspektrum besitzt, lässt sich hiermit eine ganz exakte Bestimmung vornehmen. Der Chemiker arbeitet hier in solchen Fällen mit den Mitteln der Physik.

Zu viel Kohlenhydrate

In der vorliegenden Untersuchung konnten Zucker, Stärke und Zellulose identifiziert werden, mehr war nicht zu erkennen. Und an diesem Punkt war man von chemischer Seite denn auch am Ende, und so blieb ihnen nur noch eine letzte Chance: Sie brauchten die Hilfe der operativen Fallanalytiker, der Profiler, der Münchner Kriminalpolizei, denn der Fall war noch immer vorherrschendes Thema in der Öffentlichkeit und der Erfolgsdruck auf die Fahnder enorm groß.

Es war der Punkt erreicht, an dem es einfach nur den profanen, gesunden Menschenverstand brauchte. An den Spuren auf den Ärmeln des Sweatshirts war ablesbar, dass sie offenbar hochgekrempelt worden waren. In welcher Lebenssituation würde man mit hochgekrempelten Ärmeln in etwas eintauchen, in dem ein Industriereiniger mit den besagten Entschäumern plus Kohlenhydrate, also Zucker, Stärke und Zellulose, vorkommen?

Die Antwort war einigermaßen simpel: Es musste sich um ein Reinigungsgewerbe im Lebensmittelbereich handeln. Diese Information, die nachgerade nicht unmittelbar zum Täter führte, gab man gleichwohl so an die Sonderkommission »Blumenstraße« weiter. Und dann hieß es für die Ermittler leider erneut: Abwarten und hoffen!

Der letzte Akt

Am 31. Dezember 2001 sitzt gegen 22:30 Uhr ein einsamer junger Mann in einem Gasthaus am Starnberger See. Es ist der Silvesterabend, die letzten Gäste sind schon gegangen. Die 56 Jahre alte Wirtin will schließen, aber der junge Mann bittet sie freundlich darum, doch noch sein Bier leer trinken zu dürfen. Selbstverständlich darf er das noch, die Gastronomin kennt das schließlich.

Als die Gastwirtin den jungen Mann eine Stunde später, also um 23:30 Uhr, zur Tür begleitet, greift dieser sie unvermittelt an. Er würgt die Frau bis zur Bewusstlosigkeit und zerrt sie in die Damentoilette. Als die verletzte Frau wieder das Bewusstsein erlangt, fordert der Mann sie mit erhobener Faust dazu auf, sich auszuziehen und auf den Boden zu legen. Die Gastwirtin folgt den Anweisungen des brutalen Mannes vor ihr, schließlich hat sie Todesangst.

Der junge Mann lässt seine Hosen bis zu den Knien herunter, und dann folgt für die 56-jährige Frau ein gut halbstündiges Martyrium. Sie wird vom Täter mehrfach vergewaltigt. Als er kurz von der Frau ablässt, sieht sie die Chance zur Flucht und rennt aus der Toilette hinaus, aber der junge Mann stellt sie in der Gaststube erneut. Er legt seine Hand an ihren Hals, drückt zu und droht der Frau: »Ich bring dich um!« Sie solle ihm die Einnahmen geben, sonst fange er wieder von vorne an, schreit er auf die angsterfüllte Frau ein. Die überlegt nicht lange und gibt ihm den Bedienungsgeldbeutel, in dem sich etwa 1000 Mark befinden. Und tatsächlich, er lässt von der Wirtin ab und flieht aus einer Hintertür ins Freie.

Die Frau erleidet, ähnlich wie die anderen Opfer, heftige Einblutungen im Gesicht und an den Augenbindehäuten, sie hat starke Würgemale am Hals und eine Herzprellung. Sie hat aber noch etwas anderes, und das unterscheidet sie von der Studentin im Krankenhaus und der kleinen Anna in der Schule: Wissen. Sie kennt nämlich den Täter und weiß, wo er aktuell wohnen könnte.

Endlich gefasst

Die Polizei hat endlich einen Namen zu dem Phantombild und eine Adresse, nur kann sie den gesuchten Täter dort leider nicht antreffen. Es soll noch weitere drei Tage dauern, bis sie den gefährlichen Vergewaltiger in Kirchseeon, in der Wohnung einer Bekannten, endlich festnehmen kann. Die Erleichterung ist groß, bei den Ermittlungsbehörden und in der Bevölkerung.

Während des Strafverfahrens in München stellte sich heraus, dass der zum Tatzeitpunkt 19-jährige Mann im März 2001 bereits in Köln versucht hatte, eine Frau sexuell zu missbrauchen. Da es jedoch bei dem Versuch geblieben war und in Anbetracht seines Alters, kam der junge Mann aus Düren nicht in Haft. Er zog vielmehr nach München, wo er fortan versuchte, sich in der Stricherszene einigermaßen über Wasser zu halten. Dazu kam Alkohol, viel Alkohol …

Ein Gutachter bescheinigte dem Angeklagten in dem Strafverfahren eine »schwere seelische Störung«, und der Richter sagte an die Adresse des jungen Mannes: »In Ihnen tickt eine Zeitbombe!« Der junge Täter räumte alle Anschuldigungen ein und wurde schließlich im Oktober 2002 zu einer Jugendstrafe in Höhe von neun Jahren und sechs Monaten verurteilt. Vor seinem Haftantritt wurde er allerdings in die Psychiatrie der Justizvollzugsanstalt Straubing verlegt, wo man auf die Behandlung von Sexualstraftätern spezialisiert ist. Dort erhängte sich der junge Mann wenig später mit einem Schnürsenkel am Scharnier zur Tür seiner Nasszelle. Woher er das Schuhband hatte, mit dem er sich erdrosselte, konnte allerdings bis heute nicht geklärt werden.

Der richtige Irrtum

Und was war denn nun mit den Ergebnissen der Münchner Kriminaltechniker aus dem Sachgebiet Chemie hinsichtlich des untersuchten Sweatshirts? Auf die Spur war man dem Täter ja nun schließlich gekommen, weil die Frau, die er am Silvesterabend in einem Gasthaus am Starnberger See vergewaltigt hatte, ihn gekannt hatte. Verschiedene Nachforschungen der Sonderkommission »Blumenstraße« zur Persönlichkeit des Täters hatten überdies ergeben, dass er während seiner Zeit in München keinerlei Beschäftigung nachgegangen war. Was also waren die mit einem irrsinnigen Aufwand betriebenen Untersuchungen der Chemiker des Kriminaltechnischen Instituts am Bayerischen Landeskriminalamt dann überhaupt wert, die am Ende ja zu dem Ergebnis gekommen waren, der Täter würde allem Anschein nach in der Reinigungssparte des Lebensmittelbereichs tätig sein? Genau das hatte der festgenommen Täter ja nun gerade nicht getan.

Nun, die Chemiker des Bayerischen Landeskriminalamts lagen grundrichtig – und grundfalsch zugleich! Der Täter hatte bei dem Überfall auf die kleine Anna in den Toilettenräumen ihrer Grundschule nämlich ein gebrauchtes, ungewaschenes Sweatshirt von einem Bekannten getragen. Und dieser Bekannte hatte in den Tagen und Wochen vor dem Überfall auf die kleine Anna tatsächlich als Spüler auf dem Münchner Oktoberfest gearbeitet.

Alles, was die Chemiker in mühsamer Zusammenarbeit mit ihren Münchner Kollegen von der Operativen Fallanalyse also gemeinsam erarbeitet hatten, war absolut richtig – nur leider hatte es in diesem Fall kaum etwas mit dem wahren Täter zu tun. Gleichwohl zeigt diese Geschichte, welche Rückschlüsse ein Chemiker aus ein paar Spritzern und etwas heißer Luft ziehen kann. Ein paar Spritzer auf einem Bekleidungsstück hatten die Chemieexperten des Bayerischen Landeskriminalamts ganz nah an die Wahrheit gebracht – weil sie alles Mögliche und auch Unmögliche versucht hatten. Nur weiß man eben aus vielen anderen Lebensbereichen, dass es in der Regel häufig mehrere Wege zur Wahrheit geben kann. Das zeigte dieser Fall wohl mehr als deutlich.

Der vorgetäuschte Mord

In einem Augsburger Hotelzimmer wurde im September 2007 eine männliche Leiche entdeckt. Die rechtsmedizinische Untersuchung ergab eine Tablettenintoxikation mit verschiedenen Wirkstoffen: zwei Schlafmittel und eines gegen Erbrechen. Im Zimmer selbst konnten die Beamten der Spurensicherung ein Weinglas finden, in dem exakt dieselben Wirkstoffe nachgewiesen werden konnten wie im Blut des 40-jährigen Toten. Hinzu kam ein Abschiedsbrief – also eigentlich ein klarer Fall. Sollte man auf den ersten Blick meinen …

Das Hotelzimmer allerdings war unter recht merkwürdigen Umständen einen Tag vor dem Suizid von einer anderen Person angemietet worden – nämlich vom Vater der Lebensgefährtin des toten Mannes. Warum also sollte der ein Zimmer anmieten, in dem der Freund seiner Tochter nur einen Tag später Selbstmord begeht?

Der Spur musste nachgegangen werden, und so untersuchte man unter anderem den Wagen des Mannes, der das Zimmer angemietet hatte. Und dort konnte man erstaunlicherweise so einiges finden: Fesselungsmittel, eine Pistole, leere Tablettenschachteln, Spuren von weißem Pulver – und eine Gewürzmühle mit den Resten jener Schlaftabletten, die im Körper des »Selbstmörders« gefunden werden konnten. Auf dem Rechner des Vaters fand man sogar den Abschiedsbrief des Toten. Also doch kein Suizid, sondern …

Ein Mord?

Die chemischen Untersuchungen ergaben dann, dass auch in den Pulverresten, die im Wagen des »Schwiegervaters« gefunden wurden, alle drei Wirkstoffe zu finden waren, die man in dem Leichnam nachgewiesen hatte. Also hatte wohl – so zumindest sah es aus – der Vater der Freundin des Opfers den Mann im Hotelzimmer getötet und das Ganze als Selbstmord dargestellt. Wieder ein klarer Fall, nur völlig anders als der zuerst angenommene.

Nun machte man – gleichsam als Gegenprobe – Abklebungen an den Fingern des Toten. Sollte ein anderer die Tabletten zu Pulver verarbeitet und dieses dann in das Weinglas gegeben haben, würde man an den Fingern des Leichnams nichts finden können.

Und dann die Überraschung: An den Fingern des Toten konnten sehr wohl größere Rückstände des Pulvers mit den drei Wirkstoffen identifiziert werden, was alles wieder umdrehte: Hatte der Tote seinen Selbstmord vielleicht als Mord inszeniert?

Diese Annahme bestätigten weitere Untersuchungen. An den Fesselungsmitteln konnte nur die DNA des Selbstmörders gefunden werden, und EDV-Auswertungen hatten ergeben, dass der Abschiedsbrief des Toten von dessen USB-Stick auf den Rechner des Tatverdächtigten kopiert worden war. Zudem konnte ermittelt werden, dass der Selbstmörder in seinem Leben ein sehr umfangreiches Lügenkonstrukt aufgebaut hatte, was ihn offenbar dazu bewogen hatte, diesem Leben selbst ein Ende zu setzen.

Gegen den Mann liefen offenbar in zwei Bundesländern strafrechtliche Ermittlungen wegen Betrugs. In Augsburg hatte er sich als erfolgreicher Rechtsanwalt ausgegeben und internationale Geldanlagen an Privatinvestoren vermittelt. Am Ende hatte er selbst bei seinem eigenen Abgang noch gelogen und betrogen und um ein Haar den Vater seiner Lebensgefährtin ins Unglück gestürzt. Hätten die Ermittler und Kriminaltechniker nicht derart akribisch gearbeitet, wäre der Mann wohl im Gefängnis gelandet – vermutlich lebenslänglich. Und man hätte es den Richtern noch nicht einmal verdenken können, wenn sie so ein Urteil gesprochen hätten.

Handschriften

»Doktor Mord«

Es war ein Donnerstag, der 27. März 2008, morgens um 9:36 Uhr, als bei der Polizeiinspektion in Erding das Telefon klingelte. Es meldete sich ein gewisser Alexander K., ein Finanzbeamter aus München. Er klang besorgt und erklärte, dass er vor dem Anwesen seines Vorgesetzten in Bockhorn, einer 3500-Seelen-Gemeinde östlich von Erding, stehen würde. Sein Chef, Alfred F., sei seit zwei Tagen nicht an seinem Arbeitsplatz erschienen, er gehe nicht ans Telefon, und auf das Klingeln an der Haustür des Mannes öffne niemand die Tür.

Die Polizeiinspektion Erding schickte sofort einen Streifenwagen nach Bockhorn. Die beiden Streifenbeamten trafen vor dem Haus des Alfred F. auf zwei Finanzbeamte aus München, die den Polizisten noch einmal ihre Geschichte erzählten und darauf hinwiesen, dass sie sich ernsthaft Sorgen um ihren ansonsten doch so zuverlässigen Vorgesetzten machen würden. Doch die Haustür war tatsächlich verschlossen, und in dem alten Bauernhaus rührte sich nichts.

Auch der Hintereingang war verschlossen, allerdings zeigte sich, dass einer der Polizisten diese Tür, die nur mit einem einfachen Kastenschloss gesichert war, recht leicht öffnen konnte. Die beiden Streifenbeamten betraten vorsichtig das Haus, aber sie mussten nicht weit gehen. Unmittelbar hinter der Tür, am Fuß einer Treppe, die zum Obergeschoss führte, lag eine männliche Leiche – vollständig bekleidet und im Kopfbereich von einer großen Blutlache umgeben.

Einer der beiden Finanzbeamten konnte den Leichnam sofort identifizieren – es war sein Chef, Alfred F. Der umgehend herbeigerufene
Notarzt konnte nur noch den Tod des Mannes im Flur feststellen – zu
einer möglichen Todesursache vermochte der Mediziner jedoch
nichts zu sagen. Auf den ersten Blick sah alles danach aus, als wäre
der Hausbesitzer möglicherweise die Treppe heruntergefallen. Hierbei hatte er sich möglicherweise eine schwere Kopfverletzung zugezogen – was die nicht unerhebliche Blutlache am Fuß der Treppe
hätte erklären können. Aber um sicherzugehen, wurde der Leichnam
in das Institut für Rechtsmedizin der Universität München gebracht,
um dort bei einer Leichenöffnung die genaue Todesursache des
48-Jährigen zu erfahren.

Ein Schuss in den Kopf
Das Obduktionsergebnis vom 4. April 2008 konnte sodann einen
Treppensturz, also einen Unfall, verlässlich ausschließen, denn an
dem Leichnam wurden ein Einschuss im behaarten Nackenbereich
und eine Austrittswunde direkt unterhalb der Nasenwurzel festgestellt. Interessant dabei: Es handelte sich nicht um einen aufgesetzten,
sondern vielmehr um einen »Fernschuss«, also einen Schuss aus einer
Entfernung von rund zehn Metern. Man ging daher von einem vor-
sätzlichen Tötungsdelikt aus. Eine Waffe wurde nicht gefunden.

Nur vier Freunde
In solchen Situationen wird zunächst einmal das Leben des Opfers
gründlich durchleuchtet. Alles, was einen Menschen charakterisiert,
ausmacht und auch beschreibt, könnte Hinweise auf den oder die
etwaigen Täter geben. Alfred F., ledig, als Teamleiter beim Landesamt
für Steuern in München beschäftigt, galt als zuverlässig und war in
der Behörde sehr beliebt. Zur Arbeit fuhr er in einer Fahrgemeinschaft
mit einem Kollegen zunächst mit dem Auto zu einer Bahnstation und
von dort mit öffentlichen Verkehrsmitteln weiter nach München.

Er wohnte in einem alten Bauernhaus in Bockhorn – seinem Elternhaus –, zu dem auch 67 000 Quadratmeter landwirtschaftlicher Nutzfläche gehörten. Alfred F. verfügte über ein größeres Barvermögen – sein gesamter Nachlass bezifferte sich auf etwa 1,2 Millionen Euro.

Das Opfer lebte einigermaßen zurückgezogen, zu anderen Dorfbewohnern hatte er so gut wie keinen Kontakt. Was man über sein Privatleben erfahren konnte, war, dass Alfred F. offenbar in Betracht gezogen hatte, eine Familie zu gründen, und aus diesem Grund in der *Süddeutschen Zeitung* eine Kontaktanzeige aufgegeben hatte, was in der Folgezeit zu verschiedenen Treffen mit Frauen geführt hatte. Den einzigen regelmäßigen Kontakt mit anderen Menschen hatte Alfred F. dem Vernehmen nach mit vier Personen:

1. Josef A., F.s ehemaliger Schulfreund
2. Thea A., die Ehefrau des Schulfreunds
3. Silvia S., F.s ehemalige Arbeitskollegin beim Finanzamt
4. Dr. med. Werner R., der Lebensgefährte von Silvia S.

Allerdings hatte sich herausgestellt, dass Alfred F. in seinem Haus keinerlei Besuch empfing, noch nicht einmal seinen vier oben aufgeführten engeren Bekannten war es gestattet, das alte Bauernhaus zu betreten. Alle vier Freunde des Opfer gaben unabhängig voneinander an, noch nie in dem alten Bauernhaus gewesen zu sein – möglicherweise, so wurde vermutet, weil das Gebäude im Innenraum einen recht heruntergewirtschafteten Eindruck machte und F. sich deswegen schämte.

Das letzte Lebenszeichen

Eine weitere wichtige Frage, die sich im Rahmen einer Mordermittlung immer stellt, lautet: Wann gab es das letzte Lebenszeichen des Opfers?

Alfred F. war nach den Osterfeiertagen tot aufgefunden worden. Und für die Zeit davor konnte die Polizei Folgendes ermitteln: Am Gründonnerstag, also dem 20. März 2008, hatte Alfred F. bis 16:30 Uhr auf seiner Dienststelle im Finanzamt in München gearbeitet. Seine beiden Freunde Silvia S. und Dr. med. Werner R. hatte das Opfer am Ostersonntag in Augsburg besucht und sich am selben Abend noch kurz nach halb neun telefonisch dort gemeldet, um dem befreundeten Paar mitzuteilen, dass er wieder gut zu Hause angekommen war.

Für den Ostermontag, den 24. März 2008, konnte rekonstruiert werden, dass Alfred F. zwischen 7:18 Uhr und 14:46 Uhr seinen Computer eingeschaltet und in dieser Zeit drei PC-Spiele gestartet hatte.

Zwischen 13:58 und 14:06 Uhr hatte Alfred F. für sechs Minuten mit seinem Schulfreund Josef A. telefoniert.

Am Dienstag, dem 25. März 2008, hätte Alfred F. eigentlich wieder im Finanzamt München erscheinen müssen, was er zur großen Verwunderung seiner Kollegen jedoch ohne jede Ab- oder Krankmeldung nicht tat. Vermutlich war der Mann zu diesem Zeitpunkt schon tot, denn alle Versuche seiner Kollegen, den Vorgesetzten an diesem Tag telefonisch zu erreichen, liefen ins Leere.

Die üblichen Verdächtigen

Die Überprüfung der Frauen, die Alfred F. auf seine Kontaktanzeige hin getroffen hatte, erbrachte nichts – keine der Damen erweckte den Anschein, als ob sie etwas mit dem Verbrechen zu tun haben könnte, und so ging es für die Beamten der Erdinger Kriminalpolizei um die Überprüfung der Alibis von Alfred F.s doch recht übersichtlichem Freundeskreis.

Das Ehepaar A. schied relativ schnell als Tatverdächtige aus. Thea A. hatte sich vom 21. bis zum 26. März in Berlin zu Besuch bei Freunden aufgehalten, was auch die Flugunterlagen von Germanwings bestätigen konnten. Josef A. indes hatte am Ostermontag noch mit dem Opfer telefoniert und in der Folgezeit auch mehrmals versucht, seinen alten Schulfreund zu erreichen, was die Auswertung der Telefondaten ergab. Das Ehepaar A. geriet also schnell aus dem Fokus der Ermittlungen, denn eigentlich hatte man sich im Wesentlichen schon auf zwei andere Personen konzentriert: auf den Arzt Dr. med. Werner R. und dessen Lebenspartnerin Silvia S.

Das Testament

Warum? Weil die Beamten in dem Haus des toten Finanzbeamten eine interessante Entdeckung machen konnten: Dort fanden sich mehrere Dokumente, darunter im Wohnzimmer ein handgeschriebenes Testament, datiert vom 4. November 2007, und im Schlafzimmer ein inhaltlich identisches Schreiben, datiert vom 8. September 2007. Als Begünstigte in beiden Schriftstücken wurde eine Person aufgeführt – und zwar die ehemalige Mitarbeiterin des Alfred F. aus dem Finanzamt, die in Augsburg lebende Silvia S.!

Darüber hinaus fanden die Ermittler drei Darlehensverträge. Einen vom 5. Juli 2007 über einen Betrag in Höhe von 135 000 Euro. Diesem Vertrag zufolge hatte sich Alfred F. bei dem Arzt Dr. R. diesen Betrag geliehen und das Geld bis zum 31. Dezember 2008 wieder zurückzahlen müssen.

Ein anderer Vertrag, der zwischen Silvia S. und Alfred F. abgeschlossen worden war, hatte zum Inhalt, dass Silvia S. am 7. September 2007 einen Restschuldbetrag in Höhe von 58 700 Euro in bar an F. übergeben hatte. Ein inhaltlich absolut deckungsgleicher Vertrag wurde an anderer Stelle noch einmal gefunden.

Und dann wurde es immer merkwürdiger …

Am Donnerstag, dem 3. April 2008, rief der Psychologe Dr. med. Andreas G. bei der Polizeiinspektion Hof an und verlangte, mit einem befreundeten Polizisten verbunden zu werden. Dem vertraute der Mediziner an, dass er ein merkwürdiges Gespräch mit einem ehemaligen Patienten zu einem Verbrechen in Erding gehabt habe. Der Therapeut hatte aber die Befürchtung, seine Schweigepflicht zu verletzen, was daraufhin von der Staatsanwaltschaft in Landshut geprüft wurde. Da die Therapie zwischen Patient und Therapeut im Jahr 2006 abgeschlossen worden war, bestand kein Zeugnisverweigerungsrecht mehr, woraufhin der Arzt am 11. April befragt werden konnte.

Der Therapeut Andreas G. gab an, dass er einen komischen Anruf erhalten habe. Von einem ehemaligen Patienten – von Dr. Werner R. Der war Jahre zuvor bei Dr. G. in Therapie gewesen, weil er die Wiederzulassung als Arzt wieder hatte beantragen wollen. Seine Approbation hatte er verloren, weil er in den 1980er-Jahren wegen Brandstiftung und Mordes zu einer lebenslangen Haft verurteilt worden war. Diese Strafe hatte er 2002 abgesessen. In der Folgezeit wollte er die Wiedererteilung seiner Approbation erreichen. Hierfür war unter anderem eine erfolgreiche Therapie nachzuweisen, die Werner R. also ableistete, woraufhin ihm schließlich 2006 wieder die ärztliche Zulassung erteilt werden konnte. Aha!

In dem Telefongespräch mit seinem ehemaligen Therapeuten also hatte Dr. Werner R. vor ein paar Tagen merkwürdige Andeutungen gemacht: Er und seine Lebenspartnerin Silvia seien von der Polizei verhört und nach dem Besitz einer Waffe gefragt worden, weil ein langjähriger Arbeitskollege Silvias »erschlagen« worden sei. Dr. Andreas G. hatte bis dahin nichts von dem Mordfall in Erding gewusst. Nach dem seltsamen Telefonat hatte ihn jedoch eine gewisse Unruhe erfasst. Er ging ins Internet und las in den Online-Ausgaben der Münchner Lokalzeitungen erstmals von dem Mord an Alfred F. Den Therapeuten überkamen derart merkwürdige Gefühle, dass er sich bemüßigt fühlte, einen befreundeten Polizisten in Hof zu kontaktieren. Was war da nur los? Was hatte es mit dem Paar aus Augsburg nun auf sich?

Das seltsame Paar

Die Befragung der beiden hatte zunächst nicht allzu viel ergeben. Man konnte in Erfahrung bringen, dass Silvia S. ihren jetzigen Partner

Dr. med. R. in einer Praxis in Deggendorf kennengelernt hatte und derzeit von ihm schwanger war. Sie hatte jahrelang in München als Kollegin von Alfred F. gearbeitet, war aber aufgrund einer schweren Borreliose-Erkrankung vorzeitig pensioniert worden. Sie bestätigte den Besuch von Alfred F. am Ostersonntag in Augsburg.

Werner R. wiederum erklärte in einer separaten Befragung, dass er das Opfer F. im Jahr 2007 über seine jetzige Lebenspartnerin kennengelernt habe, und gab im weiteren Verlauf des Gesprächs den Hinweis, dass sein Freund Alfred F. große Probleme mit dem Ehepaar A. hatte – wegen finanzieller Dinge – und Alfred F. sich deswegen bedroht gefühlt habe. Also vielleicht doch die Eheleute Josef und Thea A.?

Da die Kripobeamten natürlich die in F.s Haus gefundenen Testamentsschreiben im Hinterkopf hatten, baten sie Silvia S. und Dr. Werner R. um deren Alibis für den fraglichen Zeitraum über die Osterfeiertage, und da sollten sich dann doch enorme Unterschiede aufzeigen:

1. Silvia S. behauptete, dass Werner R. bis einschließlich Gründonnerstag in einer Augsburger Praxis gearbeitet und danach die Feiertage mit ihr zusammen in Augsburg verbracht habe. Wenn R. einmal weg gewesen sei, dann nur, um kurz einzukaufen oder eine kleine Runde mit dem Hund zu machen.

2. Dr. med. Werner R. indes berichtete, dass er am Karfreitag in Landshut gewesen sei, um sich nach einer neuen Arztstelle umzusehen, und sich dort in einer Praxis beworben habe. Auf dem Rückweg sei er noch bei Alfred F. in dessen Haus vorbeigefahren, um diesem am rechten Fuß den Verband über einer Blutblase zu wechseln.

Wollte da vielleicht jemand vorbauen, falls seine DNA in dem Haus des Alfred F. gefunden werden würde? In dem Haus, in dem doch angeblich keiner je Zutritt hatte? Irgendetwas stimmte da nicht.

Falsche Alibis

Die weiteren polizeilichen Ermittlungen ergaben schnell, dass sich Werner R. am Karfreitag nachweislich nicht in der von ihm angegebenen orthopädischen Praxis beworben hatte. Die Rechtsmedizin teilte auf Nachfrage der Kriminalpolizei außerdem mit, dass an dem rechten Fuß des Alfred R. keine Verletzung, weder eine Blutblase noch sonst etwas, zu entdecken sei.

Und es ging noch weiter: Das Paar hatte angegeben, dass es am Karsamstag bis auf kurze Gassi-Runden zu Hause in Augsburg gewesen sei. Recherchen der Polizei hatten aber ergeben, dass die beiden an dem besagten Tag in Starnberg eine sündhaft teure Immobilie besichtigt und dazu auch eine Reservierungsvereinbarung unterschrieben hatten. Rechnete man hier möglicherweise mit einer größeren Erbschaft?

Weitere Überprüfungen ergaben überdies, dass der Arzt am Ostermontag sehr wohl seine Wohnung alleine - ohne seine Partnerin und ohne Hund - mit dem Auto verlassen hatte. Daran konnte sich eine im selben Stockwerk wohnende Rentnerin erinnern, welcher Dr. Werner R. im Aufzug begegnet war. Der Arzt habe der Nachbarin unaufgefordert erzählt, dass er Bereitschaft habe und zu einem Notfall ins »Klinikum« müsse. Unter Klinikum verstehen die Augsburger gemeinhin das Zentralklinikum - nur da war Dr. Werner R. nachweislich nie beschäftigt, und dort hatte er an diesem Tag folglich auch keinen Bereitschaftsdienst.

Das musste genügen, und so erließ das Amtsgericht Landshut am 22. April 2008 gegen den Arzt Werner R. einen Haftbefehl wegen dringenden Mordverdachts und überführte den Mann in die JVA München-Stadelheim. Am 6. Juni des Jahres war dann auch R.s Lebensgefährtin Silvia S. an der Reihe. Sie hatte am 13. Mai 2008 in Augsburg ein Mädchen zur Welt gebracht, was die Justizbehörden jedoch nicht daran hinderte, den Mordfall Alfred F. aufzuklären: Deshalb erging auch gegen die frischgebackene Mutter ein Haftbefehl wegen dringenden Mordverdachts, allerdings in Tatmehrheit mit Betrug und Urkundenfälschung. Die Frau wurde in die JVA Aichach überstellt.

Urkundenfälschung? Das Testament ... das idealtypische Untersuchungsobjekt für das Sachgebiet Handschriften im Kriminaltechnischen Institut des Bayerischen Landeskriminalamts.

Die Handschriftenexperten

Es wäre ein Trugschluss, wenn man sich unter den Handschriftenexperten des BLKA ehemalige Deutschlehrer mit Lesebrille und Stehpult vorstellen würde, die kurz einen Blick auf zwei zu vergleichende Schriftstücke werfen und dann ihr Urteil abgeben – passt oder passt nicht. Sie sind übrigens auch nicht dafür ausgebildet, über die Handschrift auf die Charaktermerkmale des Verfassers zu schließen, denn dann würde man sie Grafologen nennen, und das ist eine ganz andere »Wissenschaft«.

Im Sachgebiet Handschriften des Bayerischen Landeskriminalamts geht es vielmehr darum zu prüfen, ob einerseits Unterschriften oder aber ganze Schriftstücke aus der Hand einer bestimmten Person stammen oder ob genau diese Person als Urheber des fraglichen Schriftstücks ausgeschlossen werden kann. Es liegt buchstäblich auf der Hand, dass es hierbei vornehmlich um Prüfungen aus folgenden Bereichen geht:

- Testamente
- Droh- oder Erpresserschreiben
- Quittungen
- Kreditkartenbelege
- Wechsel
- Bestellscheine

- Abschiedsbriefe
- Beleidigungsschreiben
- Graffiti und Schmierereien

Handschriften sind – ähnlich wie Fingerabdrücke und das menschliche Erbgut – hervorragend dafür geeignet, einen Menschen zu identifizieren, weil jeder Mensch, der das Schreiben gelernt hat, eine einigermaßen individuelle, zumindest aber typische Handschrift besitzt. Diese Handschrift ist nicht »in Stein gemeißelt«, das heißt, sie kann sich mit der Zeit durchaus verändern und sie kann auch kurzfristig Schwankungen unterzogen sein, beispielsweise wenn ein Mensch während des Schreibvorgangs betrunken ist oder unter Drogeneinfluss steht.

Eine Schrift kann zittrig sein, weil der Verfasser gestresst oder körperlich sehr angestrengt ist. Ein Mensch wird anders schreiben, wenn er irgendwo liegt, in einem Auto oder Zug fährt oder einen unebenen Schreibuntergrund hat.

Ein Brillen- oder Kontaktlinsenträger wird ohne seine Sehhilfe möglichweise anders schreiben. Dasselbe gilt, wenn er eine Handverletzung hat oder einen Gipsarm trägt. Selbst wenn er versucht, seine Schrift zu verstellen, wird es ihm nicht gelingen, die für seine Schrift ganz typischen Merkmale völlig zu unterdrücken.

Das Hauptwerkzeug eines Handschriftengutachters ist mit Sicherheit das Stereomikroskop, mithilfe dessen ein räumlicher Bildeindruck entsteht. Unter der Vergrößerung lassen sich wichtige Details wie der Verlauf des Schreibdrucks, die Beschaffenheit des Strichs und die Bewegungsführung genau erfassen, insbesondere wenn man mit verschiedenen Beleuchtungsarten wie Streif-, Auf- oder Durchlicht arbeitet. Dabei müssen die Mitarbeiter des Sachgebiets Handschriften die zu untersuchenden Asservate in keiner Weise verändern oder gar zerstören. Ihre Arbeit ist letztlich vor allem beobachtender Natur.

Das Gutachten

Bei der Begutachtung der gefundenen Testamente im Haus des Alfred F. kamen die Handschriftensachverständigen zu einer klaren Diagnose: Die Textschriftzüge und Unterschriften auf den Testamenten wiesen keinerlei Ähnlichkeiten mit den Vergleichsschreibleistungen des Alfred F. auf – dafür aber mit denen von Dr. med. Werner R.. Kurz gesagt, sie waren plumpe Fälschungen. R.s Partnerin Silvia S. dagegen konnte als Urheberin oder Mitverfasserin der beiden Schreiben wissenschaftlich ausgeschlossen werden.

Andere Sachgebiete des BLKAs hatten weitere Untersuchungsaufträge: ein Trenchcoat, drei Tragetaschen und Schuhe aus der Wohnung des Werner R. sollten im Kriminaltechnischen Institut auf DNA-Spuren und auf Schmauchrückstände untersucht werden.

Die DNA-Analytik brachte keine Ergebnisse, aber dafür konnten in der rechten Tasche des Trenchcoats und in einer Ikea-Tasche Partikel gefunden, die auf Schussrückstände und Abriebe von einer Waffe und Munition schließen ließen.

Im Ablagefach der Beifahrertür des Wagens von Dr. Werner R. konnte ein auf links gezogener Einweglatexhandschuh gefunden werden, der schwärzliche Antragungen im Zeigefingerbereich vorwies. Hier war durch die DNA-Analyse zweifelsfrei das Erbgut von Dr. R. und seiner Gefährtin Silvia S. nachweisbar. An der Außenseite des Handschuhs fand man Partikel, die auf einen Gegenstand aus dem Waffenbereich schließen ließen.

Das Blut

Ganz nebenbei galt es auch noch eine Blutspur am Leichenfundort zu klären. Auf einer Tischdecke in der Küche des Opfers waren die Spurensicherer auf eine großflächige Blutantragung gestoßen, die jedoch schon auf den ersten Blick als falsche Spur erkannt werden konnte. Man nahm an, dass die Blutmenge (etwa 10 bis 20 Milliliter) mit einem Gefäß in einer Horizontalbewegung gleichsam verschüttet worden war. Doch unabhängig davon musste auch dieses Blut untersucht werden.

Die molekulargenetische Analyse ergab, dass es sich um weibliches Blut handelte. Da der Beschuldigte als Arzt tätig war, musste angenommen werden, dass er das Blut während der Ausübung seines Berufs an sich genommen hatte. Daraufhin wurden 3324 Patientinnen aus der Augsburger Praxis angeschrieben, in der Werner R. angestellt war. In der Folgezeit wurde zahlreichen Frauen, die die gleiche Blutgruppe hatten wie jene, die am Tatort gefunden worden war, eine Speichelprobe entnommen und diese zur Untersuchung dem Institut für Rechtsmedizin der Universität München übergeben.

Und es gab einen Treffer! Das Blut stammte von einer Frau aus Augsburg, die sich von Dr. R. hatte Blut abnehmen lassen, um es in einem Labor auf den Rheumafaktor prüfen zu lassen. R. hatte das Blut also tatsächlich abgezweigt, um damit am Tatort eine falsche Spur zu legen.

Tja, und wenn die Ermittlungsmaschinerie einmal läuft, kommen häufig auch noch ganz andere Geschichten zum Vorschein. Bei der Hausdurchsuchung bei dem beschuldigten Arzt und dessen Lebensgefährtin wurden nicht nur fingierte Arztrechnungen zum Nachteil von Krankenkassen entdeckt, es stellte sich auch heraus, dass die Borreliose-Erkrankung, welche Silvia S. von ihrem Lebensgefährten höchstpersönlich attestiert worden war, in Wahrheit gar nicht existierte. Die vorzeitige Pensionierung der Silvia S. war also auch nur durch Betrug möglich gewesen.

Das Vorleben

Als vor Gericht in Landshut das Vorleben von Dr. R. zur Sprache kam, war auch Thema, dass der Mediziner aus Augsburg schon einmal zum Mörder geworden war, was in der Kriminalhistorie der Bundesrepublik einigermaßen selten vorkommt. Damit sind nicht die zahlreichen Mehrfachmörder in der Geschichte des Landes gemeint. Werner R.

war vielmehr einer der wenigen Mörder, die getötet hatten, überführt und verurteilt worden waren und nach dem Ende der Haft einen weiteren Mord begingen.

1984 hatte Werner R. zum ersten Mal gemordet. Aus Habgier, wie das Gericht damals festgestellt hatte. Der Arzt hatte eine Praxis in einem Zweifamilienhaus. Sein Vermieter wohnte ebenfalls in dem Gebäude, das R. damals in Brand stecken wollte, um eine siebenstellige Versicherungssumme zu kassieren – schließlich hatte der Mann die Praxis doppelt versichert. Seine Befürchtung war jedoch, dass der Nachbar und Besitzer des Hauses möglicherweise zu früh die Feuerwehr alarmieren könnte, die den Brand dann vermutlich löschen würde, bevor alles in Schutt und Asche läge. Deshalb stand für den Mediziner damals fest, dass der Nachbar sterben musste. Er hätte vielleicht auch einfach abwarten können, bis der Vermieter für ein Wochenende verreiste, aber dieser Gedanke kam Dr. R. offensichtlich nicht in den Sinn.

Anstelle einer stärkenden Vitaminspritze verpasste er dem arglosen Vermieter, den Dr. R. gelegentlich als Arzt behandelte, dann eine kleine Betäubung. Der Nachbar fiel auf den Rücken. Werner R. fügte dem betäubten Mann daraufhin eine stark blutende Nasenwunde zu und öffnete ihm den Mund. Das Blut lief in den Mundraum und füllte von dort aus langsam die Lunge des Opfers. Das leichte Narkosemittel, so der teuflische Plan, würde innerhalb kurzer Zeit von der Leber abgebaut werden und wäre später bei einer Obduktion nicht mehr nachzuweisen. Genau betrachtet fast so etwas wie der perfekte Mord – könnte man meinen.

R. legte dann Zeitungspapier auf eine Herdplatte und drehte diese voll auf. Keine Brandbeschleuniger oder dergleichen, so schlau war der Akademiker damals auch schon. Was er jedoch nicht wusste: Um einen richtigen Brand mit offenem Feuer zu provozieren, hätte er das Küchenfenster öffnen müssen, denn ein ordentliches Feuer braucht nun mal Sauerstoff. So aber entwickelt sich nur ein kleiner Schwelbrand, der so stark rauchte, dass die Feuerwehr noch rechtzeitig löschen konnte, bevor die Flammen alle Spuren beseitigten. Werner R. flog auf und wurde zwei Jahre später wegen Mordes verurteilt. Kurz nachdem er übrigens zwei Tage vor der Urteilsverkündung noch eine Geiselnahme begangen hatte und für vier Tage auf der Flucht gewesen war.

An krimineller Energie hatte es dem Mediziner ganz offenkundig nie gefehlt. Und auch seine Habgier schien damals schon sehr stark ausgeprägt gewesen zu sein.

Der bundesweit als Gutachter anerkannte Psychiatrieprofessor Norbert Nedopil, der den Mediziner R. nun nach seiner zweiten Tat untersuchte, befand, dass Lügen und Betrügereien zu R.s »Lebensstil« gehörten. Er stellte bei dem Angeklagten einen »bösartigen Narzissmus« fest – »eine gefährliche Mischung aus Überheblichkeit und einem eklatanten Mangel an Einfühlungsvermögen«, wie die Zeitung *Mainpost* damals berichtete. Die Boulevardmedien indes gaben dem Arzt einfach den Beinamen »Dr. Mord«.

Weitere unglaubliche Geschichten fanden vor Gericht Erwähnung. Geschichten, die eigentlich absurd klangen, die man sich im Kontext von Werner R.s Vita jedoch trotzdem irgendwie vorstellen konnte. Eine seiner Exgeliebten berichtete von einem Giftanschlag, den der Arzt auf sie verübt habe. Auch eine frühere Arzthelferin, Werner R.s zweite Ehefrau, erzählte von Vergiftungserscheinungen, und die dritte Ehefrau des Mediziners sprach von ihrem Aufenthalt auf einer Intensivstation, nachdem sie von R.s Joghurt gegessen hatte. Werner R. habe diesen Vorfall damals damit erklärt, dass ein ausländischer Geheimdienst hinter dieser Sache stecke. An Fantasie und Einfallsreichtum hatte es Werner R. ganz offensichtlich nie gemangelt.

Die 37-jährige Lebensgefährtin des mörderischen Arztes, Silvia S., war der Beihilfe zum Mord angeklagt, aber das Gericht sah in ihr keine Mordkomplizin. Die Frau war dem 25 Jahre älteren Arzt verfallen. Sie hatte ihm seine unzähligen Lügengeschichten offenbar geglaubt und war fasziniert von dem charismatischen Mann – wie viele andere

Frauen vor ihr auch schon. Über sie hatte Werner R. das spätere Opfer überhaupt erst kennengelernt – von den teuflischen Plänen ihres Lebensgefährten hatte sie nach Ansicht des Gerichts nichts gewusst. Die Frau wurde jedoch wegen Betrugs und Urkundenfälschung zu einer Bewährungsstrafe in Höhe von einem Jahr und sechs Monaten verurteilt. Denn über das gefälschte ärztliche Attest, das ihr die vorzeitige Pensionierung bescherte, wusste die Frau natürlich durchaus Bescheid.

Nie wieder frei

Vom Landgericht Landshut wurde Dr. med. Werner R. schließlich im August 2009 zu einer lebenslänglichen Freiheitsstrafe verurteilt. Die Richter ordneten überdies Sicherungsverwahrung für den Mann an, der nun bereits zum zweiten Mal wegen Mordes vor Gericht gestanden hatte. Man sah in ihm eine Gefahr für die Allgemeinheit, und so wurde dann entschieden, dass der Mediziner wohl nie wieder die Freiheit erblicken würde.

Er hatte ein Testament gefälscht, seine Partnerin als Alleinerbin eingesetzt und dann den vermögenden Mann erschossen, der in seinem späteren Mörder einen Freund gesehen hatte. Er hatte falsche Spuren gelegt, versucht, den Verdacht auf andere zu lenken, er hatte bei seinen Vernehmungen ständig falsche Angaben gemacht, gelogen, vertuscht und gemauschelt, und deshalb war es kein einfaches Gerichtsverfahren. Nicht umsonst brauchten die Richter 28 Verhandlungstage …

Es gab keine Tatwaffe, und es gab keine Augenzeugen. Man hatte keine Fingerabdrücke am Tatort von ihm gefunden und auch keine DNA-Spuren. Aber es gab die vielen kleinen Indizien und Beweise, die ihn am Ende doch zu Fall brachten. Die Lache, die er mit dem Blut einer Patientin am Tatort gelegt hatte. Die Schmauchspuren in seiner Manteltasche. Das von ihm gefälschte Testament, die vielen falschen Angaben, die er immer wieder gemacht hatte.

Und dabei verwunderte immer eines ganz besonders: die akribische Planung einer Straftat auf der einen Seite, die dann durch die letztlich doch sehr stümperhafte Ausführung irgendwann auffliegen musste.

Dr. Werner R. selbst nahm das Urteil des Landgerichts Landshut in einem Rollstuhl sitzend entgegen. Wegen Kreislaufproblemen, wie der Mediziner zu Protokoll gab. Ein weiterer Akt auf der großen Theaterbühne seines merkwürdigen Lebens, so schien es. Aber eigentlich auch konsequent. Denn auf seine ganz spezielle Weise blieb sich der Mörder bis zu dem buchstäblich finalen Schuldspruch irgendwie treu.

Der Bundesgerichtshof in Karlsruhe hat R.s Revision gegen das Landshuter Urteil schließlich im Jahr 2010 verworfen. Der Arzt wird somit allem Anschein nach nie wieder einen Fuß in die Freiheit setzen.

Die Schulaufgabe

In einem anderen Fall kam es im November 2009 an einem bayerischen Gymnasium zur Androhung eines Amoklaufs. An einer Säule des Schulgebäudes wurde ein mit weißer Kreide gefertigter Schriftzug entdeckt: »Freitag Amoklauf – Alles ändert sich um 11:52«.

Erste Ermittlungen vor Ort hatten keine Spur zu dem möglichen Amokläufer gegeben, sodass wenig später das Sachgebiet Handschriften des BLKA gebeten wurde, ein Schreiberprofil zu erstellen – also mögliche Hinweise auf Alter, Geschlecht, Händigkeit, nationale oder ethische Herkunft zu geben sowie eine Abwägung hinsichtlich Verstellung der Schrift beziehungsweise natürliche Handschrift zu treffen. Es wurde sogar geprüft, ob es sich bei 11:52 um eine Bibelstelle aus dem Lukasevangelium handeln könnte: »Weh euch Gesetzeslehrern! Ihr habt den Schlüssel zur Erkenntnis weggenommen. Ihr selbst seid nicht hineingegangen, und die, die hineingehen wollten, habt ihr daran gehindert.« Das konnte ein Indiz für die Ernsthaftigkeit der Drohung sein – oder doch nur eine Zeitangabe.

Nach intensivem Studium der Wandschmiererei konnten noch am selben Tag erste Ergebnisse mitgeteilt werden: Alles deutete auf eine männliche Person im Teenageralter, eventuell jünger, hin, die nach deutscher Schulvorlage das Schreiben erlernt hatte, keine Anzeichen von Linkshändigkeit, keine Anzeichen für willkürliche Schriftveränderung, natürliche Schriftzüge.

Den Ermittlern vor Ort wurden zudem verschiedene Hinweise auf einige Besonderheiten im Schriftbild gegeben, die für eine Vorauswahl potenzieller Verdächtiger geeignet schienen, und nur einen Tag später hatte man den Kreis der möglichen Täter mithilfe dieser Schriftmerkmale auf eine Handvoll Schüler eingrenzen können. Schnell war ein zwölfjähriger Schüler als Schreiber der Amokdrohung gefunden. Alle Merkmale passten. Die Handschrift des Jungen aus seinen Schulheften stimmte perfekt mit der Androhung auf der Gebäudewand überein. Der Junge war denn auch rasch geständig. Der Anlass für die gefährliche Wandkritzelei war recht banal. An dem Tag hätte der Junge eine Schulaufgabe geschrieben – und genau darauf hatte er keine Lust.

Bis auf ein kleines Detail hatten die Handschriftenexperten genau richtiggelegen: Ein Teenager war er mit zwölf Jahren noch nicht. Ein Jahr darunter, aber das hatten die Kriminaltechniker ja auch schon angedeutet.

Urkunden

Der Waldunfall

95,3 Prozent

Gibt es tatsächlich das perfekte Verbrechen, oder ist das ein reines Fantasieprodukt? Nun, ginge es nach den Produzenten unzähliger Hollywoodfilme, dann könnte man diese Frage sofort bejahen, und die Diskussion wäre an dieser Stelle beendet. Aber so einfach ist das natürlich keineswegs. Im Fall des mörderischen Arztes war der Täter in Bezug auf die Technik, die er bei seinem ersten Mord angewandt hatte, vielleicht tatsächlich nahe dran. Einen Menschen betäuben, ihm eine blutende Wunde im Gesicht so beibringen, dass das Blut in den Mund und von dort langsam in die Lunge läuft, während das Betäubungsmittel in der Leber abgebaut wird und somit später nicht mehr nachgewiesen werden kann. Das ist nahe dran am sogenannten perfekten Verbrechen, wenn zuletzt nicht alles an der laienhaft vorgetragenen Feuerlegung gescheitert wäre.

Nun könnte man sagen: Ja gut, aber bei dem Mörder handelte es sich um einen Arzt, was in der Kriminalstatistik nun wirklich äußerst selten vorkommt. Der Mann hatte ein Medizinstudium absolviert und wusste ganz genau, wie das Betäubungsmittel im Körper des Opfers wirken und dann auch abgebaut würde. Solche Kenntnisse sind dem »Normalsterblichen« in der Regel nicht gegeben, und ein solches Betäubungsmittel gibt es auch nicht rezeptfrei in einem Drogeriemarkt zu kaufen – ganz zu schweigen davon, wie schwierig die Berechnung der Dosierung für einen Nichtmediziner wäre. Und selbst mit all diesen Kenntnissen war das wirklich perfekte perfekte Verbrechen auch nicht zu schaffen.

Tatsächlich weist eine Statistik die polizeiliche Aufklärungsquote bei Mord in Deutschland für das Jahr 2014 mit 95,3 Prozent aus. Dabei ist zu erwähnen, dass der Tatbestand des Mordes dann erfüllt ist, wenn nach § 211 StGB aus Mordlust, zur Befriedigung des Geschlechtstriebs, aus Habgier oder sonst aus niedrigen Beweggründen, heimtückisch oder grausam oder mit gemeingefährlichen Mitteln oder um eine andere Straftat zu ermöglichen oder zu verdecken, ein Mensch getötet wird.

Ist Deutschland also tatsächlich ein sicheres Land, in dem die meisten Kapitalverbrecher – laut Statistik ja quasi fast alle – im Gefängnis landen? Nein, würde jetzt ein Mordermittler aus dem Freistaat Bayern rufen, der aus verschiedenen Gründen nicht namentlich genannt werden möchte. Seiner Meinung nach sind da draußen sehr viel mehr Mörder unterwegs, als die Aufklärungsquote uns glauben lassen möchte – ihre Taten wurden nur schlichtweg nicht als Verbrechen erkannt.

Die unerkannten Morde

Wenn in Deutschland heute ein Mann, Mitte 80 – Herzprobleme, Altersdiabetes –, morgens tot in seinem Bett liegt, wird in der Regel der Hausarzt gerufen, besonders im ländlichen Raum. Der Allgemeinmediziner kommt dann vorbei, spricht sein Beileid aus, misst noch einmal Puls und Herztöne, füllt den Totenschein aus, und ein paar Tage später steht die Urne des Verstorbenen – nennen wir ihn der Einfachheit halber Onkel Albert – in einer Aussegnungshalle – und danach gibt es meistens noch Kaffee und Kuchen im Nebenzimmer eines Gasthauses. Der perfekte Mord.

Dass dem armen Onkel Albert sein Neffe in der Nacht zuvor das Kopfkissen aufs Gesicht gedrückt hat, bis er nicht mehr atmete, wird kein Polizeibeamter je erfahren, weil der Hausarzt davon ausgegangen ist, dass der alte Mann an seinem schwachen Herz gestorben ist. Der tote Onkel Albert wird nie in einer Polizeistatistik auftauchen, der mittlerweile wohlhabende Neffe mit dem neuen Wagen und der frisch bezogenen Eigentumswohnung nie vor einem Ermittlungsrichter stehen. Ein Mörder auf freiem Fuß, den keine Behörde je jagen wird. Weil er ein Verbrechen begangen hat, das nie als Verbrechen erkannt worden ist.

Der anerkannte Münchner Gerichtsmediziner Professor Wolfgang Eisenmenger vertritt sogar die – vielleicht – kühne These, dass in Deutschland jeder zweite Mord unentdeckt bleibt, was irgendwie kein gutes Gefühl hinterlässt und möglicherweise Anlass genug sein sollte, das Thema amtliche Leichenschau ein wenig zu überdenken.

Im nächsten Fall gibt es nicht wenige Menschen – allerdings kaum welche aus Polizei- und Justizkreisen –, die infrage stellen, ob hier wirklich ein Verbrechen stattgefunden hat, und die stattdessen von einem Justizirrtum ausgehen und der Meinung sind, dass da ein junger Mann möglicherweise unschuldig im Gefängnis sitzt. Und tatsächlich, bei der genaueren Betrachtung des Falls wird man feststellen, dass es hinsichtlich des Tatablaufs – je nach Blickwinkel – durchaus Fragen geben könnte. Nimmt man sich jedoch den gesamten Tatkomplex vor – und das tun deutsche Gerichte nun mal –, wird man erkennen können, dass hier ein Mensch nur kurz davor war, das perfekte Verbrechen zu begehen – ein Verbrechen nämlich, das gar nicht als solches erkannt wurde.

Die Tat

Am Freitag, dem 9. Januar 2009, wurde der Polizei im mittelfränkischen Uffenheim im Kreis Neustadt a. d. Aisch-Bad Windsheim ein schwerer Waldunfall im Buchheimer Holz, einem Waldstück in der Nähe des Örtchens Custenlohr, gemeldet. »Meine Chefin hat einen Unfall gehabt, sie hat einen Ast abgekriegt«, rief ein Mann aufgeregt ins Telefon der Notrufzentrale.

Notarzt und Krankenwagen wurden umgehend verständigt, und die Uffenheimer Polizisten, denen der Mann am Telefon noch den äußerst komplizierten Anfahrtsweg zu dem Unfallort beschrieben hatte, machten sich sofort auf in Richtung Custenlohr. Als die Beamten im Buchheimer Holz eintrafen, sahen sie einen jungen Mann mit schulterlangen Haaren, der über einem auf dem Boden liegenden menschlichen Körper gebeugt Erste-Hilfe-Maßnahmen vollzog.

Er pumpte mit seinen Handflächen auf der Brust der Frau herum, um sie mit einer Herzmassage und mithilfe von einer Mund-zu-Mund-Beatmung am Leben zu halten. Die Einsatzkräfte konnten tatsächlich noch schwache Herztöne bei der Frau feststellen, aber alle noch vor Ort sofort eingeleiteten Hilfsmaßnahmen konnten die Frau leider nicht mehr retten – sie verstarb noch im Wald. Der Mann, der die Einsatzkräfte alarmiert und das Leben der Frau zu retten versucht hatte, war total aufgelöst und konnte von den Polizeibeamten und den anwesenden Sanitätern zunächst kaum beruhigt werden. Er zitterte am ganzen Leib und wirkte furchtbar nervös, wollte sich aber nicht von dem medizinischen Personal versorgen lassen.

Den Polizisten vor Ort bot sich ansonsten zunächst ein vergleichsweise unauffälliges Bild. Ein dicker schwerer Baumstamm lag im Schnee – bestimmt 20 Meter lang mit einem Stammdurchmesser von gut 80 Zentimetern. In der Nähe des Unglücksorts standen zwei Traktoren mit Anhängern, einer davon war bereits mit Schnittholz gefüllt. Am Baumstamm selbst konnte man sehen, dass er bereits auf eine Länge von elf Metern vom Astholz befreit und die Baumkrone in kleiner Stücke zerschnitten war.

In der Frontschaufel des John-Deere-Traktors lagen bis zu 1,30 Meter lange unterschiedlich starke Baumstücke, wobei bereits auf den ersten Blick erkennbar war, dass auf dem oben liegenden Stamm Blutanhaftungen waren. Die mittlerweile tote Frau lag auf dem Rücken, sie trug eine grüne Arbeitslatzhose und zeigte im Gesicht vom Kinn bis zu der Stirn flächige angetrocknete Blutanhaftungen. Besonders auffällig hier: starke Blutaustrittsspuren aus der Nase. Da die Frau noch im Wald verstarb, verständigten die Uffenheimer Polizeibeamten vorsorglich ihre Kollegen von der Kriminalpolizei, die dann auch schnell zusammen mit einem Spurensicherungsteam im Forst eintrafen. So etwas ist bei Unfällen wie diesem Routine, zumal nie ausgeschlossen werden kann, dass einem sogenannten Unfall am Ende vielleicht doch etwas anderes zugrunde liegt – wenn nicht ein vorsätzliches Verbrechen, so vielleicht eine fahrlässige strafbare Handlung. Aber so weit war man in diesen ersten Minuten noch lange nicht.

Ein komisches Geräusch

In einer ersten Befragung durch die Polizisten vor Ort gab der junge Mann – nennen wir ihn Andreas W. – an, er sei um die Mittagszeit mit dem Traktor in das Waldstück nahe Custenlohr gefahren und habe dort gegen 13 Uhr mit Baumfällarbeiten begonnen. Seine Chefin, die Landwirtin Hermine G., sei gegen 14 Uhr mit einem zweiten Traktor hinzugestoßen, um ihm beim Entasten der bereits gefällten Eiche zu helfen.

Während Andreas W., wie er behauptete, im unteren Stammbereich weitergearbeitet habe, habe seine Chefin mehrere Meter von ihm entfernt im Bereich der Baumkrone mehrere Äste entfernt und in Stücke gesägt. Und dann habe es plötzlich ein komisches Geräusch gegeben, und als Andreas W. sich in die Richtung, aus der das Geräusch gekommen war, umdrehte, sah er seine Chefin Hermine G. etwa acht bis zehn Meter von ihm entfernt am Boden liegen. Die Frau war unter einem riesigen Ast begraben.

Andreas W. sei zu der offensichtlich schwer verletzten Frau gerannt und habe versucht, sie von dem dicken Ast zu befreien, aber das sei ihm leider nicht gelungen, so der 24-jährige landwirtschaftliche Helfer. Der Ast war zu schwer, um ihn hochzuheben, und so beschloss Andreas W. das gewaltige Holzstück mit seiner Motorsäge zu zerlegen, um es dann von der Frau herunterzuziehen. Warum diese Stücke dann auch sofort in die Frontschaufel des Traktors wandern mussten, obwohl es doch bei der Ankunft der Rettungskräfte ganz danach ausgesehen hatte, als wäre Andreas W. schon die ganze Zeit damit beschäftigt gewesen, bei seiner Chefin lebensrettende Maßnahmen vorzunehmen, konnte niemand so ganz nachvollziehen.

Dabei war das sicherlich eine berechtigte Frage. Wie konnte es sein, dass Andreas W. die Zeit gehabt hatte, den zerlegten Ast, der seine Chefin erschlagen hatte, noch rasch wegzuräumen? Wann hatte er das getan? Unmittelbar nachdem er das Holz zersägt oder erst nachdem er Hermine G. vom Unglücksort weggezogen hatte, um sie dann an einen Holzstapel in der Nähe des Traktors zu lehnen, sie medizinisch zu versorgen und derweil auch noch die Polizei zu verständigen? Fragen über Fragen …

Gleichwohl muss festgestellt werden, dass die Unfallvariante zu diesem Zeitpunkt noch nicht ausgeschlossen werden konnte, obwohl es in den Augen der Beamten vor Ort schon beim ersten Augenschein weitere Unstimmigkeiten gab, die Andreas W. später auch noch schwer belasten sollten.

Ungereimtheiten

Auffällig war beispielsweise die Tatsache, dass an der Stelle, an der Hermine G. angeblich von dem Ast getroffen worden war und an der sie vermutlich auch einige Minuten gelegen hatte, bis Andreas W. sie von dem Holzteil befreien konnte, keinerlei Blutspuren zu finden waren, obwohl die ganze Gegend unter einer dicken Schicht Neuschnee begraben war. Es gab also Spuren am Kopf der toten Frau, die auf starke Blutungen hindeuteten, und es gab Blut an der Stelle, an der die Rettungskräfte sie aufgefunden hatten, nicht aber da, wo Hermine G. erschlagen worden war. Seltsam … Die Ermittlungen nahmen noch an diesem Freitag ihren Lauf.

Es stellte sich zunächst die Frage, in welchem Verhältnis Knecht und Opfer überhaupt zueinander gestanden hatten.

Kennengelernt hatten die beiden sich offenbar über ein Stelleninserat, das Hermine G. aufgegeben hatte. Die kinderlose Landwirtin war wohl an die Grenzen ihrer Belastbarkeit gekommen. Der große Hof mit 44 Hektar Ackerland, fünf Hektar Wald und dazu noch Pferde- und Rinderhaltung war der Frau über den Kopf gewachsen, zumal sie auch noch ihre demenzkranke Mutter zu pflegen hatte. Weder Hermine G.s Schwester noch deren Söhne hatten Interesse an dem landwirtschaftlichen Unternehmen, sodass Hermine G. irgendwann beschloss, einen Pächter zu suchen.

Den jedoch wollte sie sorgfältig auswählen, schließlich sahen Hermine G.s Pläne so aus, dass sie Land und Hof zwar langfristig verpachten, für sich selbst aber ein lebenslanges Wohnrecht haben wollte. Eine Regelung, die im landwirtschaftlichen Bereich nicht unüblich ist.

Irgendwie unheimlich

Andreas W. hatte sich also auf das Inserat gemeldet und im März 2008 seine Stelle bei Hermine G. angetreten – und zwar als Knecht, wie man das eben nennt, mit der Aussicht, den Hof in absehbarer Zeit als Pächter zu übernehmen. Für Andreas W., der aus einer niederbayerischen Familie stammte, die selbst eine Zeit lang Landwirtschaft betrieben hatte, war das so etwas wie ein Lebenstraum.

Befragungen der Polizei allerdings ergaben, dass Hermine G. dem Vernehmen nach schon nach wenigen Monaten – im Dezember des Jahres – erkannt hatte, dass Andreas W. wohl nicht der geeignete Kandidat war. Zeugen wollten sich erinnern, dass Hermine G. davon gesprochen habe, Andreas W. komme ihr eigensinnig und unheimlich vor. In verschiedenen Tagebucheinträgen der Bäuerin war zu lesen: »Er isst seinen Teller nicht sauber leer.« Er sei »wortkarg«, und er würde sich – so sei ihr zu Ohren gekommen – im Dorf bereits jetzt schon wie der Hofbesitzer aufführen. Kurz vor Weihnachten sei er wie ein Landgraf mit einem Mitarbeiter der Forstgemeinschaft Ansbach-Fürth durch den Wald stolziert und habe diesem seine Zukunftspläne geschildert: die Eichen fällen und durch schnell wachsende Pappeln ersetzen, das erhöhe die Umsatzzahlen.

So etwas, berichteten Zeugen aus ihrem näheren Umfeld, habe Hermine G. gar nicht gefallen, und so erinnerte sich die Schwester des Opfers, dass die Landwirtin eigentlich vorgehabt hatte, schon bald ein klärendes Gespräch mit ihrem Knecht zu führen, um diesem mitzuteilen, dass man sich in absehbarer Zeit wieder trennen würde. Ein Gespräch, das womöglich am Morgen des 9. Januars 2009 stattgefunden hatte ...

Was sagte Andreas W. zu dem Unglück im Wald?

Der Knecht und potenzielle neue Pächter von Hermine G.s Anwesen, der ja nun zu Protokoll gab, gleichsam Augen- beziehungsweise Ohrenzeuge gewesen zu sein, hatte eine im Grunde schlüssige Erklärung für den tödlichen Zwischenfall im Wald – von Mord wollte zu diesem Zeitpunkt schließlich noch keiner sprechen: Andreas W. ging davon aus, dass der Baum, den er gefällt hatte, beim Umkippen andere Bäume gestreift und beschädigt hatte. W. war der Meinung, dass hierbei vermutlich ein großer Ast eines der angrenzenden Bäume angebrochen wurde und dieser dann, als Hermine G. gerade an der Baumkrone beschäftigt war, heruntergestürzt sein musste. Und dabei wurde die 50-jährige Landwirtin, die keinen Schutzhelm getragen hatte, wohl so schlimm getroffen, dass sie wenig später ihren schweren Kopfverletzungen erlag.

Der Pachtvertrag

Und was sagten die Ermittler?

Die konnten dieser Unfallvariante schon relativ frühzeitig nicht mehr viel abgewinnen. Denn zum einen konnte man schnell feststellen, dass an den umstehenden Bäumen überhaupt keine großen Äste abgebrochen waren. Und zum anderen ging schon kurz nach dem furchtbaren Waldunfall am Montag, dem 12. Januar 2009, ein Anruf bei der Kriminalpolizei ein. Es war ein Mitarbeiter des örtlichen Forstamts. Es ging um ein Dokument, das anscheinend nur wenige Stunden nach dem Tod der Landwirtin in den Briefkasten des Amts eingeworfen worden war – ein Landpachtvertrag zwischen Hermine G. und ihrem Knecht Andreas W.

Der Vertrag sah vor, dass W. das mit einer Gesamtgröße von 51,63 Hektar angegebene Hofgut auf einen Zeitraum von 17 Jahren für 19 400 Euro pro Jahr pachten würde. Dazu eine handschriftliche Zusatzvereinbarung, die besagte, dass die Verpachtung bis zum Jahr 2026 laufen solle – also bis zum Eintritt der Verpächterin in das Rentenalter; und dass der gesamte Betrieb danach einschließlich Wohnhaus und Ferienwohnungen an den Pächter überschrieben werden würde. Daneben wurde ein lebenslanges Wohnrecht der Verpächterin, wie oben bereits erwähnt, festgelegt. Außerdem fand sich eine interessante Nachlassregelung: »Im Falle des Todes des Verpächters vor der Übergabe des Betriebes ist der Pächter der Erbe des Hofes und des Gesamtvermögens.«

Im Haus der Hermine G. wurden in der Zwischenzeit noch zwei weitere Exemplare des Pachtvertrags gefunden – eines, wie sich herausstellte, für Hermine G. und das andere Exemplar als Beleg für Andreas W. Am 14. Januar 2009 wurde Andreas W. dann vorläufig festgenommen. Der Vorwurf: Er sollte Hermine G. getötet und die Pachtverträge gefälscht haben. Die Tötung der Landwirtin leugnete der in Haft genommene Knecht natürlich hartnäckig, einen Teil der Fälschungen indes räumte er schon bald ein.

Den Kripobeamten gegenüber erklärte der junge Mann, dass er den Text zuvor im Beisein und mit Einverständnis seiner Chefin verfasst hätte. Die Unterschrift der Hermine G. allerdings habe er dann tatsächlich am Tag nach dem tragischen Waldunfall unter die Schreiben gesetzt, »damit ich halt auch was hab!« Den Vertrag, so sagte er, habe man gemeinsam erarbeitet. Seine Chefin wollte sich nur noch etwas Zeit mit der Unterschrift lassen, da es in der Tat ein paar Unstimmigkeiten zwischen den beiden gegeben hatte. Hermine G. habe ihm aber unzweifelhaft zu verstehen gegeben, dass sie unterschreiben werde, sobald er sich etwas gebessert habe.

Da die Fraktur am Schädel des Opfers auch von einem scharfkantigen Gegenstand stammen konnte, wurde unter anderem auf dem Hof der Hermine G. nach etwaigen Mordwaffen gesucht, und so fand man dort einen Baumwender, der mit frischer orangener Farbe lackiert war. Vielleicht die Tatwaffe? Warum war er frisch lackiert? Sollte die Farbe etwas überdecken? Die Suche nach anorganischem Material in der Kopfwunde des Opfers – also vielleicht Spuren von Metall oder von Farben respektive Lacken – erbrachte jedoch nichts, und auch an dem Gerät selbst konnte nichts festgestellt werden. Eine Sackgasse, aber auch ein Verdacht, der somit ausgeschlossen werden konnte.

Ein Stück Rinde

Was indes tatsächlich in der Wunde entdeckt werden konnte, war ein Stück Rinde, und dazu fand man am Tat- oder Unfallort, der wegen dieser Unklarheit vorläufig »Ereignisort« genannt wurde, dann auch das passende Stück Holz, an dem genau dieses Rindenteil fehlte. An dem Holzstück konnte man auch Haare der Toten entdecken, sodass nun endgültig feststand, dass Hermine G. durch diesen Stamm zu Tode gekommen sein musste.

Die Asservate wurden nach München in das Kriminaltechnische Institut geschickt – und zwar in die Biologie.

Im Sachgebiet Biologie ist man in der Lage, das Erbgut oder vielmehr den genetischen Fingerabdruck von Pflanzen zu bestimmen. Denn die Wissenschaft ist mittlerweile in der Lage, ähnlich wie bei Lebewesen, komplette Pflanzengenome zu lesen und von jeder beliebigen Pflanze einen genetischen Fingerabdruck zu erstellen. Und der gab bei dieser Untersuchung ganz klar Aufschluss darüber, dass die in der Schädelwunde der Hermine G. gefundenen Holzpartikel zweifellos von der gefällten Baumart – einer Eiche – stammten und nicht von einem der umstehenden Bäume, die waren nämlich durch die Bank Pappeln.

Eine Theorie

Im Fall der toten Hermine G. hatten vorgelagerte Untersuchungen ja bereits ergeben, dass, anders als von Andreas W. vermutet, kein schwerer Ast von einem der umstehende Bäume abgebrochen war, was den Angeklagten vor Gericht dann tatsächlich sehr schwer belastete. Die Rindenuntersuchung hatte dies indirekt noch einmal bestätigt.

Der Verteidiger des Angeklagten stellte in dem Strafprozess jedoch infrage, ob sein überaus schmächtiger Mandant überhaupt in der Lage gewesen wäre, seine Chefin mit einem 40 oder 50 Kilo schweren Holzstück zu erschlagen. Ein anderer Gutachter gab zudem zu bedenken, dass es auch möglich sein könnte, dass ein Ast der gefällten Eiche abgebrochen war, während der Baum die benachbarten Pappeln streifte. Und dass dieser abgebrochene Ast in großer Höhe an einer der Pappeln hängen geblieben und dann irgendwann abgerutscht war. Genau Fragen wie diese machen es Richtern in Strafprozessen tatsächlich schwer, eine Entscheidung zu treffen, die keinerlei Zweifel zurücklässt.

An der Unfallvariante zweifeln ließen vor allem die Pachtverträge. Ohne sie wäre die Wahrscheinlichkeit eines Freispruchs – im Zweifel für den Angeklagten – vermutlich relativ groß gewesen.

Die Urkundenexperten

Doch es existierten eben diese drei Verträge nebst angeblicher Nachlassregelung, deren Fälschung der Angeklagte nun auch tatsächlich einräumte – allerdings gab er vor Gericht an, dass er die Nachlassregelung erst nach dem »Unfalltod« seiner Chefin hinzugefügt habe.

An dieser Stelle kam das Sachgebiet 206, Urkunden, ins Spiel, das eine vergleichende Altersbestimmung der Schriftstücke vornahm.

Das Sachgebiet Urkunden und Papier ist natürlich in erster Linie auf Fälschungen aller Art spezialisiert – ob es sich nun um Personen- oder Kfz-Dokumente handelt. Dazu kommt die Prüfung von Banknoten oder Schecks auf mögliche Fälschungen. In früheren Zeiten, als Menschen noch mit Schreibmaschinen arbeiteten, wurden in dem Sachgebiet naturgemäß zahlreiche Gutachten zu Erpresserschreiben oder anonymen Briefen gemacht – heute ist man auch in der Lage, bestimmte Drucker zu identifizieren.

Zu einer der zentralen Aufgaben des Sachgebiets, das mit Chemikern, Physikern und Druckingenieuren besetzt ist, gehört die Altersbestimmung von Schrifterzeugnissen. Hierfür wurde in diesem Fall die »relative Lösungsmittelvergasung« der Kugelschreiberpaste auf dem Papier des Pachtvertrags untersucht. Dabei konnte festgestellt werden, dass die gefälschte Unterschrift auf dem Dokument deutlich jünger war als die Nachlassklausel, die Andreas W. erst nach ihrem Tod ergänzt haben wollte.

Das hieß: Die Angabe des Andreas W., diese Klausel erst nach dem Tod der Hermine G. geschrieben zu haben, war nachweislich falsch. Also musste man bei der Suche nach der Wahrheit davon ausgehen, dass der Knecht die Planung dieser Tat bereits Wochen zuvor begonnen hatte, möglicherweise um Weihnachten herum, als ihm seine Chefin mitgeteilt hatte, dass sie das Arbeitsverhältnis beenden möchte.

Mord statt Unfall

Nachdem man in dem mehrtägigen Verfahren immer nur von dem »Vorfall« gesprochen hatte, wenn es um die Vorgänge im Wald ging, weil schlichtweg lange nicht klar war, ob es sich nun um einen Unfall oder ein Verbrechen handelte, schien die Faktenlage nun klar zu sein, was im Übrigen auch zu dem Spurenbild im Wald passte – Stichwort fehlende Blutspuren im Schnee und so weiter.

Die Staatsanwaltschaft warf Andreas W. schließlich vor, die Tat von langer Hand geplant und die Pachtverträge bereits vor dem Mord handschriftlich um die Nachlassklausel ergänzt zu haben. Im Wald habe der junge Mann seine Chefin dann von hinten mit einem schweren, dicken Eichenast erschlagen, weil sich seine Hoffnungen auf die Übernahme des landwirtschaftlichen Betriebs zerschlagen hatten.

Hier passte alles zusammen, erklärte der Vorsitzende Richter der Schwurgerichtskammer in Nürnberg und verurteilte Andreas W. zu einer lebenslangen Haftstrafe.

Phonetik

Schuss oder knallende Tür?

Bei manchen Menschen wäre es besser, wenn sie sich nie getroffen hätten. Es sind diese unheilvollen Verbindungen, die vielleicht sogar einmal normal begonnen haben, die dann aber eine Abwärtsbewegung nehmen – wie in einer Spirale. Es sind diese Verbindungen von zwei Menschen, bei denen hinterher alle klüger sind und manche im Nachhinein behaupten werden, sie hätten das böse Ende lange vorhergesehen.

Bernd V. wird 1949 in Nürnberg geboren, er besucht die Volksschule, lernt bei der Post, geht zur Bundeswehr. Danach steht er bei einem Autozulieferer am Fließband. 1970 heiratet er, ein Jahr später kommt sein Sohn zur Welt. Er wechselt in den folgenden Jahren fünf Mal seinen Job, die Ehe läuft schlecht, 1989 folgt die Scheidung. Unterhaltszahlungen, Alkohol, Frust. Wechselhafte Beziehungen zu anderen Frauen, und dann im Sommer 1991 lernt er Maria kennen, Jahrgang 1944, Altenpflegerin.

Sie lebt gerade in Scheidung, ist aus der ehelichen Wohnung ausgezogen, hat keine eigene Bleibe und wohnt deshalb bei einem Bekannten. Vorübergehend.

Bis sie Bernd kennenlernt und seinetwegen nach Nürnberg zieht, in eine eigene kleine Wohnung. Bernd ist zu diesem Zeitpunkt schon mittendrin im Strudel, der ihn unaufhaltsam nach unten zieht. Immer mehr Alkohol, dann im Oktober 1991 der Jobverlust. Arbeitslosigkeit, keine Perspektive, noch mehr Alkohol, fahrlässige Trunkenheit am Steuer, 30 Tagessätze zu je 60 Mark, Mietrückstände – Wohnung weg.

Das Leben der M.

Aber er hat ja seine Maria, die ihn bei sich aufnimmt. Diese genügsame Frau, die nicht nur in ihrem Beruf anderen Menschen helfen muss, sondern jetzt auch Bernd. Der nun bei ihr zu Hause in der Wohnung sitzt und sich betrinkt, während Maria den gemeinsamen Lebensunterhalt bestreitet.

Und Bernd wird immer schwieriger. Er ist mitunter aufbrausend und laut daheim, insbesondere wenn er getrunken hat, und das tut er schließlich täglich. Mit seiner immer schlimmer werdenden Eifersucht macht er seiner Maria das Leben zunehmend schwerer. Er hat schließlich kaum noch was in seinem Leben, also vereinnahmt er den Menschen an seiner Seite. Er stellt Maria nach – unterstellt ihr Untreue und verbietet ihr sogar den Umgang mit der Nachbarin.

Maria erduldet. Sie ist viel gewohnt, sie weiß auszuhalten, und sie hält Bernd aus. Nicht nur seine Launen, auch die finanziellen Strapazen. Sie nimmt einen Kredit in Höhe von 13 000 Mark auf, um Bernds Schulden zu begleichen: Mietschulden, ausstehende Nebenkosten, unbezahlte Telefonrechnungen. Sie leiht ihm immer wieder Geld, und er tut das, was seit einiger Zeit sein einziger Lebensinhalt ist: trinken!

Maria zweifelt. So viel wollte sie vielleicht doch nicht erdulden. Nach einer gescheiterten Ehe sucht man sich besser nicht einen Mann, der arbeitslos zu Hause herumhängt und trinkt und trinkt und trinkt. Ende 1991, nach nur wenigen Monaten mit Bernd, fasst sie einen Entschluss: lieber alleine sein als mit Bernd zusammen. Sie spricht mit ihm, in einem seiner wenigen lichten, nüchternen Momente, und bittet ihn, auszuziehen. Das Geld ist weg, das weiß sie, aber so hat sie sich ihr Leben dann doch nicht vorgestellt. Bernd soll raus aus der Wohnung, und zwar spätestens bis zum 21. April 1992. Für ihn eine Hiobsbotschaft, denn er hat nichts. Gar nichts. Er wäre im Grunde ein Kandidat für die Straße.

Der Besuch der Schwester

Am 14. Februar 1992 bekommt Maria Besuch von ihrer Schwester. Sie ist froh, Erika um sich zu haben, denn mit Bernd alleine hält sie es kaum noch aus. Und Bernd? Der macht einfach weiter. Erika ist kaum angekommen, gibt es abends schon einen heftigen Streit. Die Schwester ist Bernd ein Dorn im Auge. Er beschimpft die beiden Frauen als »Lesben«, »Sauweiber«, »Dreckspack«, bis Erika irgendwann der Kragen platzt. Muss sie sich von diesem Mann tatsächlich so beschimpfen lassen? Von diesem »Schmarotzer« und »Säufer«, wie sie ihn an diesem Abend bezeichnet?

Ein paar Wochen später dasselbe Theater. Erika kommt erneut zu Besuch – vom 3. März bis zum 1. April 1992. Es ist, als wollte sie ihre Schwester Maria mit diesem Bernd nicht mehr alleine in der Wohnung lassen. Mit dieser »Niete«, diesem »Versager«, wie sie ihn dieses Mal beschimpft.

Erika geht wieder, Bernd bleibt. Das Ultimatum, der 21. April, rückt immer näher, aber Bernd macht nicht im Geringsten Anstalten, tatsächlich auszuziehen. Überhaupt, es hat nicht den Anschein, als würde er die Frau, die ihm geholfen hat und die ihn immer noch über Wasser hält, irgendwie ernst nehmen. Er sitzt in der Wohnung, gleichsam thronend, und betrinkt sich. Maria trinkt mittlerweile auch. Gelegentlich, als glaubte sie, den Mann an ihrer Seite dann besser ertragen zu können.

Ein paar Tage, nachdem ihre Schwester wieder abgereist ist, findet Maria in der Küche eine Blechdose, die ihr unbekannt vorkommt. Sie öffnet diese und entdeckt ein paar Schuss Munition in der Büchse. Sie stellt Bernd zur Rede, fragt, was das ist und wofür er so was braucht. Bernd schaut sie nur kühl an. Zum Schießen natürlich, denn die passende Waffe dazu habe er schließlich auch …

Und tatsächlich, Bernd besitzt eine halbautomatische Selbstladepistole vom Typ »Frommer Baby«, Kaliber 7,65, die zwar eine Nachladestörung hat und nur einen Schuss abgeben kann, aber »das langt ja«, wie er der erschrockenen Maria ohne jede Rührung erklärt.

Ein einziger Schuss

Am 23. April, Bernd ist natürlich nicht ausgezogen, kommt Maria um 16 Uhr von der Arbeit nach Hause. Sie schenkt sich eine Flasche Bier ein, später am Abend wird sie auf Cognac umsteigen. Bernd ist auch da. Er ist betrunken, das Übliche. Und er ist immer noch aufgebracht wegen Erika, Marias Schwester. Er verlangt zum wiederholten Mal, dass Erika sich bei ihm wegen des »Schmarotzers«, der »Niete« und des »Versagers« entschuldigen müsse. Und zwar schriftlich! Bernd redet und redet, Maria schweigt.

Es ist mittlerweile spät geworden. Kurz vor fünf Uhr morgens. Bernd redet noch immer auf Maria ein und ereifert sich furchtbar über die Tatsache, dass Maria einfach nichts sagt. Und dann knallt es.

Der Schuss durchschlägt Marias Bauchwand und bleibt im zwölften Brustwirbel stecken. Maria steht aus ihrem Sessel auf, öffnet die Tür, klingelt bei ihrer Nachbarin und bittet diese um Hilfe. Um 5:11 Uhr, kurz nachdem Marias Nachbarin die Einsatzkräfte verständigt hat, ruft auch Bernd den Polizeinotruf an:

»Polizeinotruf Nürnberg?«

Bernds Stimme klingt geradezu teilnahmslos: »Moment, ich will mir grad noch eine Zigarette anzünden, dann sag ich Ihnen, was los ist. Ah, das brennt nicht, der Scheiß geht nicht ...« Und dann: »Ich hab auf sie geschossen, ich kann nicht mehr weiterleben ...«

Um 5:01 Uhr hatte er bereits einen Bekannten angerufen: »Hier ist der Bernd. Horch zu, ich hab jetzt grad wirklich auf die Maria geschossen. Ich werd jetzt, wenn ich aufleg, ihre Nummer abändern. Tschüss.«

Die Polizei trifft als Erstes vor Marias Wohnung ein. Die schwer verletzte Frau sitzt auf einem Mäuerchen vor dem Haus und hält sich den Bauch. Sie erzählt den Beamten noch, dass sie Streit mit ihrem Mitbewohner gehabt habe. Dann habe es laut geknallt, und dann habe sie starke Schmerzen im Bauch bekommen ...

Maria wird von dem kurz darauf eintreffenden Krankenwagen ins Krankenhaus gefahren. Dort stirbt sie wenige Stunden später. Die Polizisten gehen hoch in Marias Wohnung, dort kommt ihnen Bernd entgegen. In der Unterhose. Er nickt den Beamten zu, dann legt er die Waffe ab.

Bernd gesteht. Er gibt zu, auf Maria geschossen zu haben. Aber nicht absichtlich. Der Schuss habe sich gelöst, als er mit der Pistole vor Maria herumgefuchtelt habe. Als er sie reinigen wollte … Eine Blutprobe ergibt 2,2 Promille Alkohol, an vieles will sich Bernd gar nicht mehr erinnern können.

Die Anklage lautet auf Mord. Aber wie will man in einem solchen Prozess nun die Wahrheit finden? Der eine Mensch, der vielleicht etwas dazu sagen könnte, ist tot, der andere war schwer betrunken und versucht möglichweise mit Schutzbehauptungen, seiner gerechten Strafe zu entgehen.

Das rätselhafte Tonband

Doch die Polizei hat ein Ass im Ärmel. Bei der Durchsuchung der Wohnung kann ein Diktiergerät gefunden werden. In einer Schublade, in der auch ein leeres Pistolenholster liegt. Auf Seite A der Kassette ist ein Streitgespräch zwischen einem Mann und einer Frau zu hören. Es ist vor allem Bernd, der da redet, leicht lallend. Es geht um die Beleidigungen von Erika, Marias Schwester, und um die noch ausstehende Entschuldigung. Im Grunde deckt sich die Aufnahme mit dem wenigen, was Bernd auch der Polizei zu Protokoll gegeben hat. Der Streit endet mit Bernds Worten »weil du so feig warst«. Wenig später sind Schritte zu hören – und dann gibt es einen lauten, schussähnlichen Knall.

Warum das Diktiergerät überhaupt gelaufen ist an diesem Abend, konnte nie herausgefunden werden. Vielleicht hatte Maria es heimlich eingeschaltet, vielleicht ist Bernd versehentlich auf den Aufnahmeknopf gekommen, als er die Pistole aus der Schublade geholt hat. Wie auch immer, Bernd behauptet jedenfalls, bei dem lauten Knall – daran könne er sich noch erinnern – handle es sich um die Haustür, die er zugeschlagen habe. Der Schuss habe sich einfach so gelöst, als er die Waffe reinigen wollte.

War es ein Schuss auf dem Band, dann würde Bernd wegen Mordes verurteilt werden, denn dann hatte er Maria offensichtlich aus niederen Beweggründen umgebracht, aus Rache, eben weil sie so »feig« gewesen war und seine »Ehre« nicht hatte wiederherstellen wollen. Wenn es die Tür gewesen sein sollte, dann war ein Mordnachweis nur noch schwer zu erbringen. Und das alles sollte man nun also im Bayerischen Landeskriminalamt herausfinden.

Die Kassette mit der kuriosen Bandaufnahme ging nach München in das Kriminaltechnische Institut, und zwar in das Sachgebiet Phonetik. So etwas gab es noch nicht allzu häufig, dass ein Verbrechen – zufällig oder mit Absicht – aufgezeichnet wurde. Fast so etwas wie ein Sechser im Lotto, zumal sich die Beamten der Kriminalpolizei zu 100 Prozent sicher waren, dass es sich bei dem Knallgeräusch auf dem Tonband ohne jeden Zweifel um einen Schuss handelte.

Ein gutes Gehör

Das Sachgebiet Phonetik kommt immer dann zum Einsatz, wenn auf einem Tonträger etwas aufgezeichnet worden ist, was im Zusammenhang mit einem Verbrechen steht. Naheliegend sind natürlich Delikte wie Erpressungen, Morddrohungen oder Entführungen, bei denen beispielsweise jemand einen Telefonanruf gemacht hat. Aber natürlich auch bei Überfällen, wenn die Videoüberwachung auch Geräusche und Stimmen aufzeichnet.

Darüber hinaus unterstützen die Experten der Phonetik die Kollegen der Polizei, wenn es um die Auswertung und Analyse von Mitschnitten bei Abhöraktionen oder verdeckten Ermittlungen geht. Dazu gehört auch die qualitative Verbesserung solcher Tonaufzeichnungen, indem man Störgeräusche auf Spezialrechnern mit den hochentwickelten Mitteln der digitalen Audiosignalverarbeitung beseitigt oder zumindest zurückfährt. Mitunter erstellen die Phonetiker des LKAs auch vor Gericht verwertbare Stimmenvergleichsgutachten.

Die Rekonstruktion

In dem vorliegenden Fall hatten die Münchner Phonetiker also zu prüfen, ob es sich um einen Schuss oder um das Zuknallen einer Tür handelte. Die Mitarbeiter des Sachgebiets 209, die die Aufnahmen zu hören bekamen, Sachverständige und Techniker, waren sich mehrheitlich sicher – ähnlich wie die Kollegen der Kriminalpolizei –, dass sie auf der Kassette einen Schuss hörten. Um die Frage aber wirklich gerichtsverwertbar zu klären, mussten die Münchner Phonetiker zusammen mit Kollegen des Sachgebiets Waffen nach Nürnberg in die Wohnung der getöteten Maria fahren.

Und dort wurde nun versucht, die Situation der Todesnacht exakt nachzustellen: zwei Menschen im Wohnzimmer, das fragliche Diktiergerät in der Schublade, dieselbe Kassette, dieselbe Waffe, vergleichbare Außengeräusche. Die Anwohner des Hauses wurden selbstverständlich über die bevorstehende Untersuchung informiert, und so konnte man das Experiment beginnen.

Das Diktiergerät wurde angeschaltet und dann aus der Pistole einen Schuss auf einen Block abgegeben. Danach ging die Versuchsperson aus dem Raum und schlug mehrfach die Wohnungstür zu. Die hierbei gewonnenen Aufnahmen gingen daraufhin zur Analyse zurück nach München in das Kriminaltechnische Institut. Und dort kam Erstaunliches zutage …

Das überraschende Ergebnis

Das Ergebnis der Vergleichsanalyse war unerwartet, aber dafür sehr eindeutig. Es wurde, entgegen jeder Annahme, eine sehr große Übereinstimmung des Geräuschs auf dem Tonband aus der Tatnacht mit dem Zuschlagen der Tür festgestellt. Das subjektive Hörempfinden der Münchner Phonetiker erhielt seine finale Bestätigung durch das hierbei erstellte Spektrogramm des Tons, dessen Amplitude fast identische Ausschläge verzeichnen konnte. Im Endeffekt hieß das: Der Angeklagte hatte – entgegen jeder Erwartung – hinsichtlich der aufgezeichneten Situation tatsächlich die Wahrheit gesagt. Das Gericht, nicht in der Lage, eine andere Tatversion ohne jeden Zweifel beweisen zu können, musste den Mordvorwurf schließlich fallen lassen. Die Phonetiker des Münchner Kriminaltechnischen Instituts hatten den des Mordes angeklagten Mann mit ihrem Gutachten entlasten können. Hätten sie sich nur auf die Tonbandaufnahme und ihre subjektiven Eindrücke verlassen, wäre der Mann als Mörder gebrandmarkt gewesen.

Gleichwohl wurde Bernd am Ende wegen Totschlags zu einer Freiheitsstrafe in Höhe von zehn Jahren verurteilt. Man musste davon ausgehen, der er seine Gefährtin nicht aus niederen Beweggründen erschossen hatte.

Lebendig begraben

Während die Phonetiker des Landeskriminalamts in dem gerade beschriebenen Fall den Täter gleichsam entlasten konnten – zumindest was den Mordvorwurf anbelangte –, trugen sie in einem anderen maßgeblich dazu bei, dass ein Täter 27 Jahre nach seiner Tat doch noch überführt werden konnte. Es geht hierbei um die Entführung der damals zehnjährigen Schülerin Andrea K., die am 15. September 1981 am Ammersee auf dem Heimweg verschwand und erst am 4. Oktober aufgefunden werden konnte. Erstickt in einer Holzkiste, die im Waldboden vergraben war.

Der oder die Entführer steckten das kleine Mädchen damals in das vorbereitete Versteck unter der Erde, hatten aber nicht bedacht, dass das Belüftungsrohr, das aus dem Waldboden ragte, viel zu lang und somit ein Luftaustausch mit der Kiste unmöglich war. Andrea K. muss, so glaubte man damals, wenige Stunden später erstickt sein.

Gleichwohl gingen seinerzeit bei den Eltern des Mädchens Löse-
geldforderungen in Höhe von zwei Millionen Mark ein. Und zwar
über Telefonanrufe, auf denen unter anderem die Verkehrsbericht-
Erkennungsmelodie des Radiosenders Bayern 3 zu hören war. Gesprochen wurde bei den Anrufen nicht … Nach zwei weiteren Kon-
taktaufnahmen in Gestalt von zwei Erpresserschreiben, in denen ein
Lösegeld gefordert und der Übergabeort mitgeteilt wurde, hörten die
Ermittler nie wieder etwas von den Entführern. Der Fall konnte nicht
aufgeklärt werden …

Bis man im Jahr 2008, nachdem man den Fall immer wieder hervor-
genommen hatte, um mögliche neue Spuren zu verfolgen, einen damals 58-jähriger Mann festnehmen konnte. Er hatte Anfang der
1980er-Jahre in der Nähe von Andrea K.s. Familie gewohnt, war hoch
verschuldet und schon damals in den Fokus der Ermittlungen geraten.
Doch der Mann konnte damals ein Alibi vorweisen und so wanderte
er zu den Akten. Nun aber hatte man 2007 im Besitz des Verdächtigen
ein altes Tonbandgerät vom Typ Grundig TK 248 finden können, und
das ging zur Untersuchung in die Phonetik des Bayerischen Landeskriminalamts. Es landete auf dem Tisch der Sachgebietsleiterin.

Die hatte sich in den zurückliegenden Jahren immer wieder die
Aufnahmen der Erpresseranrufe angehört – Tausende Male, immer in
der Hoffnung, etwas Neues herauszuhören. Ohne Erfolg. Als sie nun
aber dieses alte Gerät vor sich liegen hatte und den Startknopf drück-
te, schreckte die erfahrene Wissenschaftlerin geradezu auf. Seit 1989
hatte sie sich Gedanken über ein merkwürdiges Knacken in den Erpresseranrufen gemacht, und nun hörte sie genau dieses Knacken
beim Starten des Tonbandgeräts.

Auf den Mitschnitten, die man 1981 von den Erpresseranrufen gemacht hatte, war überdies ein anderes signifikantes Geräusch zu hören: das Drücken der Pausentaste. Und auch dieses Geräusch stimmte
mit dem Gerät überein, das im Kriminaltechnischen Institut untersucht wurde. Und es konnte festgestellt werden, dass sich bei dem

vorliegenden Gerät – bei einer ganz bestimmten Schrägstellung der Aufnahmetaste – der höchste Ton des Bayern-3-Signals ein wenig gedämpft anhörte. Gerade so, wie bei den Telefonmitschnitten erkennbar.

Die Sachgebietsleiterin der Phonetik hatte im Grunde so etwas wie den akustischen Fingerabdruck dieses Geräts entdeckt. Der Vergleichstest mit baugleichen Rekordern des Herstellers wies diese Besonderheiten nicht auf.

Der mutmaßliche Täter wurde daraufhin in einem aufsehenerregenden, fast 60-tägigen Prozess unter anderem wegen dieses Indizes vor dem Landgericht Augsburg schuldig gesprochen und wegen erpresserischen Menschenraubs mit Todesfolge zu einer lebenslangen Haft verurteilt. Der Täter selbst bestritt die Tat vehement, und sein Verteidiger ging in Revision. Aber der Bundesgerichtshof in Karlsruhe bestätigte das Urteil. Der Fall Andrea K. wurde im Januar 2011, also rund 30 Jahre nach der schrecklichen Tat, endlich abgeschlossen. Und die Sachgebietsleiterin der Phonetik im Bayerischen Landeskriminalamt konnte die rätselhaften Telefonmitschnitte endlich zur Seite legen …

Der TV-Beweis

In der baden-württembergischen Stadt Freiburg im Breisgau wurde vor dem Landgericht in den 1990er-Jahren das Alibi eines des Mordes beschuldigten Exsoldaten widerlegt, nachdem Phonetiker nachweisen konnten, dass die Eltern des Täters mit Sicherheit nicht hören konnten, dass ihr Sohn zum fraglichen Zeitpunkt zu Hause war. Die Eltern hatten bei ihren Zeugenvernehmungen behauptet, dass sie an einem Samstagabend die Sendung *Wetten, dass..?* geschaut hatten. Hätte ihr Sohn in der fraglichen Zeit – wie von der Anklage behauptet – tatsächlich das Haus verlassen, hätten sie das Knarren der Holztreppe definitiv gehört.

Die Beamten besorgten sich damals eine Aufnahme der ZDF-Sendung, spielten diese mit der von den Eltern üblichen Lautstärkeneinstellung ab und stellten Richtmikrofone auf. Auf der Holztreppe gingen dann Testpersonen, die dasselbe Gewicht hatten wie der mutmaßliche Täter, unterschiedlich laut die Treppe hoch und herunter, und es stellte sich heraus, dass die Eltern in Wahrheit überhaupt nichts hätten hören können. Der Angeklagte ging, auch aufgrund anderer belastender Indizien, lebenslänglich ins Gefängnis. Der Täter hatte das arglose Mordopfer vor dem Verbrechen dazu überreden können, mehrere Lebensversicherungen zu seinen Gunsten abzuschließen. Warum jedoch sollte ein junger, einfacher Soldat unverhältnismäßig viele Lebensversicherungen abschließen und einen Kameraden begünstigen, den er nur kurze Zeit kannte?

Der Mord an sich war seinerzeit nahezu perfekt. Der Leichnam saß völlig verkohlt in einem ausgebrannten Auto im Wald. Keine Fingerabdrücke, keine Faserspuren, keine DNA. Am Leichenfundort konnten weder Fuß- noch fremde Fahrzeugspuren festgestellt werden – ohne das Motiv und vor allem ohne das Alibi, das die hinzugezogenen Phonetikexperten widerlegen konnten, hätte dieses Verbrechen möglicherweise nicht aufgeklärt werden können.

Forensische Informations- und Kommunikationstechnik

Mord in Passau

Wie viel ist ein Menschenleben wert? Wo ist der Punkt erreicht, an dem die Entscheidung »Geld oder Leben« nicht mehr ganz so einfach fällt? Wenn es um einen gebrauchten Opel Corsa geht? Oder um 60 Mark und eine EC-Karte mit Geheimnummer? Wird der kritische Punkt bei einer Erbschaft in Höhe von 1,2 Millionen erreicht oder vielleicht bei einer Lebensversicherung im hohen sechsstelligen Bereich?

Die 21-jährige Studentin Elke B. lernt ihren Mörder auf einer Silvesterparty im »Roadhouse« in Hannover kennen. Der 19 Jahre alte Mann mit seiner Gothic-Kluft, den schwarzen Haaren und der Schminke im Gesicht scheint der hübschen jungen Frau zu gefallen – sie beschließt, ihn nach Passau einzuladen, wo sie Medien- und Kommunikationswissenschaften studiert. Und tatsächlich, Ende Januar 2007, es ist vermutlich der 31., steht Jörn H. vor der Tür ihrer Passauer Wohnung. Aber er ist nicht alleine, sein Kumpel Michael S., 29 Jahre alt, begleitet ihn. Für Elke B. ist das kein Problem, sie freut sich, dass Jörn sein Versprechen wahr gemacht hat und sie tatsächlich hier in Passau besuchen kommt ...

Am 14. Februar 2007, um 14:53 Uhr, meldet sich eine Studentin bei der Polizeiinspektion Passau. Sie vermisst ihre Studienkollegin Elke B. und gibt an, dass diese seit Tagen nicht mehr in der Uni gewesen sei. Auch auf Anrufe reagiere sie nicht – die Anruferin klingt besorgt und bittet die Polizeibeamten, doch bitte einmal bei Elke zu Hause nachzuschauen, ob alles in Ordnung sei.

Die tote Studentin

Gegen 16 Uhr öffnen Polizeibeamte die Wohnung von Elke B. im siebten Stock eines Mietshauses. Die junge Frau wird im Badezimmer vollständig bekleidet in Rückenlage in der Wanne liegend aufgefunden – sie ist tot, in ihrer Brust steckt ein 30 Zentimeter langes Küchenmesser.

Gerichtsmediziner werden später feststellen, dass Elke B. verblutet ist – nach innen und außen. Die Ärzte finden 19 Stichwunden in der Brust, fünf an ihrem linken Arm, einen am rechten Unterarm. Einen weiteren Einstich finden sie auf dem rechten Handrücken und im Hals. Ein grausamer Anblick – es sieht aus, als ob der Täter in eine Art Blutrausch geraten ist.

Über die sogenannte Umfeldermittlung erfahren die Kripobeamten recht schnell, dass Elke B. offenbar Besuch von zwei Männern aus Hannover gehabt hat. Und tatsächlich, bei der weiteren Durchsuchung von Elkes Wohnung finden die Beamten die Geldbörse des Michael S. Das ist fast so etwas wie ein Volltreffer. Ein unbekannter Mörder vergisst am Tatort seinen Geldbeutel mit Ausweispapieren, Bankkarte und Führerschein … So etwas kommt nicht häufig vor und lässt auf eine überstürzte Abreise schließen.

Nur kurze Zeit später steht dann auch die Identität des zweiten mutmaßlichen Täters fest: Jörn H. Der hatte am Tatort einen Paketabholschein mit seinem Namen liegen lassen – der nächste Hauptgewinn für die Passauer Ermittler. Am 15. Februar erlässt das Amtsgericht Passau Haftbefehl wegen Mordes, § 211 StGB, gegen die beiden Männer, aber die sind längst spurlos verschwunden.

Auf der Flucht

Das Verbrechen schockiert das Land. Das Opfer: eine hübsche junge Studentin. Die Täter: zwei Arbeitslose. Die Tat: grausam – 27 Messerstiche. Die beiden Täter sind zur Fahndung ausgeschrieben – praktisch jede deutsche Zeitung berichtet über das schreckliche Verbrechen.

Und schon bald melden sich erste Zeugen: Einer sagt, er habe die beiden Männer am Tag der Tat gegen 14:15 Uhr auf dem Parkplatz eines Supermarkts gesehen. Um 14:27 Uhr bestellten diese ein Taxi zum Kaufland. Der Fahrer weiß sich zu erinnern, dass er die beiden zum Hauptbahnhof gefahren hat. Am Valentinstag, also dem Tag, an dem der Leichnam von Elke B. entdeckt wurde, werden die beiden mutmaßlichen Täter Bier trinkend auf dem Bahnhof des französischen Bouzonville gleich hinter der Grenze gesehen, das meldet ein weiterer Zeuge, und so wird die Fahndung der Kripo Passau folgerichtig auf das europäische Ausland erweitert – insbesondere auf die beiden Länder Frankreich und Spanien, wo man die zwei Männer am ehesten vermutet.

Es kann auch ermittelt werden, dass Jörn H. und Michael S. in Passau zweimal mit der gestohlenen Bankkarte der Elke B. Geld abgehoben haben – jeweils 500 Euro – und dass sie dies danach noch weitere vier Male versucht haben – erst in Passau, dann auch in Kassel.

Alle Bemühungen, der beiden Tätern habhaft zu werden, laufen ins Leere. Ihre Spur verliert sich in Frankreich, und in Anbetracht der öffentlichen Aufmerksamkeit und des ungeheuerlichen Fahndungsdrucks gibt man den Fall auch an die TV-Sendung *Aktenzeichen XY… ungelöst*. Die Sendung bringt tatsächlich den Durchbruch: Nur einen Tag nach der Ausstrahlung, in der selbstverständlich auch Fotos der beiden mutmaßlichen Täter gezeigt werden, stellt sich der ältere der beiden, Michael S., am 30. März 2007 den Behörden, indem er sich an das deutsche Konsulat in Bilbao wendet. Zwei Wochen später wird der Mann nach Passau überstellt und in die dortige Justizvollzugsanstalt gebracht.

Jörn H. bleiben noch knapp zwei Wochen länger in Freiheit. Der 19-Jährige wird erst am 10. April 2007 nach einem Zeugenhinweis im spanischen San Sebastián verhaftet und am 19. April an die Justizvollzugsanstalt in Straubing überstellt. Die beiden Täter sind also nach einer wochenlangen Flucht durch halb Europa endlich gefasst worden.

Das Geständnis

Der Jüngere der beiden, Jörn H., gesteht verhältnismäßig schnell die Tat und gibt auch schon bald Auskunft zum Motiv: Habgier. Er habe den Entschluss gefasst, Elke B. zu töten, um so an die EC- und Kreditkarte des Opfers zu kommen, denn schließlich seien sie beide völlig mittellos gewesen, hätten aber in den Süden gewollt, um dort ein neues Leben zu beginnen. Außerdem habe er gewusst, dass Elke nach einer Erbschaft einigermaßen vermögend sei. Jörn H. erzählt auch, dass die Studentin die beiden fast zwei Wochen ausgehalten habe, während man bei ihr wohnte. Die Zeit in Passau habe man vornehmlich damit verbracht, Bier zu trinken und in Elkes Wohnung herumzuhängen.

Zum Mord selbst gibt Jörn H. lediglich an, dass er das Titellied aus dem Film *Rocky Balboa* gehört habe. Das Lied habe er mehrmals hintereinander laut abgespielt, auch um die Schreie des Opfers zu überdecken.

Und der ältere der beiden Täter? Was sagt der zu der schrecklichen Tat von Passau?

Michael S. besteht darauf, nichts von der Tat mitbekommen zu haben. Er habe auch gar nicht gewusst, dass sein Kumpel Jörn so etwas möglicherweise sogar geplant hatte. Er habe vielmehr geschlafen und sei dann irgendwann von Jörn geweckt worden. Und der habe ihm daraufhin den Mord an Elke B. gestanden.

Ein Dilemma. Konnte das stimmen? Wenn die beiden die Wahrheit sagten, hatte der gerade einmal 19 Jahre alte Jörn H. die Tat alleine verübt. Gegen H. würde dann vermutlich nach dem Jugendstrafrecht verhandelt werden, was zur Folge hätte, dass der Jüngere der beiden mit einer Höchststrafe von zehn Jahren zu rechnen hätte, während der andere zwar nach Erwachsenenstrafrecht lebenslänglich erwarten würde, aber mangels Beteiligung an dem Mord vermutlich recht milde davonkommen würde – schließlich war er am Mord nicht beteiligt gewesen. Denn Michael S. räumte am Ende nur eine Sache ein: Er gestand, in der Wohnung der Elke B. die PIN-Nummern ihrer Bankkarten gesucht zu haben.

Es stellte sich also die Frage: Wann hatte der Mord an Elke B. genau stattgefunden? Und konnte möglicherweise nachgewiesen werden, dass Michael S. zu diesem Zeitpunkt vielleicht doch wach gewesen war? Denn wenn er nicht – wie behauptet – geschlafen hatte, dann war er vermutlich an der Ermordung der Studentin beteiligt gewesen.

Computer unter der Lupe

Sämtliche am Tatort und bei den beiden Tätern gefundenen Geräte wie Laptops, MP3-Player und Mobiltelefone gingen daraufhin zur Untersuchung in das Kriminaltechnische Institut nach München, denn durch die Anmerkung des Jörn H., dass zur Tat selbst das Titellied aus *Rocky* gelaufen sei, sah man die Möglichkeit gegeben, den Tatzeitpunkt vielleicht etwas genauer bestimmen zu können. Und wenn man den Todeszeitpunkt hätte, könnte man dann vielleicht nachvollziehen, was Michael S. zu der Zeit wirklich gemacht hatte. Ob er tatsächlich geschlafen hatte oder vielleicht doch wach gewesen war …

Das Sachgebiet, das bei Untersuchungen dieser Art infrage kommt, ist die Forensische Informations- und Kommunikationstechnik, kurz IuK, wo Computer und IT-Experten darauf spezialisiert sind, digitale Spuren auszuwerten. Ob es sich nun um PCs, Großrechner in Rechenzentren oder Daten in einer Cloud handelt, um elektronische Kassen oder Mobiltelefone, die Mitarbeiter der Iuk sind in der Lage, Datenflüsse und Computer- und Netzaktivitäten zu verfolgen, sie können gelöschte Daten wieder herstellen und bisweilen auch verschlüsselte Dateien lesbar machen.

Die Aufgabenstellung in diesem Fall lautete: Was kann mithilfe der sichergestellten Geräte für die Stunden vor der Tat, möglicherweise für den Tatzeitraum selbst und auch für die Zeit nach der Tat rekonstruiert werden?

Und die Ergebnisse, die die Münchner Kriminaltechnik liefern konnte, waren mehr als eindeutig. Zunächst einmal konnte tatsächlich der Zeitpunkt des Mordes relativ klar eingegrenzt werden, was ansonsten kaum möglich gewesen wäre, da der Leichnam der Elke B. erst Tage nach dem Verbrechen gefunden worden war.

Die Auswertung des Programms iTunes auf einem der Computer, die Elke B. gehörten, ergab, dass der Titelsong aus dem Film *Rocky* exakt dreimal abgespielt worden war, und zwar am 11. Februar um 11:13 Uhr, um 11:52 Uhr und um 11:57 Uhr. Das führte zu der Schlussfolgerung, dass Elke B. am 11. Februar in der Zeit zwischen 11:13 und 11:57 Uhr ermordet worden war.

Und da wollte Michael S. also wirklich geschlafen haben? Das Gutachten der Computer-Forensiker besagte nach Auswertung sämtlicher Elektrogeräte und Telefonanschlüsse etwas ganz anderes:

Am Morgen des 11. Februar waren teilweise beide Laptops von Elke B. in Betrieb. Zwischen 8:06 und 8:15 Uhr kam es zu Downloads über RapidShare, die zweifelsfrei auf Michael S. hinwiesen. Damit konfrontiert, relativierte er seine frühere Aussage: »Ja, aber danach habe ich mich schlafen gelegt.«

Zwischen 8:40 und 8:43 Uhr wurden an einem der Rechner Suchbegriffe wie »Länder, die nicht ausliefern« oder »wo kann ich hin ohne Reisepass« eingegeben.

Von 9:31 bis 10:32 Uhr telefonierte Jörn H. mit einer Freundin, die ihr Gerät auf Lautsprecher stellte. Sie hatte Besuch von zwei Freunden, und alle drei behaupteten, während des Gesprächs im Hintergrund eine andere Männerstimme gehört zu haben. Zwischen halb zehn und halb elf hatte Michael S. also offenkundig auch noch nicht geschlafen. Wann schlief er denn nun eigentlich?

Zwischen 11:05 und 11:07 Uhr wird an einem der beiden Rechner Musik von »Snoop Dog« heruntergeladen – es ist der Lieblingssänger von Michael S.

Michael S. verwickelte sich immer mehr in Widersprüche. Bei einer seiner Vernehmungen am 16. April gab er zu Protokoll, dass ihn Jörn H. etwa um Mitternacht oder nach Mitternacht aufgeweckt habe. Am 3. Juli gab er Folgendes an: »Ich habe die ganze Nacht nicht geschlafen. Ich habe mir morgens dann noch über RapidShare einen Premium Account geholt und mich dann gegen 8:15 Uhr schlafen gelegt.«

Am 11. Februar um 4:54 Uhr hatte Jörn H. übrigens eine SMS an seinen Bruder verschickt, in der er schrieb, dass er völlig zugedröhnt sei, was einer geradezu genialen Tatvorbereitung nahekam. Sollten die beiden doch erwischt werden, konnte man so möglicherweise auf Schuldunfähigkeit plädieren. Heranwachsender plus Drogeneinfluss macht in der Summe häufig eine geringe Strafe.

Zwischen 13:23 und 13:27 Uhr rief Jörn H. bei einer weiteren Freundin an, die sich erinnern konnte, dass H. völlig normal geklungen habe.

Um 13:57 Uhr ging der letzte Rechner in der Wohnung von Elke B. vom Netz, und nur eine gute Viertelstunde später wurden die beiden Täter, wie bereits beschrieben, auf dem Parkplatz des Supermarkts Kaufland in Passau von einem Zeugen gesehen.

Noch am selben Abend gingen die Mörder in Passau ins Kino – als ob nichts gewesen wäre –, dann in eine Pension und am folgenden Tag, am 12. Februar, fuhren sie mit der Deutschen Bahn nach Kassel, wo sie in einem Hotel übernachteten. Am 13. Februar nahmen die beiden Männer einen Zug über Fulda nach Saarbrücken, von wo aus sie die Grenze nach Frankreich zu Fuß überquerten. Danach ging es mit der Bahn nach Paris und von dort per Anhalter weiter nach Spanien.

Der aufmerksame Zellengenosse

Vor Gericht kam man schließlich zu der Erkenntnis, dass die beiden Täter tatsächlich für den Fall einer Festnahme zunächst verabredet hatten, dass der Jüngere der beiden die Tat vollumfänglich auf sich nehmen sollte. Die beiden wussten, dass Jörn H. eine deutlich geringere Gefängnisstrafe zu erwarten hätte. Eine Erklärung für diese merkwürdige Art der Selbstaufopferung war vor allem das Verhältnis der beiden Männer zueinander. Jörn H. schien den fast zehn Jahre älteren Michael S. zu bewundern. Man konnte fast den Eindruck gewinnen, dass er seinem Freund sogar hörig war.

Weitere Wahrheiten kamen ans Licht. Michael S. war in der Untersuchungshaft offenkundig sehr redselig, zumindest seinem Zellengenossen gegenüber. Ob es nun Naivität war oder Angeberei, bleibt dahingestellt. S. jedenfalls erzählte im Gefängnis, dass die SMS, die Jörn H. in der Nacht an den Bruder geschickt hatte, »getürkt« gewesen sei. Damit wollte man für den Fall einer Festnahme vorsorgen, um dann behaupten zu können, Jörn habe nicht gewusst, was er tat, da er unter Drogen gestanden habe.

An dem fürchterlich zugerichteten Leichnam von Elke B. konnten neben den bis zu 26 Zentimeter tiefen Stichwunden an Brust und Bauch auch sechs kleinere Läsionen festgestellt werden. Hierbei handelte es sich lediglich um dezente Oberhautanstiche, die nach der Befragung des Zellengenossen von Michael S. nun ebenfalls geklärt werden konnten. Dem nämlich hatte er erzählt, dass er das Opfer festgehalten habe, während sein Freund Jörn die junge Frau mit dem Messer – wie er es später bezeichnete – »kitzelte«, um die PIN aus ihr herauszubekommen.

Das Urteil

In dem Strafverfahren gegen die beiden Männer, das wegen Jörn H.s Alter vor einer Jugendstrafkammer geführt wurde, räumte der jüngere der beiden Angeklagten dann doch ein, dass er von Michael S. geradezu angefeuert worden sei, Elke B. zu töten. Der habe ihn mit den Worten »Los, mach doch, mach doch! Bring sie jetzt um!« zum Äußersten getrieben, erklärte Jörn H. gegenüber den Richtern. Auf die anschließende Frage des Staatsanwalts, was er denn getan hätte, wenn Michael S. versucht hätte, ihn von der Gewalttat abzuhalten, sagte Jörn H.: »Dann wäre es kein Thema mehr gewesen.«

Michael S. indes stritt vor Gericht noch immer jegliche Tatbeteiligung ab und versuchte sich weiterhin in abenteuerlichen Erklärungen. Er sprach von der Möglichkeit einer Beziehungstat, also dass Jörn seine Freundin möglicherweise ermordet habe, weil diese sich von ihm trennen wollte. Aber solche Geschichten wollte dem Mann niemand mehr glauben. Auch als seine Schlafversion durch das IuK-Gutachten des Bayerischen Landeskriminalamts mehrfach infrage gestellt wurde, versuchte er, immer weitere Erklärungen zu finden. Ohne Erfolg.

Das Gericht hielt ihm in der Urteilsbegründung vor, dass er seine Aussagen beständig den Ermittlungsergebnissen angepasst hatte, und das ist etwas, was in Strafprozessen nur ganz selten Anklang findet. Der Verteidiger des Michael S. forderte für seinen Mandanten einen Freispruch, das Gericht befand ihn für schuldig und verhängte gegen den 30-jährigen Mann eine lebenslange Haftstrafe.

Im Urteil gegen Jörn H. blieb die Strafkammer ein halbes Jahr unter der gesetzlichen Höchststrafe, weil der junge Mann die Taten vor Gericht weitestgehend eingeräumt hatte und in seinem Schlusswort auch ehrliche Reue zeigte. Jörn H. wurde zu neun Jahren und sechs Monaten Haft verurteilt – sein Verteidiger ging nicht in Revision.

Ohne die auf die Minute genauen Auswertungen von Computern und Telefonen wäre Michael S. vielleicht tatsächlich davongekommen. Aber das Gutachten der IuK-Forensik ließ das Lügengebilde des Täters schließlich wie ein Kartenhaus zusammenfallen.

Mikrospuren

Zwei tote Anhalterinnen im Wald

An einem Samstag, dem 11. September 1993, um 11:20 Uhr macht ein Pilzsucher in einem Waldstück in der Nähe von Ronnweg, einem Ortsteil der oberbayerischen Gemeinde Reichertshofen, eine grausige Entdeckung: Auf dem Waldboden liegt eine größtenteils unbekleidete Frauenleiche. Der Mann macht sich sofort auf zum nächsten erreichbaren Telefon und verständigt die Polizei, die um 12:45 Uhr am Tatort eintrifft. Der Fundort der Leiche liegt etwa 2300 Meter von der Autobahnauffahrt Langenbruck der A9 in Richtung Nürnberg entfernt und 2750 Meter von der Abfahrt in Richtung München.

Auf dem Grasweg am Rand des Waldstücks können Reifenspuren entdeckt werden, und im Unkraut, zwischen Brennnesseln, finden die Beamten des Erkennungsdienstes eine blaue Jeanshose, einen Damenslip und ein paar Turnschuhe, die alle völlig durchnässt sind. Unmittelbar daneben liegt eine leere Cola-Flasche und etwas weiter entfernt die Plastikverpackung von Papiertaschentüchern der Marke »Wepa Sammy«. In unmittelbarer Nähe zu den Kleidungsstücken ist das Gras auf einer rechteckigen Fläche von 60 auf 90 Zentimeter niedergedrückt, unweit des Leichenfundorts ist eine weitere Stelle zu sehen, an der das Gras niedergedrückt zu sein scheint.

Der weibliche Leichnam trägt ein olivfarbenes T-Shirt, das auf der Vorderseite aufgeschnitten wurde, einen zerschnittenen BH und weiße Socken – die Beine der toten Frau, die am Hals zwei massive Strangulationsfurchen hat, sind gespreizt. Alles deutet bereits auf den ersten Blick auf ein Sexualdelikt hin, bei dem das Opfer – vermutlich nach der Vergewaltigung – ermordet worden ist.

In der Gerichtsmedizin werden daraufhin nicht nur Abstriche im Intimbereich des Opfers gemacht – der Leichnam der Frau wird überdies mit Tesabändern abgeklebt, um etwaige Faserspuren vor der weiteren Obduktion zu sichern. Als man die Leiche umdreht, findet sich ein Stück Klebeband mit Haaranhaftungen – dasselbe Paketband, das man auch auf der Stirn der Toten, unmittelbar am Haaransatz, erkennen kann. Die Klebebänder mit den Haarresten sowie verschiedene Blutspuren werden umgehend zu weiteren Untersuchungen an das Bayerische Landeskriminalamt übergeben.

Da bei der toten Frau keinerlei Ausweispapiere zu finden sind, versucht man – wie immer in solchen Fällen –, über die bei dem Leichnam gefundenen Gegenstände wie Bekleidung oder Schmuck weitere Informationen zu bekommen. In der linken Gesäßtasche der Jeans mit der Größe 42/31 finden die Spurensicherer einen Zettel mit einer ausländischen Anschrift, eine Fahrkarte mit der Nummer 322869 aus der tschechischen Stadt Liberec und am Handgelenk der Frau eine russische Uhr der Marke »Chaika«.

Schlimme Befürchtung

Am 18. September 1993, also gut eine Woche später, meldet sich abends eine Reiterin bei der Polizei. Sie hat rund 17 Kilometer von dem Leichenfundort am Rand eines schlammigen, tief ausgefurchten Waldwegs zwei dunkelblaue, jeweils rund 25 Kilo schwere Rucksäcke gefunden. An einem der beiden ist auf der Oberseite ein Schlafsack aufgeschnallt. In diesem Rucksack finden die Beamten einen Studentenausweis auf den Namen Petra T., geboren am 19.06.1973. Das Bild auf dem Dokument verrät sofort, dass er der toten Frau gehört, die eine Woche zuvor im Wald gefunden wurde. Und sie finden erneut Reste von einem Paketklebeband sowie Reifenspuren. Die Spuren werden fotografiert und unmittelbar danach per Gipsabdruck gesichert.

Die Beamten machen jedoch noch eine weitere Entdeckung: Im zweiten Rucksack liegt noch ein Studentenausweis. Er gehört Martina J., die Studentin ist am 4. November 1971 zur Welt gekommen, und über ihren Verbleib weiß man zu diesem Zeitpunkt gar nichts. Allerdings mehren sich die Stimmen derer innerhalb der Kriminalpolizei, die in Bezug auf Martina J. schlimmste Befürchtungen haben ...

Ein zweites Opfer

Die Angst, auch der zweiten Studentin könnte etwas zugestoßen sein, findet am 10. Oktober 1993, also knapp einen Monat später, ihre schreckliche Bestätigung. In einem Waldstück bei Oberlauterbach im Landkreis Pfaffenhofen wird die zum Teil skelettierte Leiche einer Frau gefunden. Der Körper zeigt bereits einen fortgeschrittenen Grad an Fäulnis und Madenfraß, gleichwohl ist auch hier auf den ersten Blick erkennbar, dass sich am Hals, unterhalb des skelettierten Unterkiefers, ein dunkelgrünes Klebeband befindet.

Die Hände der Toten sind mit Klebeband und einem weißen Schnürsenkel gefesselt, auf einer Jacke neben dem Leichnam liegt eine gestreifte Unterhose, von der man annehmen muss, dass sie dem Täter gehört hat, und ein Paar roter Gummihandschuhe. Die Gegenstände werden asserviert und die Knoten an den gefesselten Händen fotografiert.

Bei der Obduktion der zu diesem Zeitpunkt noch unbekannten Leiche muss ein Eingriff vorgenommen werden, den manche Menschen vielleicht als grausam oder unmenschlich empfinden würden, der für eine moderne und zuverlässige kriminaltechnische Untersuchung manchmal jedoch unerlässlich ist: Dem Leichnam werden beide Hände amputiert und zur näheren Untersuchung ins LKA gebracht. Dort nämlich sollen – wenn noch möglich – Fingerabdrücke genommen und die Hände untersucht werden. Dabei geht es um den Nachweis eventueller Anhaftungen wie Haare, Fasern oder Hautreste durch mögliche Abwehrhandlungen.

Eine wichtige Entscheidung

Die Gerichtsmedizin kann derweil im Intimbereich des ersten Opfers tatsächlich geringe Mengen menschlichen Spermas finden, die möglicherweise auf die Spur des Täters führen könnten, aber die Ermittlungsgruppe steht vor einer schweren Frage: Die gefundene Spermamenge reicht im Jahr 1993 entweder für eine Blutgruppenbestimmung oder für eine DNA-Analyse. In der Gegenwart spielen solche Probleme keine Rolle mehr, aber 1993, als die DNA-Forschung noch lange nicht so weit war wie heute, durchaus.

Die Ermittler entscheiden sich für einen dritten Weg: Sie beschließen, diese äußerst geringen Spermaspuren zunächst einmal zu asservieren – in der Annahme, dass sich die Wissenschaft rund um das Thema DNA-Analyse ständig weiterentwickeln wird. Sie wollen diese kleine Spur, die am Ende von so großer Bedeutung sein könnte, nicht vorschnell opfern und spielen deshalb einfach auf Zeit.

Auf den gefundenen Klebebändern wird jedoch biologisch nichts Verwertbares gefunden, und so werden die Asservate im Kriminaltechnischen Institut des BLKA an das Sachgebiet Chemie ein paar Türen weiter übergeben.

Über die Fourier-Transform-Infrarotspektroskopie finden die Chemiker heraus, dass alle Klebebänder materialgleich sind – sowohl was die Trägerfolie angeht als auch im Hinblick auf die Klebeschicht. Daraufhin kaufen die Kriminaltechniker unterschiedliche im Handel erhältliche Klebebänder, finden aber keinerlei Übereinstimmung. Eine Anfrage bei der Beiersdorf AG in Hamburg ergibt, dass der Tesahersteller tatsächlich ein materialgleiches Paketklebeband herstellt, dieses aber nur in großer Konfektionierung, also nicht für den Privathaushalt, vertreibt. Ein Puzzleteil vielleicht, mehr aber ist das einstweilen leider nicht.

Die Obduktion der zweiten Leiche ergibt keinen eindeutigen Befund, da der Leichnam, wie bereits angedeutet, zu große Verwesungsspuren aufzeigt. Auch hinsichtlich einer möglichen Erdrosselung wie bei der anderen Studentin lässt sich nichts sagen, da der Kehlkopf der jungen Frau nicht mehr vorhanden ist.

Spuren ins Nichts

Die am Fundort der zweiten Leiche entdeckte männliche Unterhose wird ebenfalls untersucht, aber auch hier ergibt sich kein Befund – keine Blut- und keine Spermaspuren. Dasselbe gilt für die roten Gummihandschuhe: keine Anhaftungen, nichts. Bis dahin ist man unzähligen möglichen Spuren nachgegangen und hat im Kriminaltechnischen Institut in verschiedenen Sachgebieten Asservate geprüft und analysiert – verwertbare Hinweise, die eine Spur zum Täter liefern könnten, sind allerdings leider nicht dabei. Oder noch nicht …

Vielleicht kann die im Wald gefundene Coca-Cola-Flasche mehr über den möglichen Täter aussagen. Es handelt sich um eine 0,33-Liter-Einwegflasche, die – so lässt es sich am Etikett ablesen – am 28. Juli 1993 in Lüneburg abgefüllt worden war. Wohin sie danach ausgeliefert wurde, kann man nicht in Erfahrung bringen, aber: Der Bereich rund um den Tatort sowie der Freistaat Bayern wurden nicht von der Lüneburger Abfüllanlage aus beliefert. Und das heißt im Klartext: Der Täter muss zwischen dem 28. Juli 1993 und den beiden Morden in Norddeutschland gewesen sein.

An DEKRA, den Deutschen Kraftfahrzeug-Überwachungs-Verein, ergeht derweil der Auftrag, über die bei den Reifenspuren festgestellten Maße und Abdrücke eventuell den Reifen- und auch den Fahrzeugtyp zu ermitteln. Die Lauffläche der Reifen ist 19 Zentimeter breit, die Spurbreite des Fahrzeugs liegt zwischen 172 und 175 Zentimetern, und der Abstand der beiden Achsen beträgt knapp 300 Zentimeter. Die Dekra kommt nach Auswertung dieser Informationen zu dem Ergebnis, dass es sich aufgrund der Maße, aber auch aufgrund der Abdrücke sowie der Tatsache, dass einer der Wege mit herkömmlichen Autos kaum zu befahren sein dürfte, um ein Fahrzeug mit eingebauter Antischlupfregelung handeln dürfte – einem technischen Feature, das 1993 nur wenige Autos haben.

Als mögliche Täterfahrzeuge kommen laut DEKRA folgende Autos in Betracht:

1. ein Toyota Previa Kleinbus
2. die 7er-Reihe von BMW
3. ein Honda Legend 3,2i V6
4. die Baureihe W126 von Mercedes-Benz

Bei den Reifen kommen laut DEKRA-Gutachten drei Typen infrage:

1. Continental ContiSportContact
2. Firestone 690
3. Pirelli P600

Kleinste Fasern

In München bekommt zu dieser Zeit ein Kriminaltechniker aus dem Sachgebiet Mikrospuren – er ist ein gelernter Textilingenieur – den Auftrag, verschiedene Asservate aus dem Fall der beiden ermordeten Studentinnen auf Fasern zu untersuchen. Es handelt sich um Bekleidungsstücke der Frauen und um die Rucksäcke.

Die Gegenstände werden im Kriminaltechnischen Institut sektionsweise abgeklebt und die transparenten Bänder mit einem weiteren Klebeband gedoppelt, also zusammengeklebt, damit nichts verloren gehen kann, und dann makroskopisch und mit Auflichtmikroskopen nach relevanten Täterspuren »durchmustert«. Das Ganze basiert auf einer ganz schlichten Tatsache: Egal, wo ein Mensch sich auch befindet, er nimmt immer und überall Fasern auf. Wenn beispielsweise eine Leiche weggeschafft wurde, wird man diese immer an tatrelevanten Stellen untersuchen – in solchen Fällen also unter den Achseln, wo der Leichnam beim Bewegen möglicherweise gegriffen wurde.

In München macht man tatsächlich eine merkwürdige Entdeckung: Insgesamt neun winzig kleine Faserteile kann der Mikrospurenexperte entdecken. Sie sind nur ein bis zwei Millimeter lang, nur unter dem Rasterelektronenmikroskop (REM), das der Mann zu Hilfe nimmt, bekommen diese Fasern unter 2400-facher Vergrößerung »ein Gesicht«. Es sind zwei verschiedene – eine olivgrüne Polyamidfaser und eine schwarze aus Baumwolle. Gefunden wurden sie an unterschiedlichen Stellen: auf der Leiche von Petra T., auf dem Rucksack von Martina J. und ebenfalls auf deren Leichnam.

Bei der schwarzen Faser ist sich der Kriminaltechniker noch unschlüssig, aber bei der olivgrünen will er sich gleichsam festlegen: Sie muss seiner Meinung nach aufgrund von Form und Verarbeitung aus dem Automobilbereich stammen. Sie ist dicker als eine Textilfaser für Bekleidung, von der Verarbeitung her nahe an einer Teppichfaser. Die Schlussfolgerung ist klar: Die Spuren stammen vermutlich von einem Autoteppichboden oder aus dem Kofferraum eines Wagens.

Bei beiden Frauen finden sich keine dieser Fasern in den Schuhen und auch nicht an den Socken. Das lässt darauf schließen, dass weder die grüne noch die schwarze Faser aus dem privaten, persönlichen Umfeld stammen können, sondern eindeutig einen Tatbezug haben müssen.

Da man aufgrund der am Tatort gefundenen breiten Reifenspuren von einem Geländewagen ausgeht, werden bei der Überprüfung der Fasern unzählige mögliche Modelle aus dieser Automobilklasse abgearbeitet, aber es kann keine Übereinstimmung gefunden werden. Warum ein Geländewagen, die Dekra hat doch ganz andere Vorschläge gemacht? Der tiefe, matschige Untergrund lässt die Ermittler an den Vorschlägen zweifeln. Dieses Gelände konnte doch eigentlich nur mit einem Allradantrieb befahren werden. Gut, die Fasern sind gefunden und partiell identifiziert – eine Lösung des Rätsels ist jedoch noch lange nicht in Sicht.

Die Ermittlungen sind mittlerweile ins Stocken geraten, denn es scheint, als wäre man allen Spuren nachgegangen. Man weiß, wie die Opfer heißen, und man weiß, dass beide jungen Frauen in Liberec an der Textilfachschule studiert haben und dass sie von Nordböhmen aus per Anhalter auf dem Weg nach Südfrankreich waren, um dort bei der Weinlese zu helfen und ein wenig Geld zu verdienen. Dabei sind die beiden Frauen möglicherweise wohl in das falsche Auto gestiegen ... Dass der Täter zu jener Zeit, also im Oktober 1993, schon seit ein paar Wochen in einem norddeutschen Gefängnis sitzt, können die bayerischen Ermittler natürlich nicht ahnen.

Der Mann im Gefängnis

Am 16. September 1993 wird der 45-jährige Schrotthändler Volkmar M. in Schleswig-Holstein nach monatelanger Fahndung endlich festgenommen. Er ist am 2. Juni 1993 aus dem Toilettenfenster einer Hamburger Gefängnisklinik geflüchtet und gut viereinhalb Monate auf der Flucht gewesen. In der Zeit, so glaubt man in Hamburg, hat der gefährliche Straftäter zwei Frauen getötet – am 4. Juli 1993 eine 21 Jahre alte Frau aus Hamburg, die in M.s Wagen gesehen und Stunden später vergewaltigt und erwürgt gefunden wird. Am 4. September 1993 spricht Volkmar M. eine 25 Jahre alte Prostituierte an – ihre Leiche wird drei Wochen später in Schleswig-Holstein entdeckt. Am 14. August 1993 nimmt der Täter ein Anhalterpärchen mit, schmeißt wenig später an einer Tankstelle den Mann aus dem Wagen und vergeht sich danach acht Stunden lang an dessen Freundin. Die Frau überlebt, ebenso wie eine andere, die am 8. September 1993 bei Bremerhaven aus M.s fahrendem Auto springen kann, bevor er ihr etwas antut. Dass der »Sexmörder« auf seiner Flucht mit seinem in Mölln bei einem Autohändler geklauten Mercedes 560 SEC (hierbei handelt es sich um die Baureihe W126 – der fragliche Wagen hatte Reifen der Marke Pirelli P600 aufgezogen!) auch im Süden der Republik unterwegs gewesen ist, weiß zu der Zeit noch niemand ... Aber in Schleswig-Holstein und Umgebung atmet man auf. Der gefährliche Killer und Vergewaltiger ist endlich gefasst.

Ein Gespräch am Rande

Anfang Dezember 1993 fährt der Münchner Kriminaltechniker zu einem Workshop von Textilsachbearbeitern verschiedener Landeskriminalämter nach Berlin. Das Leben geht weiter, ein bisschen Fortbildung lenkt ab von den unbefriedigenden Ergebnissen im Fall der beiden ermordeten Studentinnen. Aber in dem Kriminaltechniker rumort es. So sehr, dass er während des Workshops seine Sitznachbarin anspricht – eine Kollegin aus Hamburg.

Er erzählt ihr von dem Fall mit den beiden Anhalterinnen und den olivgrünen Fasern, die er leider bei allen Möglichkeiten, die er ausgeschöpft hatte, nicht eindeutig zuordnen konnte. Die Hamburger Kollegin hört dem Mann aus München interessiert zu, ihre Miene wird dabei immer ernster. »Euer Mörder ist Volkmar M.«, sagt die Frau dann ohne Umschweife. Der Verbrecher habe auf seiner Flucht einen Wagen mit grünem Flor gefahren, erklärt sie dem verdutzten Kollegen, und die beiden Kriminaltechniker beschließen, sich umgehend Faserproben zuzuschicken.

Am 4. Dezember kommt die Vergleichsprobe, und es dauert nicht lange, bis man in München feststellen kann, dass beide Fasern – die aus Bayern und die aus Hamburg – identisch sind. Im Wagen von Volkmar M. konnte zudem noch eine lilafarbene Decke gefunden werden, die zu den an den Leichen der beiden Studentinnen gefundenen »schwarzen« Baumwollfasern passte.

Die kriminaltechnische Arbeit ist aber noch lange nicht zu Ende. Weitere Faseruntersuchungen ergeben, dass man im Slip eines der Opfer Fasern findet, die zu Asservat 23 passen – Volkmar M.s rotem Sweatshirt. Auch auf dem grünen T-Shirt von Petra T. lassen sich winzige Spuren von M.s Sweatshirt identifizieren. Fasern der in dem geklauten Mercedes des mutmaßlichen Täters gefundenen Decke finden sich an Arm, Unterschenkel, Slip, BH, Jeans und am T-Shirt von Petra T., ebenso auf Martina J.s Jacke und an der am Tatort gefundenen Männerunterhose.

Nun ist es auch an der Zeit, endlich die DNA-Untersuchung zu machen, die man bis dahin zurückgestellt hat. Die ersten drei Testreihen laufen tatsächlich auf Volkmar M. hinaus. Die Molekularbiologen des Sachgebiets 203 stellen mit einer Sicherheit von 99,99994 Prozent fest, dass das bei Petra T. gesicherte Sperma die identische DNA aufweist, wie sie bei Volkmar M. ermittelt worden ist. Der Fall kommt vor Gericht.

Die letzten Stunden

In der Hauptverhandlung gegen Volkmar M. werden dann die letzten Tage und Stunden der beiden tschechischen Studentinnen noch einmal rekonstruiert:

Am 9. September 1993 brechen die beiden jungen Frauen gegen 9:15 Uhr in Liberec auf und fahren über Prag und Pilsen in Richtung Westen. Um kurz vor 11 Uhr, das konnte ermittelt werden, steigen die beiden Anhalterinnen in ein Auto, das sie gegen 12:30 Uhr auf halber Strecke zwischen Pilsen und dem Grenzübergang Waidhaus wieder verlassen. Dem Fahrer des Wagens erzählen sie noch, dass sie Deutschland noch am selben Tag durchqueren und erst in Frankreich übernachten wollen – danach verliert sich die Spur der beiden Frauen.

Zur selben Zeit ist Volkmar M. mit dem gestohlenen Mercedes im nordbayerischen Raum unterwegs. Am Tag zuvor hat er in Bremen versucht, eine Frau in seine Gewalt zu bringen. Der Mann ist höchst gefährlich und gleichsam auf der Pirsch. Mit dem Wagen legt er während seiner Flucht aus einem Hamburger Gefängnis – so konnte später ermittelt werden – mehr als 11 000 Kilometer zurück, bis er schließlich wieder gefasst werden kann. Und nun also ist er in Bayern angelangt.

Zwischen dem Nachmittag des 9. und dem Morgen des 10. Septembers 1993 muss er an einer Tankstelle auf die beiden Studentinnen getroffen sein. Er lässt die zwei jungen Frauen einsteigen und fährt mit ihnen in Richtung Pfaffenhofen. Irgendwann biegt er zwischen Dürnzhausen und Hirschhausen in ein Waldstück ab, wo er die beiden Studentinnen am frühen Morgen in seine Gewalt bringt. Während er die Frauen fesselt und knebelt, wird Martina J. so verletzt, dass sie blutet. Die Rucksäcke der Anhalterinnen legt Volkmar M. schließlich einfach neben den Weg.

Danach fährt er mit den gefesselten Frauen zu einem Waldweg bei Schrittenlohe in der Nähe von Wolnzach, unweit der A93. Die wehrlose Martina J. legt er neben den Waldweg und schneidet ihr mit einem Messer Jeans und Unterhose auf, um sich an ihr zu vergehen. Der Studentin gelingt es wohl, den Knebel zu entfernen, und sie schreit laut auf. Das kann rekonstruiert werden, weil ein Zeuge, der bei der Hopfenernte war, um 11:30 Uhr im Abstand von einer Minute zwei schrille Frauenschreie gehört haben will. Es ist anzunehmen, dass Volkmar M. die junge Studentin daraufhin erwürgt und sie einfach am Waldweg liegen lässt.

Dann fährt er mit der noch immer mit Klebeband gefesselten und geknebelten Petra T. weiter in einen Wald bei Ronnweg. Der genaue Zeitpunkt ist schwer feststellbar, aber vermutlich ist es wohl am Morgen des 11. September. Hier vergewaltigt der Täter die junge Studentin, um sie danach zur Verdeckung seiner Tat zu erdrosseln. Und danach fährt der Mann wieder in Richtung Norden, wo er dann am 16. September schließlich festgenommen werden kann.

Die Beweiswürdigung

Wie sich herausstellte, war Volkmar M. die ganze Zeit mit dem Mercedes 560 SEC unterwegs, also keineswegs mit einem Geländewagen, wie man bei den Ermittlungen zunächst angenommen hatte. Nachdem man wusste, mit welchem Fahrzeug Volkmar R. gefahren war, machte man mit dem Mercedes Fahrversuche. Und tatsächlich, durch die Anfang der 1990er-Jahre noch nicht so verbreitete Antischlupfregelung (ASR) des Oberklassewagens war es zum Erstaunen aller möglich, den verschlammten und tief gefurchten Feldweg zu befahren. Es kam bei diesen Fahrversuchen zu exakt den Erdaufwürfen, die die besondere Wirkungsweise der ASR – die wie eine elektronische Differentialsperre wirkt – verursachte. Reifenabdrücke, Spurbreite und Achsabstand stimmten zu 100 Prozent mit den identifizierten Spuren am Tatort überein.

Auch das Gutachten des Sachgebiets Mikrospuren zog vor Gericht die Schlinge um den Hals des Volkmar M. immer enger: Die Fasern, die von Hamburg zur Untersuchung nach München kamen, stimmten zu 100 Prozent mit den Vergleichsfasern aus den beiden Fällen in Bayern überein: absolut materialgleiche, grün-mattierte Polyamidfasern mit einem Schmelzpunkt von 6,6 und einer Stärke von 3,3 Dezitex, also 3,3 Gramm je 10 000 Meter, was sie als sogenannte Grobfasern qualifizierte.

Durch eine Röntgenfluoreszenzanalyse konnte im Farbstoff der identische Kupferkomplex nachgewiesen werden. Obwohl es etwa eine Million verschiedene bezeichnete Farben gibt, war hier in beiden Fällen der Ton »Piniengrün 243« gegeben, was insgesamt zu dem Ergebnis führte, dass ein Mercedes der Baureihe W126 mit größter Wahrscheinlichkeit in Betracht kam.

Die im Wagen gefundenen Blutspuren, die durch Luminolspray und mit bläulichem Licht sichtbar gemacht worden waren, konnten nach einer DNA-Analyse eindeutig der Studentin Martina J. zugeordnet werden. Die im Wagen gefundenen Haare hatten überdies eine sehr gute Übereinstimmung mit jenen der beiden ermordeten Anhalterinnen.

Keines der Indizien hätte vermutlich – allein betrachtet – für eine Verurteilung gereicht, in der Gesamtschau indes konnte es kaum noch Zweifel geben.

Ein merkwürdiges Leben

Das Vorleben des Volkmar M. erfuhr in dem Verfahren natürlich auch eine eingehende Betrachtung:

M. kommt 1948 als Kind einer Landfahrerfamilie zur Welt. Sein Vater wird erschossen, als Volkmar M. gerade einmal neun Jahre alt ist. Zu der Zeit kommt der Junge erstmals in eine Schule, nachdem die Mutter in Hamburg sesshaft geworden ist. Ohne Schulabschluss und Berufsausbildung steigt er dann zunächst in den Handel mit Teppichen und später dann mit Schrott ein. 1975 heiratet Volkmar M., ein Sohn wird geboren, aber die Ehefrau und Mutter des Kindes stirbt drei Jahre später an einem Herzleiden. Danach hat er eine Beziehung zur 16-jährigen Schwester seiner verstorbenen Frau, und später zeugt er mit einem 13-jährigen Mädchen einen weiteren Sohn. 1984 heiratet er eine Prostituierte, von der er sich 1986 wieder scheiden lässt. Ab 1986 unterhält er eine sexuelle Beziehung zu einer anderen Schwester seiner verstorbenen Frau – die endet jedoch 1988, weil Volkmar M. sich an der zehnjährigen Tochter dieser Frau vergeht.

Im Bundeszentralregister fanden sich 34 Einträge: Betrug, Diebstahl, schwerer Diebstahl, Verstöße gegen das Betäubungsmittelgesetz, Bedrohung, sexueller Missbrauch und schwere räuberische Erpressung. Erfände ein Autor eine solche Biografie, würden man ihm eine monströse Fantasie vorwerfen – das Leben des Volkmar M. aber war echt.

Das Gericht verurteilte ihn wegen Mordes an den beiden Anhalterinnen in Tateinheit mit sexueller Nötigung, wegen Totschlags und der Vergewaltigung in zwei Fällen zu einer lebenslangen Haft. Die besondere Schwere der Schuld wurde festgestellt und die nachträgliche Sicherungsverwahrung angeordnet. Volkmar M. wird also nie wieder einen Fuß in Freiheit setzen.

Dass die beiden in Bayern ermordeten jungen Frauen aus Tschechien – wie er einst – Textilingenieurwesen studiert hatten, würde den Mann vom Bayerischen Landeskriminalamt nie loslassen. Dies war vermutlich der einzige Fall, in dem tatsächlich eine Faser direkt zum Täter führte. Normalerweise hat man einen Tatverdächtigen und weist ihm über die gefundenen Mikrospuren eine Tat nach. In diesem

Fall war es andersherum, wenngleich das Ganze natürlich einem unglaublichen Zufall zu verdanken war. Der Münchner Kriminaltechniker hätte letztlich bei dem Workshop in Berlin nur auf einem anderen Stuhl sitzen müssen, dann wäre der Fall so nie geklärt worden.

Ein Serienmörder

Im Jahr 1993 hatte man in der Münchner Kriminaltechnik, im Sachgebiet Mikrospuren, schon einmal Fasern gefunden, die einen Mörder hätten zur Strecke bringen können. Es ging damals nämlich um einen berüchtigten Serienmörder, einen Mann, der mindestens sieben Frauen umgebracht haben soll.

Am 7. September 1993 war Werner B.s Vermieterin, die 85-jährige Mathilde S., erwürgt in ihrer Regensburger Wohnung aufgefunden worden. Die Polizei nahm Werner B. damals vorläufig fest, weil seine Fingerabdrücke in der Wohnung der Mathilde S. gefunden wurden. Daraufhin schickte man auch ein paar Kleidungsstücke des Verdächtigten sowie des Mordopfers zur Untersuchung in das Kriminaltechnische Institut des BLKA.

Das Sachgebiet Mikrospuren konnte tatsächlich Fasern des Unterhemds von Werner B. an der Kleidung der alten Frau finden. Die Sache mit den Fingerabdrücken hatte in der Zwischenzeit jedoch an Beweiskraft eingebüßt, denn es hatte sich herausgestellt, dass Werner B. durchaus berechtigt gewesen war, die Wohnung seiner Vermieterin zu besuchen. Wenn er sich in der Wohnung aufhalten durfte, dann durften dort auch seine Fingerabdrücke zu finden sein.

Ähnlich verhielt es sich rein theoretisch natürlich auch mit Faserspuren. Wenn Werner B. das Opfer kannte, und das war nun mal der Fall, da es sich bei der Dame um seine Vermieterin handelte, und wenn er daher auch berechtigt gewesen war, in ihrer Wohnung zu verkehren, dann durften dort auch die Fasern seines Unterhemds sein – vorausgesetzt, der Mann hatte keine Oberbekleidung getragen.

Die Mikrospurenexperten verfuhren in diesem Fall wie bei den beiden toten Tramperinnen – sie machten sich daran, Bekleidungsstücke des Opfers nach B.s Unterhemdfasern zu untersuchen, die bei einer normalen Begegnung zwischen Mieter und Vermieterin dort nicht hätten sein dürfen. Und: Volltreffer!

An der Unterbekleidung der alten Frau konnten tatsächlich vier Fasern von Werner B.s Unterhemd gefunden werden. Einem nicht alltäglichen Unterhemd, wie übrigens noch anzumerken ist, denn es war ein weißes Leibchen mit einem in braun gehaltenen Blümchenmuster. Den Münchner Kriminaltechnikern war klar, dass es an der Unterwäsche des Opfers unter normalen Umständen keine Kontaktspuren hätte geben dürfen.

Kein hinreichender Tatverdacht

Aber dem Nürnberger Staatsanwalt, der die Untersuchungen leitete, war dies zu wenig. Er sah in den Ausführungen der Kriminaltechniker keine hinreichenden Gründe, weiter gegen den Mann zu ermitteln. Der Haftbefehl gegen Werner B. wurde daraufhin aufgehoben, und der kurzfristig unter Verdacht geratene Mieter durfte wieder gehen. Die am Tatort genommenen Fingerabdrücke des potenziellen Täters indes wurden von der Regensburger Polizei routinemäßig an das Bayerische Landeskriminalamt geschickt, damit sie dort in das noch »junge« Automatisierte Fingerabdruckidentifizierungssystem AFIS eingespeist werden konnten.

Ein Abgleich mit den dort bereits gespeicherten Abdrücken ergab dann ein paar Monate später eine Übereinstimmung mit einem Mordfall aus dem Jahr 1975. Damals waren in München innerhalb von drei Tagen zwei Prostituierte erwürgt worden – und an einem der Tatorte waren Fingerabdrücke sichergestellt worden, die mit denen von Werner B. übereinstimmten.

Der Mann wurde daraufhin verhaftet und gestand – nach anfänglichem Leugnen – insgesamt sieben Frauenmorde. Darunter auch die Tötung seiner Vermieterin Mathilde S. Die Kriminaltechniker des Sachgebiets Mikrospuren hatten also richtiggelegen.

Der siebenfache Mörder Werner B., dem viele Ermittler und Kriminologen noch einige Tötungsdelikte mehr zuschreiben, wurde 1995 schließlich zu einer lebenslänglichen Gefängnisstrafe verurteilt, die er bis heute in der Justizvollzugsanstalt Straubing verbüßt, da man damals im Urteil auch die besondere Schwere der Schuld festgestellt hat. Dass der Serienmörder noch auf eine Begnadigung hoffen darf, ist in diesen Fall wohl nicht anzunehmen.

Forensische DNA-Analytik

Der Briefbombenattentäter

Der Briefumschlag ist in einer, sagen wir, etwas unbeholfenen Schrift beschrieben. In großen Druckbuchstaben steht da die Anschrift des Empfängers: Josef K., Domplatz 11, 94032 Passau. Josef K. ist hier Landrat und – wie es sich in Niederbayern fast schon gehört – er ist von der CSU. Auf dem Umschlag klebt eine Sonderbriefmarke, sie gedenkt »Werner Heisenberg«, des Physikers und Nobelpreisträgers, und als im Vorzimmer des Landrats eine Mitarbeiterin am 6. April 2004 den Brief öffnen will, bemerkt sie, dass schwarzes Pulver aus dem Umschlag rieselt. Die Frau erschrickt und legt den Brief vorsichtig zur Seite.

Die sofort alarmierten Sprengstoffexperten des Bayerischen Landeskriminalamts analysieren den Inhalt und entdecken 58,80 Gramm Schießpulver aus delaborierten, also in ihre Einzelteile zerlegten, in Deutschland nicht zugelassenen pyrotechnischen Gegenständen wie Silvesterraketen, Heulern und Krachern. Das Pulvergemisch, das möglicherweise aus österreichischen Feuerwerkskörpern stammt, liegt in zwei Eierbecherböden der Marke »Gut + Günstig«, die Zündung des Gemischs hätte mittels eines Abreißzünders, gebaut aus der Reibefläche einer Zündholzschachtel, erfolgen sollen. Aber zum Glück ist nichts passiert.

Ortswechsel: Am 15. April 2004 liegt im Passauer Rathaus ein Brief, adressiert an den Oberbürgermeister Herbert S., ebenfalls CSU. Auf dem Umschlag, der den Mitarbeitern merkwürdig vorkommt, prangt der Hinweis »Bitte vertraulich«. Als Absender wird eine Frau angegeben, Kerstin L. aus 94133 Röhrnbach – auf dem Umschlag kleben zwei »Käte Strobel«-Briefmarken im Wert von 110 Pfennig, die in der Zeit zwischen September 2000 und Dezember 2001 ausgegeben wurden. Auffällig: Pfennig-Briefmarken zu einer Zeit, in der längst der Euro gilt?

Hass auf Politiker?

Die Mitarbeiter des Sachgebiets Chemie unterziehen den Inhalt des Briefs an den Passauer OB einer Untersuchung. Das Ergebnis: ein 60 Gramm schweres heterogenes Pulvergemisch, das mit dem aus der ersten Briefbombe absolut identisch ist. Es liegt in einer gekürzten Plastikschachtel, die vermutlich ihren Ursprung als Verpackung für Spielkarten hatte – als Zünder dient ein Flachsfaden als Zugvorrichtung im Kuvert. Außerdem im Umschlag: eine herausgerissene Seite aus der Zeitschrift *Mini* vom 8. Januar 2003, darauf ein Artikel über den angeblichen Wahlbetrug von Bundeskanzler Gerhard Schröder (SPD).

Wieder nichts passiert, aber allem Anschein nach der mögliche Beginn einer Briefbombenserie, hinter der – so lässt zumindest der ausgerissene Artikel über Gerhard Schröder vermuten – der Hass auf Politiker als wahrscheinliches Motiv stecken könnte. Viel mehr lässt sich zu der Zeit leider noch nicht vermuten. Außerdem scheint zunächst wieder Ruhe einzukehren. In den folgenden Tagen und Wochen werden im Freistaat Bayern keine weiteren verdächtigen Briefumschläge mehr gemeldet. Vielleicht hat es sich der unbekannte Täter ja anders überlegt und damit aufgehört, seine gefährliche Post zu versenden.

Verschiedene Sachgebiete im Einsatz

In der Zwischenzeit hat man im BLKA so ziemlich alles ausgewertet, was irgendwie Hinweise auf den Täter hätte geben können: Postämter, in denen die Briefe aufgegeben worden sind, Fingerspuren auf Papier und Briefmarken, DNA-Analysen an Briefmarken und Umschlägen, insbesondere an jenen Stellen, die in der Regel mit der Zunge befeuchtet werden, um Briefmarken auf- und Kuverts zuzukleben. Die Handschriften sind analysiert worden ebenso wie die verwendete Tinte. Die Ergebnisse helfen den Ermittlern nicht weiter.

Die Hoffnung auf ein Ende der Briefbombenserie erfährt nun schon bald einen gewaltigen Dämpfer. Am 29. Juni 2004 geht ein Brief an das Bürgerbüro der SPD-Bundestagsabgeordneten Gerti F. in Deggendorf. Man ist nach den beiden Vorfällen in Passau, obwohl zuletzt ein paar Wochen Ruhe war, in Behörden und Parteibüros noch immer einigermaßen vorsichtig im Umgang mit Briefpost, und so kommt auch dieser Umschlag einem Mitarbeiter des SPD-Büros verdächtig vor, und erneut werden Sprengstoffexperten alarmiert.

Völlig zu Recht, wie sich zeigt, denn in dem Umschlag wird nach der Entschärfung ein Kunststoffbehältnis entdeckt, in dem 37,60 Gramm Schwarzpulver liegen. Dazu eine selbst gebaute Schlagbolzenzündvorrichtung, bei der jedoch nach der Entschärfung nicht mehr verlässlich nachvollzogen werden kann, ob der Bolzen tatsächlich vorgespannt war. Auf dem Kuvert selbst kleben zwei Automatenbriefmarken zu 28 und 45 Cent. Der Briefbombenattentäter ist also zurück, und man weiß im katholischen Bayern nicht, wem man alles danken muss, dass bis dahin nichts Schlimmeres passiert ist.

Dann bleibt es erneut ein paar Wochen ruhig, aber aufgrund der Erfahrungen, die man nach der langen Pause zwischen der zweiten und der dritten Briefbombe gemacht hat, ist dies nun kein Grund mehr, von einem Ende der Anschlagsserie auszugehen. Und das völlig zu Recht, denn der Briefbombenbauer macht tatsächlich weiter ...

Elektrische Zünder

Mit der täglichen Post geht am 10. August 2004 ein Brief an den Landrat Hermann A. im Landratsamt Dingolfing-Landau ein. Da aus dem Umschlag schwarzes Pulver rieselt – ähnlich wie im ersten Fall –, wird umgehend die Polizei verständigt. Nach der Entschärfung durch Beamte der Technischen Sondergruppe des Bayerischen Landeskriminalamts stellen die Experten der Kriminaltechnik erstmals einen elektrischen Zünder in dem hochexplosiven Kuvert fest. Und sie finden rund 59 Gramm Pulver, erneut aus delaborierten pyrotechnischen Gegenständen – und eine 6-Volt-Batterie der Marke Varta Energy 2000.

In der Stadtverwaltung Straubing fällt aufmerksamen Mitarbeitern des Oberbürgermeisters Ernst G. (SPD) am 30. August 2004 ein merkwürdiger Briefumschlag auf. Sie melden den Vorfall sofort der Polizei. Wieder entschärfen Beamten des Sachgebiets 645, also der Technischen Sondergruppe des Bayerischen Landeskriminalamts, die Bombe, und es kommen 27,4 Gramm eines grünen Pulvers zum Vorschein – es ist der Abrieb von Streichholzköpfen, wie das Labor später mitteilt.

Mit in dem Umschlag: eine kleine Knopfzellenbatterie. Somit wird klar, dass der Täter seine Briefbomben immer weiter modifiziert. Nicht nur, dass er von mechanischen Zündern auf elektrische umgestiegen ist – der Attentäter versucht auch ganz gezielt, die Größe seiner Briefbomben und somit auch deren anfängliche Auffälligkeit zu reduzieren. Als Absender wird auf dem Briefumschlag ein Name – Franz W. – und die Adresse eines Aussiedlerwohnheims in Straubing angegeben. Es versteht sich von selbst, dass ein Mann dieses Namens unter der besagten Anschrift nicht angetroffen werden kann.

Ein gewaltiger Feuerstrahl

Zeitgleich zur fünften Briefbombe geht auch beim CSU-Landrat von Regen ein Briefumschlag ein. Einer Mitarbeiterin im Vorzimmer des Politikers fällt nichts Außergewöhnliches auf, sie nimmt einen Brieföffner, schneidet das Kuvert auf, und dann passiert es … Die Sprengladung im Innern des Umschlags wird aktiviert, und es schießt ein 50 Zentimeter hoher Feuerstrahl aus der Postsendung. Glücklicherweise erleidet die Frau nur leichte Brandverletzungen an der Stirn und kommt mit ein paar versengten Haaren davon. Die Brille der Frau hatte sie vor schlimmsten Augenverletzungen geschützt. Die Zündung geschieht in diesem Fall durch eine Knopfzelle ähnlich der Briefbombe, die an den Straubinger Oberbürgermeister ging. Dann ist wieder Pause. Fast sechs Wochen geschieht nichts, außer dass die Medien natürlich außer Rand und Band sind. Schließlich kann man sich nicht erinnern, eine Briefbombenserie dieses Ausmaßes je in der Bundesrepublik erlebt zu haben. Nur einer lässt sich offenbar nicht aus der Ruhe bringen. Irgendwo in Bayern sitzt ein Mensch und baut in aller Seelenruhe Briefbombe für Briefbombe, und die Ermittlungsbehörden haben kaum einen Anhaltspunkt, wo sie nach ihm suchen könnten.

Eines fällt allerdings auf: Nachdem die ersten Bomben ausnahmslos an CSU-Politiker gingen und die Medien von einem möglichen Zusammenhang sprachen, hat der Mann seine Strategie geändert und auch sozialdemokratische Amtsträger in seinen merkwürdigen Postverteiler mit aufgenommen. Zweitens fällt auf, dass alle seine Briefbomben an Adressen in Niederbayern adressiert waren.

Strategiewechsel

Die siebte Sendung geht nicht mehr an eine niederbayrische Adresse, sondern am 12. Oktober 2004 an das Generalkonsulat der Republik Polen in der Landeshauptstadt München. Von dort aus meldet sich ein aufgeregter Anrufer bei der Polizeiinspektion 22. Der Brief ist an den Generalkonsul persönlich gerichtet, und nachdem die Bombe entschärft worden ist, findet man in dem Umschlag 30 Gramm eines rotbraunen Pulvers. Es handelt sich erneut um den Abrieb von Streichholzköpfen, aber die Bombe ist in diesem Fall glücklicherweise nicht losgegangen, weil der Glühfaden eines kleinen Glühbirnchens, der zur Zündung der Ladung vorgesehen war, offenbar gerissen war, bevor beim Öffnen des Umschlags der Kontakt mit der Knopfzellenbatterie hergestellt werden konnte. Andernfalls hätte die arglose Sekretärin, die das Kuvert im Vorzimmer des Generalkonsuls öffnete, die Briefbombe wohl gezündet.

Der Täter, so kann man beim BLKA erkennen, hatte mithilfe von feinem Schleifwerkzeug die Lampenspitze des Glühbirnchens sauber abgetrennt und das Ganze dann mit schlag- und reibempfindlichen Pulver gefüllt. Der Brief war derart flach gebaut, dass er im Verteilerzentrum 94, Straubing, sogar von der Maschine gestempelt werden konnte. Die zunehmende Perfektion des Briefbombenbauers bereitet dem Ermittlerteam immer größere Sorgen.

Briefbombe Nummer acht geht nach München. Sie ist an den Präsidenten der Oberfinanzdirektion in München gerichtet. Der Mann hat großes Glück. Den DIN-A5-Umschlag öffnet er höchstpersönlich, aber es passiert nichts. Beim Öffnen des Umschlags hat sich wohl der Kontakt zu der kleinen Knopfzelle gelöst, die eine Mikroglühlampe ohne Glas zum Glühen hätte bringen sollen. Und dann wären 73,22 Gramm Schießpulver explodiert …

Briefbombe neun schließlich ist an den Regierungspräsidenten von Unterfranken gerichtet. Auch diese Konstruktion zündet glücklicherweise nicht, da die hauchdünne Glühwendel einer kleinen Birne beschädigt ist. Auffällig hier: Die Platzierung der Adresse auf dem Kuvert und die signifikante Schreibschrift sind absolut identisch mit der Bombe, die zuvor an das polnische Generalkonsulat in München gerichtet war, und auch diese Briefbombe ist wieder im Verteilerzentrum 94, Straubing, maschinell abgestempelt worden …

Erste Erkenntnisse

Zusammengefasst lagen zu diesem Zeitpunkt folgende Erkenntnisse vor:

1. Der Aufbau der Briefbomben war relativ simpel, gleichwohl konnte man erkennen, dass sich der Täter hinsichtlich der Qualität der Bomben von Mal zu Mal steigerte. Und er war darauf bedacht, Gewicht und Umfang der Briefe zu minimieren.

2. Die Zündungswahrscheinlichkeit der Bomben 1 bis 3 war eher gering, bei den Bomben 4 bis 9 hingegen deutlich erhöht.

3. Die Gefahren für die Menschen, die mit den Briefbomben in Berührung kamen, waren nicht zu unterschätzen. Man konnte durch Sprengversuche nachweisen, dass die Sprengsätze im schlimmste Fall erhebliche gesundheitliche Schäden angerichtet hätten: Sprengverletzungen am Gesicht, an Händen und Unterarmen, Entstellungen oder auch der Verlust des Augenlichts.

4. Zwei der ersten vier Bomben waren erkannt worden, weil Pulver aus den Umschlägen rieselte. Alle weiteren Briefbomben danach waren nicht mehr auf Anhieb als solche erkennbar. Lediglich die signifikante Schrift auf den Kuverts und etwaige Unebenheiten in den Umschlägen konnten im Zweifel auffallen. Da der Attentäter die Briefe jedoch im weitesten Sinne an Behörden schickte, wo das tägliche Postaufkommen vergleichsweise hoch und die Sensibilität der Beschäftigten deshalb eher gering ist, ging von den Sendungen durchaus große Gefahr aus. Die Sekretärin des Landrats W. beispielsweise soll beim Abholen der Post noch Scherze über das Briefbombenthema gemacht haben, kurz danach hatte die Frau eine Stichflamme im Gesicht.

5. Die kriminaltechnischen Arbeiten waren mitunter schwierig, weil in allen Fällen zunächst einmal die zuständigen Polizeiinspektionen gerufen wurden, was zum Teil zu zusätzlichen Fingerspuren und DNA-Anhaftungen geführt hatte, die dann als Trugspuren ausgeschlossen werden mussten.

6. Der Täter hatte äußerst akkurat gearbeitet und keinerlei daktyloskopische Abdrücke hinterlassen. Allerdings – und das lässt sich nun mal kaum verhindern – hatte er durch minimale Hautabriebe unbewusst DNA-Spuren gesetzt. Und so konnte auf den Bomben 3, 4, 5 und 7 eine männliche DNA festgestellt werden. Auf den Bomben 1 und 4 hatte man zu diesem Zeitpunkt zusätzlich auch noch die DNA einer Frau und die eines Mannes identifi-

ziert. Man hatte also drei DNA-Spuren, aber keinen Treffer in der DNA-Analyse-Datei (DAD).

7. In den Bomben 1, 2 und 5 konnten überdies Haare gefunden werden, deren DNA ebenfalls eine Übereinstimmung mit dem Erbgut des noch unbekannten Täters aufwies.

Die Profiler

Die Experten von der Operativen Fallanalyse der Kriminalpolizei München, die landesweit zum Einsatz kommen, wurden bereits nach der zweiten Briefbombe hinzugezogen. Der Auftrag an die Profiler lautete folgendermaßen:

1. Beschreibung der Fallcharakteristik
2. Bewertung des Aufbaus der Bomben
3. Bewertung des Motivs
4. Erstellung eines Täterprofils
5. Erstellung einer Ermittlungsstrategie

Am 6. Mai präsentierten die Profiler ihre Ergebnisse in Passau, die zu diesem frühen Zeitpunkt und aufgrund der sehr geringen Spurenlage nur recht undeutlich sein konnten. Als denkbares Motiv sahen die Fallanalysten beim Täter Frust und Politikverdrossenheit. Zu dessen Profil machten sie folgende Angaben, wobei hier in Klammern bereits dargestellt werden soll, bei welchen Annahmen die Fallanalysten richtig- und bei welchen sie falschlagen:

- Männlicher Täter, 40 bis 60 Jahre (Geschlecht stimmte, Alter nicht)
- Geografischer Ankerpunkt im Großraum Ringelai im niederbayerischen Landkreis Freyung-Grafenau (stimmte nicht)
- Lebt mit weiblicher Person in einem Haushalt (richtig, die Tante)
- Täter hat Zugriff auf Fahrzeug (nein)

- Akuter Lebensstress im Zeitraum Ende 2003 bis zur ersten Bombe (falsch)
- Arbeitslos oder untergeordnete Tätigkeit (arbeitslos stimmte)
- Handwerkliche Fähigkeiten ohne abgeschlossene handwerkliche Ausbildung (zu 100 Prozent richtig)
- Finanziell angespannte Situation (falsch)
- Bezug zu Silvester-Pyrotechnik (nein)
- Täter ist ein sogenannter Minderleister, bleibt also hinter seinen Möglichkeiten zurück und steht sich selbst im Weg (stimmte absolut!)
- Abbruch von Ausbildungen (richtig)
- Eigenes Versagen wird nicht reflektiert (falsch)
- Soziale Randständigkeit (richtig)
- Täter lebt tendenziell zurückgezogen und fühlt sich subjektiv isoliert (richtig)
- Fehlende soziale Anerkennung (richtig)
- Resignierende Verbitterung (richtig)
- Defizite im intellektuellen Bereich (falsch)
- Improvisationsvermögen (richtig)
- Keine Sprengausbildung (richtig)
- Kein Zugang zu Sprengmitteln (richtig)

Man kann also gut erkennen, wie nah die Fallanalytiker in vielerlei Hinsicht dem Täter bereits waren.

Die Rasterfahndung

Nachdem auf der zweiten Bombe ein Absender mit einer Adresse in Röhrnbach zu finden gewesen war, was die Fallanalytiker letztlich auch dazu veranlasst hatte, einen Ankerpunkt des Täters in Ringelai zu setzen, beschloss man, das Mittel der Rasterfahndung anzuwenden. Die Kriterien: männliche Personen zwischen 40 und 60 Jahren aus den Orten Ringelai und Röhrnbach sowie der Verwaltungsgemeinschaft Perlesreuth/Fürsteneck, die durch sozialschädliche Delikte aufgefallen waren. Die Zahl möglicher Kandidaten war nach diesem Raster jedoch viel zu hoch.

Daraufhin wurden verschiedene Delikte wie Verstöße gegen das Betäubungsmittelgesetz und Beleidigungsdelikte und so weiter herausgenommen. Daraufhin blieben 48 Personen übrig. Diese wurden innerhalb von einer Woche von fünf Ermittlungsteams befragt, aber auch hier ergaben sich keine Hinweise auf den gesuchten Täter.

Gleichzeitig war man dabei, etwaige markante Gegenstände, die bei den Bomben gefunden werden konnten, abzuarbeiten, beispielsweise den Ausriss aus der Zeitschrift *Mini*. Man checkte Verlag, Redaktion, den Handel und den Abonnentenstamm, doch all das brachte keine Ergebnisse.

Eine kleine Hautschuppe

Als ein kleiner Durchbruch konnte dann die Tatsache gesehen werden, dass die bei der vierten Bombe gefundene DNA-Spur in der DAD einen sogenannten Spur-Spur-Treffer brachte. Die bei der Bombe gefundene DNA konnte mit einem Einbruch aus dem Jahr 2002 in ein Anwesen in der Gemeinde Hutthurm in Verbindung gebracht werden.

Ein unbekannter Täter hatte damals das Fenster zu einem Badezimmer eingeschlagen und sich beim Einstieg offenbar eine blutende Wunde zugezogen. Er verband die Wunde, durchsuchte in dem Haus verschiedene Schubläden, fand nichts und verschwand wieder. Allerdings hatte er einen blutverschmierten Handschuh zurückgelassen, und der hatte den besagten Treffer geliefert.

Der Baumwollhandschuh selber war ebenfalls einer Prüfung unterzogen worden: Hersteller, Händleradressen ... Es war bei allgemeinen tat- und täterunspezifischen Erkenntnissen geblieben.

Da das Haus, in das eingebrochen worden war, recht abgelegen war und deshalb ein ortskundiger Täter infrage kam, wurde das Täterprofil der Profiler neu angepasst:

- Alter: 30 bis 50 (falsch)
- Geografischer Ankerpunkt im Großraum Hutthurm (richtig)
- Zugriff auf Werkstatt (richtig)
- Introvertierte Persönlichkeit (richtig)

Das Gutachten des Sachgebiets 205, Handschriften, die sich mit den Adressen auf den Briefumschlägen beschäftigt hatten, ergab in der Zwischenzeit:

- Täter männlich (richtig)
- Alter etwa 20 bis 30 Jahre (richtig)
- Keine Kinderschrift
- Keine Anzeichen für Linkshändigkeit

Die Auswertung der Unterlagen aller »Querulanten«, also der Menschen, die mit Behörden derart im Streit lagen, dass die Vorfälle aktenkundig geworden waren, erbrachte keine Hinweise auf den möglichen Täter. Unter den Empfängern der Briefbomben konnten ebenfalls keinerlei Gemeinsamkeiten festgestellt werden, sodass auch diese Spur ins Leere lief.

Vonseiten der Bevölkerung gingen nach einer offensiven Öffentlichkeitsarbeit mit Fahndungsplakaten und einer Belohnung, die zuerst bei 3000 Euro, dann bei 8000, später bei 10 000 und zuletzt bei 25 000 Euro lag, insgesamt 387 Hinweise ein, die 329 Spuren ergaben. Aber: nichts! Das Bayerische Landeskriminalamt richtete überdies eine Sonderrufnummer für anonyme Hinweise und eine Internetfahndungsseite ein. Aber auch hier gingen keine brauchbaren Hinweise ein.

Eine verdächtige Batterie

Die in der vierten Bombe gefundene Batterie wurde nur sehr selten in Elektrogeräten verbaut – hauptsächlich in Blutzuckermessgeräten und ein paar wenigen Fernbedienungen. Die Batterie zeigte einen nur geringen Spannungsabfall, was die Ermittler zu der Annahme veranlasste, dass es sich um eine Reservebatterie handelte, die ein Diabetiker lagerte, der täglich auf sein Blutzuckermessgerät angewiesen war.

Daraufhin ging eine Anfrage an sämtliche praktischen Ärzte und Diabetologen des fraglichen Großraums mit der Bitte heraus, Informationen über Patienten zu erhalten, die Geräte dieser Art verwendeten. Da zu jener Zeit aber noch nicht alle Ärzte ihre Patientendateien vollständig digitalisiert hatten, brauchten manche Ärzte sehr lange für ihre Antwort oder antworteten gar nicht. Übrigens, wie sich später herausstellte, auch der Arzt, der den Vater des Täters behandelte. Und genau dieser Patient besaß tatsächlich zwei entsprechende Blutzuckermessgeräte. Und in einem der beiden fehlte die Batterie! Man war im Grunde so nah dran …

Eine zweite Rasterfahndung, die 25 Gemeinden rund um die Marktgemeinde Hutthurm und somit 50 931 Einwohner umfasste, konzentrierte sich auf Eigentumsdelikte. Nachdem alle erhaltenen Daten nach verschiedenen Prioritäten und taktischen Erwägungen in eine Reihenfolge gebracht waren, wurden 1764 Personen gebeten, eine freiwillige Speichelprobe abzugeben. Aber auch diese Untersuchungen führten zu keinem Ergebnis. Schließlich setzte man als Ultima Ratio per gerichtlichen Beschluss eine DNA-Reihenuntersuchung an. Sie sollte von Freitag, dem 26. November 2004, bis zum Sonntag, dem 28. November 2004, in der Marktgemeinde Hutthurm in der Mehrzweckhalle stattfinden. Zum Speicheltest gebeten wurden alle männlichen Einwohner zwischen 17 und 70 Jahren – insgesamt 2302 Personen.

Die Reihenuntersuchung

In Hutthurm war alles so weit vorbereitet. Vor dem Treppenaufgang des Gemeindesaals gab es eine Pressestelle, von dort ging es weiter zum Empfang, wo die Ausweise und Einladungen der Probanden geprüft wurden. Von diesem Punkt an wurden die eingeladenen Männer von Begleitbeamten betreut, die sie dann zur Anmeldung führten, wo es erneut zur Ausweiskontrolle kam und wo den Probanden schließlich eine Einverständniserklärung, ein DNA-Meldebogen, ein Merkblatt und eine DNA-Setnummer ausgehändigt wurden. Sobald die Formalitäten erledigt waren, wurden die Männer zu den einzelnen Schaltern geführt, wo ihnen schließlich eine Speichelprobe aus der Mundhöhle entnommen wurde.

Am ersten Tag der Reihenuntersuchung, am Freitag, dem 26. November, waren bereits mehrere Hundert Männer bei der Mehrzweckhalle erschienen, alles lief nach Plan und ohne Zwischenfälle, als gegen 16:15 Uhr bei der Polizeidirektion Passau eine Meldung einging: Verbrannte männliche Leiche auf Feld bei Auretzdorf, Gemeinde Hutthurm, gefunden.

Die Selbsttötung

Am Fundort der Leiche bot sich den Beamten ein verstörendes Bild. Auf einer vom Regen aufgeweichten Wiese lag ein nackter männlicher Leichnam – die Beine unnatürlich verdreht, die Brust eingedrückt, das Gesicht verrußt und die Haare teilweise verbrannt. Es wurde schnell klar, dass sich der unbekannte Tote mit einer aus einer Gaskartusche und Schießpulver selbst gebauten Bombe in die Luft gesprengt hatte. Spuren im Gras deuteten darauf hin, dass die Detonation den Mann etwa acht Meter durch die Luft geschleudert hatte.

Von dem Leichnam wurde sofort eine DNA-Probe genommen, und bereits wenige Stunden später, um 2:30 Uhr in der Nacht, meldete der Sachverständige aus dem LKA, dass die DNA der Leiche mit dem Muster des Briefbombers übereinstimmte. Um wen es sich bei dem jungen Mann handelte, war zu dem Zeitpunkt allerdings noch nicht klar. Erst als die Vermisstenanzeige des 22-jährigen Thomas F. einging und die Beamten zu dem Haus fuhren, in dem dieser wohnte, bekam

der Briefbombenbauer, der die Ermittler – und im Grunde das ganze
Land – mehr als acht Monate in Atem gehalten hatte, einen Namen
und eine Geschichte.

In Thomas F.s Wohnung konnten die Beamten dann auch noch weitere Gegenstände sichten, die darauf hindeuteten, dass der junge
Mann bereits weitere Briefbomben in Planung gehabt hatte. Und es
konnte ein Buch gefunden werden, das möglicherweise eine Erklärung geben konnte, wie F. seine Opfer ausgewählt hatte: Anscheinend
mehr oder weniger zufällig, denn der Attentäter hatte die Adressen
aus dem *Taschenbuch des öffentlichen Lebens* aus dem Jahr 2004.
Dort sind sämtliche Amtsträger der Bundesrepublik nebst Dienstad-
ressen verzeichnet. Da bei der Auswahl seiner Briefempfänger keinerlei Zusammenhang erkennbar war, musste davon ausgegangen werden, dass der junge Mann schlichtweg dieses Buch durchgeblättert
und seine Auswahl völlig willkürlich getroffen hatte.

Die Gerichtsmedizin konnte feststellen, dass der 22-jährige Mann
durch die selbst gebaute Bombe, die er sich um den Leib geschnürt
hatte, eine Herz-Lungen-Quetschung erlitt. Zudem einen massiven
Hitzeschock und großflächige Verbrennungen dritten Grades. Thomas F. war tatsächlich für Samstag zu der DNA-Reihenuntersuchung
eingeladen gewesen. Es schien fast so, als hatte sich der Täter durch
den bevorstehenden Test in die Enge gedrängt gefühlt. Im Dorf gab
es später auch Stimmen, die behaupteten, der junge Mann sei am
Freitag bereits im Eingangsbereich der Hutthurmer Mehrzweckhalle
gesehen worden. Möglicherweise hatte er sich noch einmal anschau-
en wollen, was dort eigentlich gemacht wurde.

Ein einsames Leben
Ein Motiv für seine Taten konnte nie wirklich gefunden werden. Er
hatte offenbar unter einem alkoholkranken Vater gelitten, mehr noch
aber unter der Tatsache, dass seine Mutter durch die Aufregung nach
einem Bagatellunfall mit dem Auto vor seinen Augen an einem Herz-

infarkt verstarb – da war Thomas F. gerade einmal 14 Jahre alt. Und so wuchs er dann allein mit seinem Vater und einer geistig behinderten Tante auf einem abgelegenen Hof bei Hutthurm auf.

Später dann hatte er die Schule abgeschlossen und eine Elektrikerlehre (!) begonnen, die er jedoch wieder abbrach. Seinen Zivildienst hatte Thomas F. in einem Pflegeheim abgeleistet, wo der ansonsten sehr zurückgezogen und isoliert lebende junge Mann ganz offenkundig sehr beliebt war. Zum Leidwesen aller konnte Thomas F. jedoch nicht übernommen werden, da in dieser Zeit keine Planstelle frei gewesen war. Das soll ihn, so wurde erzählt, in ein tiefes Loch gestürzt haben.

Was bei all dem verwunderte: Es konnte in keiner Lebenssituation des Thomas F. ein Anhaltspunkt dafür gefunden werden, dass der junge Mann in irgendeiner Form Ärger mit Politikern oder Behördenleitern gehabt hatte. Einzig die Ablehnung in dem Altenheim und die Zwangsversteigerung des Wohnanwesens seines Großvaters hätten einen gewissen Anlass für die Taten des jungen Mannes liefern können, bewiesen werden konnte dies jedoch nicht.

Er hatte sich der anstehenden Reihenuntersuchung gleichsam in letzter Minute durch seinen Freitod entzogen. Am Ende blieben nur Ratlosigkeit und Bestürzung. Sicher war man über die Lösung des Falls erleichtert, aber freuen konnte sich in den Reihen der Ermittlungsbehörden niemand. Die mit dem Fall betrauten Beamten hätten den jungen Thomas F. gerne zu seinen Motiven befragt. Der junge Mann hätte gute Chancen gehabt, zurück ins Leben zu finden. Schließlich war bis dahin nichts wirklich Schlimmes passiert – die zu erwartende Haftstrafe hätte seine Lebensperspektiven nicht zerstört. Er hätte im Strafvollzug eine Ausbildung machen und danach ein ganz normales Leben führen können …

Zentrale Fototechnik

Die Banalität eines Motives

Die Frage, wie viel – oder wie wenig – ein Menschenleben mitunter wert sein kann, beschäftigt wohl die meisten Ermittler. Ob es nun der Raubüberfall ist, der tödlich endet, obwohl es am Ende nur um eine lächerlich geringe Summe ging. Oder die Familientragödie wegen einer kleinen Erbschaftsstreiterei. In München musste 2012 vor dem Schwurgericht ein Doppelmord verhandelt werden, bei dem das Mordmotiv eine einigermaßen überschaubare Unterhaltszahlung gewesen sein dürfte.

Schaut man in die so genannte Düsseldorfer Tabelle, die in Deutschland als Maßstab für die Berechnung von Kindesunterhalt gilt, dann mochte es zum Zeitpunkt der Tat im Jahr 2010 um einen Betrag von geschätzt 349 bis 381 Euro im Monat gegangen sein, vorausgesetzt der mutmaßliche Täter Günther F. verfügte seinerzeit über ein monatliches Nettoeinkommen von rund 2300 bis 3100 Euro, was in seiner Tätigkeit als Maschinentechniker nicht unwahrscheinlich war.

350 Euro im Monat also. Für ein Kind. Für Günther Fs. eigenes Kind.

Günther F., ein gebürtiger Niedersachse, wohnte schon seit einigen Jahren in der bayerischen Landeshauptstadt. Er hatte es ein bisschen zu was gebracht. Als Techniker arbeitete er in der Automobilbranche. Der Job: abwechslungsreich, anspruchsvoll und bisweilen kam der Mann, Anfang 40, auch ein bisschen in der Welt, oder zumindest in Deutschland, herum. Bei einem Einsatz in London lernte er seine damalige Lebensgefährtin kennen, bei einem anderen – in Stuttgart – seine damalige Geliebte.

Der blonde, schlanke Mann hatte eine Schwäche für Frauen aus exotischen Ländern. Die Londoner Freundin, die irgendwann zu ihm in seine Wohnung im Münchner Osten zog, stammte aus Indonesien – die Geliebte in Stuttgart, sie hieß Lucinda, aus Angola.

Aus der Kneipenbekanntschaft in Stuttgart entwickelte sich im Laufe der Zeit eine handfeste Affäre, von der die Gefährtin in München naturgemäß nichts wusste. Günther F. fuhr regelmäßig, fast alle zwei Wochen in die schwäbische Metropole, um sich mit Lucinda zu treffen. Was die Frau aus Angola, die sich in der Zwischenzeit in den adretten deutschen Mann verliebt hatte, nicht wusste: Er trat in Stuttgart unter falschem Namen auf, ganz auf Sicherheit bedacht und stets in Sorge, seine Münchner Lebensgefährtin durch eine kleine Unachtsamkeit zu verlieren. Lucinda indes hatte ein schlichtes, seit Beginn der Menschheitsgeschichte wirksames Vorhaben: Sie dachte, sie könnte diesen aus ihrer Sicht wundervollen Mann möglicherweise mit einem gemeinsamen Kind davon überzeugen, künftig zusammen zu leben. Günther F. indes stand der Sinn mehr nach einem Doppelleben und als er erfuhr, dass Lucinda schwanger geworden war, verschwand er ganz einfach von der Bildfläche.

Lucinda brachte ein Mädchen zur Welt, Adelina – vom Kindsvater hörte sie nichts mehr. Die Telefonnummer, die sie von ihm hatte, lief ins Leere, sämtliche Kontaktversuche der jungen Mutter blieben monatelang unbeantwortet. Bis sie, auch mit Hilfe der schwäbischen Polizeibehörden und auf Grund der spärlichen Informationen, die sie über Günther F. hatte, den Mann ihrer einstigen Träume doch ausfindig machen konnte. Und bei Günther F. nun doch plötzlich Behördenpost in seinem vermeintlich gut getarnten Münchner Lebensbereich auflief, die um die Klärung der Vaterschaft bat. Das Konstrukt des Günther F. kam ins Wanken.

Nun könnte man immer noch fragen – und das wäre in diesem Fall wahrhaftig die drängendste Frage – wie in der Folgezeit aus einem bis dahin unbescholtenen, gut bürgerlichen Mann Anfang 40 ein brutaler, kaltblütiger Doppelmörder werden konnte. Hätte der in Frage stehende Kinderunterhalt seine Existenz vernichtet? Nein. Hätte die Anerkennung der Vaterschaft und somit das Eingeständnis, eine Affäre gehabt zu haben, die Beziehung zu seiner Freundin zerstört? Vielleicht. Vielleicht auch nicht. Und selbst, wenn: Mussten deswegen zwei Menschen sterben?

Günther F. hat auf all diese Fragen keine Antworten geliefert, da er die ihm vorgeworfenen Taten vor Gericht beharrlich leugnete. Es gibt bis heute keine Antworten, was in jenen Tagen und Wochen in und mit Günther F. passiert ist. Nur eines stand fest, so zumindest die Überzeugung des Münchner Schwurgerichtes: Günther F. beschloss, das kleine Mädchen und dessen Mutter zu ermorden. Zu beseitigen, wie manche Zyniker auch sagen. Und zwar nach einem genauen Plan folgend.

Um die Unterhaltszahlungen versuchte er sich weiterhin zu drücken, aber als das Unvermeidliche nun doch nicht mehr abzuwenden war, glaubte der Mann handeln zu müssen.

Günther F. nahm wieder Kontakt zu Lucinda auf und spielte ihr – nach Überzeugung des Gerichts – den geläuterten Vater vor. Er erklärte seiner ehemaligen Geliebten, dass er das bis dahin verpasste nachholen und seine Tochter Adelina nun endlich kennenlernen wolle. Das, so meinte er, ginge am besten bei einem gemeinsamen Urlaub in Portugal an der Algarve. Lucinda war hin- und hergerissen. Sollte sie dem Mann, der sie in der Vergangenheit so oft angelogen hatte, noch irgendetwas glauben? Auf der anderen Seite: Was, wenn er es nun doch ernst meinte? Was, wenn sie doch mit Adelina und Günther F. zusammen eine kleine, glückliche Familie gründen könnte? Warum sollte nicht doch noch alles wieder gut werden?

Was Lucinda nicht wissen konnte: Günther F. hatte schon längst eine Entscheidung getroffen. Er war bereits nach Portugal gereist, hatte sich das abgelegene Hotel in Küstennähe längst ausgeguckt und auch die verschwiegene Bucht, an der er seinen mörderischen Plan zu Ende bringen wollte.

Lucindas Freundinnen, die sie eindringlich vor diesem merkwürdigen Mann aus München warnten, konnten damals mit Sicherheit auch nicht ermessen, was der jungen Mutter und ihrer mittlerweile 21 Monate alten Tochter in Portugal drohte, gleichwohl riet Lucindas Umfeld eindringlich vor dieser Reise ab. Zu viele Zweifel gab es da. Warum die falsche Identität? Warum nun plötzlich dieser Sinneswandel? Warum ein Urlaub am anderen Ende Europas?

Die junge Frau aus Angola stieg Anfang Juli 2010 mit ihrer Tochter zusammen in ein Flugzeug und zum großen Versöhnungs- und Kennenlernurlaub mit Günther F. an die Algarve …

Was in den darauffolgenden Tagen an der Südküste Portugals genau passiert ist, lässt sich nur schwer rekonstruieren. Ob die junge »Familie« dort tatsächlich glückliche, unbeschwerte Tage verbracht hatte oder ob die Stimmung eher eisig war, würde heute nur einer beantworten können – Günther F.. Doch der schweigt noch immer.

Auch auf die genaue Beschreibung der Tat soll an dieser Stelle verzichtet werden, obwohl es sogar einen Augenzeugen gab, der das grausame Geschehen in den Wellen vor der Algarve-Küste genau gesehen hatte. Halten wir fest, dass Günther F. am letzten Urlaubstag mit Lucinda und Adelina an die zuvor bereits ausgekundschaftete Küste gefahren, dort mit den zweien einen steilen Fußweg zu einer Bucht heruntergegangen ist und wenig später seine Geliebte im Meer ertränkt hat. Vor den Augen eines rund 70 Jahre alten Einheimischen.

Dem Augenzeugen und weiteren hinzugekommenen Einheimischen hatte Günther F. versucht weißzumachen, dass es sich um einen Unfall handelte, machte überdies noch sinnfreie Wiederbelebungsversuche bei Lucinda und versuchte, den toten Körper der Frau über den steilen Pfad nach oben zum Auto zu schleppen. Als dieses Vorhaben misslang nahm er Zeugenaussagen zufolge das weinende Mädchen an die Hand und verschwand vom Tatort.

Adelina blieb acht Monate lang vermisst, bis schließlich an einem anderen Küstenstreifen gut 30 Kilometer vom ersten Tatort entfernt, unter Steinen begraben Skelettteile des kleinen Mädchens gefunden werden konnten. Von dem Zeitpunkt an galt Günther F. in den Augen der Münchner Staatsanwaltschaft als potenzieller Doppelmörder und unter diesem Vorwurf wurde ihm 2012 schließlich der Prozess gemacht.

Da Günther F. vor Gericht lediglich Angaben zu seiner Person und seiner Biographie machte, die Tatvorwürfe jedoch leugnete, spricht man bei Fällen wie diesen gemeinhin von Indizienprozessen. Was so viel heißt, wie dass die beweisbaren Fakten sprechen mussten.

Nun könnte man sagen: Moment, wo ist das Problem? Da gab es doch einen Augenzeugen, was bei Mordtaten nur eher selten gegeben ist. Das ist richtig, aber da es bei der Beweisführung kaum etwas unzuverlässigeres und angreifbareres gibt als Zeugenaussagen, sahen sich die Ermittlungsbehörden gezwungen, jedes noch so kleine Puzzleteil zusammenzutragen.

Wie die kleine Adelina indes zu Tode kam, konnte nicht mehr nachvollzogen werden. Das wird das Geheimnis des Täters bleiben. Er wird die Bilder vielleicht noch vor Augen haben, wie er dieses kleine, nur 21 Monate währende Leben ausgelöscht hat. Aber die Ermittler konnten große Teile des Tattages rekonstruieren. Überwachungskameras zeigten die drei deutschen Touristen noch am Morgen dieses Tages in der Hotellobby. Es gibt Bilder Stunden später, die Günther F. erneut in der Hotellobby zeigen – allein und mit anderer Bekleidung. Hatte er sich, nachdem er mit Adelina den Strand verließ, ein neues Hemd kaufen müssen? Wenn ja, weil das andere vielleicht mit Blut verschmutzt war?

Und die Überwachungsfotos zeigten auch ein weiteres, interessantes Indiz. Als Günther F. an dem besagten Morgen mit Lucinda und

Adelina das Hotel verließ, um zu dem abgelegenen Strand zu fahren, waren seine Unterarme unverletzt. Später am Tag und als er nach seiner überstürzten Abreise den Mietwagen am Flughafen Lissabon zurückgibt, ist eine Verletzung an seinem linken Unterarm erkennbar. Eine Abwehrwunde vielleicht, die ihm die um ihr Leben kämpfende Lucinda im Meer beigebracht hat.

Die Verletzung am Arm konnte auch Tage später nach Günther F.s Verhaftung in München festgestellt werden. Die Fleischwunde wurde sodann auch fotografiert und später von der Kriminaltechnik des LKA ausgewertet. Im jüngsten aller Sachgebiete, der Zentralen Fototechnik. Die in den zurückliegenden Jahren aufgebaute Einheit beschäftigt sich mit der optischen Aufarbeitung von Tatorten, Verletzungen und letztlich auch mit der Plausibilitätsprüfung von Zeugenaussagen.

In Günther F.s Fall wurden die Aufnahmen der Armverletzung so lange qualitativ optimiert, die Fotos wurden gewissermaßen bis zum letzten Pixel ausgequetscht, bis man am Ende in der Lage war, ein 1:1-Model der verletzten Haut des mutmaßlichen Täters mithilfe eines 3-D-Druckers herzustellen. Vor Gericht konnten die Gutachter eindrucksvoll nachweisen, dass das Verletzungsmuster bei Günther F. präzise mit dem Zahnabdruck seines Opfers übereinstimmte. Es mag ein wenig nach Frankenstein anmuten, wenn die Gutachter des LKA mit der original fleischfarbenen »Haut« – ein etwa 3 Millimeter starkes Kunststoffteil aus dem 3-D-Drucker hantieren. Es sieht täuschend echt aus, wie aus einem Zubehörladen für Körperteile und es ist tatsächlich wie eine Kopie des Armes, inklusive Muttermale, Narben oder Hautunreinheiten.

Das Modell zeigte: Lucinda hatte ihren Mörder während ihres heftigen Überlebenskampfes in den linken Arm gebissen – das stand nun nach dem Gutachten der Münchner Kriminaltechniker zweifelsfrei fest. Ein weiteres Puzzleteil unter vielen, die es am Ende vermocht haben, dass Günther F. schuldig gesprochen und zu einer lebenslangen Gefängnisstrafe verurteilt wurde. Wobei anzumerken ist, dass die Münchner Schwurgerichtskammer auch die besondere Schwere der Schuld feststellte und es somit wohl mindestens 20 Jahre dauern dürfte, bis Günther F. über eine vorzeitige Entlassung aus dem Gefängnis nachdenken kann.

Was die Gutachter des Sachgebietes Zentrale Fototechnik vor Gericht heute leisten können, mutet noch immer ein wenig nach einem Science-Fiction-Film an, nur dass man den Begriff Fiction eben streichen muss, denn so unglaublich die Arbeit dieses Sachgebietes mitunter wirkt – es ist Realität, wenn auch häufig eine virtuelle.

Dem zu Grunde liegt meistens ein so genannter 3-D-Tatort-Scanner. Das Gerät wirkt unscheinbar, fast ein wenig wie ein abmontierter Blitzerkasten, ca. 30 auf 30 Zentimeter groß und von ungeheuerlicher Leistungskraft. Der Scanner wird an einem Tatort – das kann eine Wohnung, aber auch ein Waldgebiet sein – auf ein Stativ geschraubt. Das Gerät dreht sich in der Folgezeit um seine eigene Achse und vermag so über einen Laserstrahl, der durch einen rotierenden Spiegel gelenkt wird, die Umgebung des Scanners vollständig abzutasten. Das alles geschieht in einem Umkreis von 360 Grad bis zu einer Entfernung von 180 Metern. Dabei entsteht eine so genannte Punktewolke aus 30 Millionen Messpunkten, über die der abgescannte Tatort dreidimensional abgebildet werden kann. Dafür braucht es nun noch eine 360-Grad-Panoramaaufnahme mit Hilfe einer Digitalkamera, die auf diese Punktewolke projiziert wird und somit die 30 Millionen Punkte mit Echtfarben auskleidet und daraus ein 3-D-Bild macht.

Der Tatort – sagen wir die Küche in einer Wohnung – kann nun als 3-D-Modell dargestellt und gleichsam begangen werden. Da, wo vor Gericht früher mehr oder weniger gute Tatortfotos ausreichen mussten, können Richter, Staatsanwaltschaft, Verteidiger etc. nun diese Küche aus allen Blickwinkeln betrachten – beispielsweise von der Tür aus, aus einer Ecke, von oben – wie mit einem Röntgenauge aus der

Wohnung darüber, so, als wäre die Decke aus Glas. Über animierte, gesichtslose Figuren kann sodann genau dargestellt werden, wo nach Auswertung aller Spuren Täter und Opfer gestanden haben. Man kann die Täter-, oder die Opferperspektive einnehmen und im Zweifel über dieses 3-D-Modell auch noch feststellen, ob der Nachbar gegenüber, der behauptet, die Tat gesehen zu haben, tatsächlich von seiner Wohnung aus das beobachten konnte, was er als Zeuge zu Protokoll gegeben hat.

Mit Hilfe von kleineren 3-D-Streifenlicht-Scannern lassen sich millimetergenau Verletzungen und Wunden vermessen und somit beispielsweise nachweisen, dass ein Prügelopfer von exakt dem Schuh des mutmaßlichen Täters am Kopf getroffen wurde, weil Schuhprofil oder Schnüröse des Schuhes Abdrücke auf der Haut des Opfers hinterlassen haben.

Einen besonders emotionalen Einsatz hatten die Kriminaltechniker der Zentralen Fototechnik im ehemaligen Vernichtungslager von Auschwitz. Das wurde mit dem 3-D-Tatortscanner vollständig erfasst und schließlich zu einem 3-D-Modell auf dem Computer errechnet. Ziel war es, die Aussage eines ehemaligen Wachsoldaten zu verifizieren, der behauptet hatte, dass er von seinem Posten aus die Gaskammern nicht sehen konnte. Das 3-D-Modell, das es ermöglichte, sich genau auf den Wachturm zu stellen, auf dem der SS-Mann gestanden hatte, hätte beweisen können, ob der Angeklagte die Wahrheit gesagt hatte. Aber der Mann starb noch vor Prozessbeginn, so dass das Münchner Modell bei diesem Verfahren nicht zum Einsatz kam. Aber, es war ja möglicherweise nicht der letzte Prozess dieser Art und die 3-D-Animation dürfte überdies in den kommenden Jahrzehnten Historikern bei der Forschung an diesem unbegreiflichen Verbrechen wertvolle Dienste leisten.

Und mit der Science Fiction ist es noch lange nicht zu Ende: In München wird bereits am Einsatz einer Virtual-Reality-Brille gearbeitet, mit deren Hilfe man irgendwann, in nicht allzu ferner Zukunft, ein Verbrechen aus der Sicht des Täters sehen kann. Es wird möglicherweise ein wenig dauern, bis sich deutsche Richter davon überzeugen lassen werden, während eines Prozesses eine solche Brille überzustreifen. Aber wer hätte vor 20 Jahren schon gedacht, dass sie vom Richterstuhl aus eine Tatort-»Begehung« auf einem Computermonitor machen?

Am Ende bleiben die Opfer

Lohnt es sich nun also, ein Verbrechen zu begehen? Nach der Lektüre dieses Buchs müsste man diese Frage wohl verneinen. Aber sollte die Antwort auf die Frage, ob man sein Leben mit ehrlichen Mitteln bestreiten soll oder nicht, tatsächlich eine Kosten-Nutzen-Entscheidung sein? Eine sorgfältige Abwägung aller Pros und Kontras, ob sich Verbrechen am Ende wirklich lohnt oder ob man es besser lassen sollte?

Natürlich nicht.

Eigentlich.

Denn eigentlich sollte man aus ganz anderen Gründen auf dem sogenannten rechten Weg bleiben. Dinge wie Gemeinschaftsgefühl, gegenseitiger Respekt, Mitgefühl und Hochachtung sollten letztlich die Faktoren sein, die uns davon abhalten, Verbrechen zu begehen. Erst in der zweiten Instanz – sollten die empathischen Fähigkeiten etwas zurückgeblieben sein – könnte man auch über die Folgen nachdenken, die Verbrechen ganz automatisch für den Täter nach sich ziehen: Strafverfolgung, öffentliche Brandmarkung, Verlust der Freiheit.

Manchmal scheint es so, als würden sich auf dem Schlachtfeld des Rechts zwei Mannschaften gegenüberstehen: auf der einen Seite die etwas diffuse, nicht klar definierte Menge der Angreifer aus Straftätern, auf der anderen die Verteidiger aus Polizei- und Justizbehörden. Es ist ein ungleicher Kampf, will man meinen, insbesondere wenn man nach der Lektüre dieses Buchs erkannt hat, mit welcher Macht, Ausdauer und geballten Kraft die Exekutive zu agieren vermag. Es ist aber letztlich auch ein ungleicher Kampf, weil die Gegenseite nie offen oder geschlossen angreift. Das Verbrechen geschieht gemeinhin individuell und im Verborgenen, es sind kleine, kurze Verstöße gegen die Gesellschaftsordnung, und dann taucht der Straftäter wieder in der Anonymität der Masse ab.

Am Ende bleiben jedoch meistens nur Verlierer: die Täter und ganz besonders die Opfer der Taten. Diesen und ihren Angehörigen werden Vermögen, körperliche und seelische Unversehrtheit, Freiheit und im schlimmsten Fall das Leben genommen. Das Ganze ist kein Spiel, sondern trauriger, oft blutiger Ernst. Die Aufklärung von Straftaten kann Sicherheit bringen, etwa weil ein gefährlicher Verbrecher weggesperrt wird. Ein Urteil kann Gerechtigkeit schaffen, wenn es Zweifeln oder Lügen ein Ende bereitet, indem es die Wahrheit ans Licht bringt. Ja, ein Urteil kann auch den Wunsch nach Vergeltung erfüllen. Die Tat ungeschehen machen kann es jedoch nicht.

Die Kriminaltechnik ist ein wichtiger Baustein der Verbrechensbekämpfung – nur dass hier in der Regel keine ausgebildeten Polizisten im Einsatz sind, sondern Wissenschaftler unzähliger Fachbereiche. Akademiker, die ihr enormes Wissen einsetzen, um die Wahrheit hinter einem Verbrechen zu erkennen. Die Kriminaltechnik jagt keine Täter, sie ist auf der ständigen Suche nach der Wahrheit – ungeachtet dessen, ob diese Wahrheit den Verdächtigen schließlich be- oder entlastet.

Das Buch sollte aufzeigen, wie kleinteilig und akribisch diese Suche nach der Wahrheit sein kann und wie aufwändig im Kriminaltechnischen Institut des Bayerischen Landeskriminalamts gearbeitet wird, um Antworten auf zum Teil schier unmögliche Fragen zu bekommen. Wenn dies mit diesem Buch gelungen ist, dann hat es letztlich seinen Beitrag in diesem merkwürdigen Ringen auf dem Feld der Gerechtigkeit, das seit der frühesten menschlichen Urgeschichte im Gange ist, geleistet. Am Ende muss dann jeder Mensch selbst entscheiden, auf welcher Seite er stehen möchte und ob er es tatsächlich mit dem Staat in Form von Wissenschaft, Polizei und Justiz aufnehmen möchte. Wenn ihn schlussendlich nur dieses Buch dazu bringt, doch ehrlich zu bleiben, dann ist das zwar sehr traurig, aber irgendwie auch in Ordnung.

Wissenswertes zu ausgewählten kriminaltechnischen Fachbereichen

Daktyloskopie

Die Daktyloskopie wurde bei der Polizei in Deutschland bereits im Jahr 1903 eingeführt. Sie beschäftigt sich mit den sogenannten Papillarleisten auf den Handinnen- und letztlich auch den Fußunterseiten. Diese Papillarleisten sorgen dafür, dass der Mensch in der Lage ist, beispielsweise ein glattes Glas festzuhalten. Sie verleihen den Fingern und der Handinnenseite gewissermaßen die Spannkraft, die es braucht, um überhaupt einen Gegenstand zu halten. Und genau diese Papillarleisten entwickeln sich bereits im Mutterleib, im vierten Embryonalmonat, und bleiben bis zur Verwesung des Körpers nach dem Tod mehr oder weniger unverändert. Naturgemäß entwickeln sich mit dem Wachstum und durch den Alterungsprozess die Mustergrößen und die einzelnen Linienabstände. Das Muster selbst bleibt jedoch fast unverändert und ist genetisch festgelegt. Während eineiige Zwillinge beispielsweise bei einer DNA-Analyse nur mit äußerst hohem Aufwand voneinander unterschieden werden können, sind ihre Fingerabdrücke allenfalls ähnlich, aber keinesfalls identisch.

Der Begriff Daktyloskopie stammt aus dem Altgriechischen und bedeutet so viel wie »Fingerspähen« oder »Fingerschau«. Dieses »Spähen« von Fingerabdrücken wurde bereits vor rund 3000 Jahren ausgeübt. In der Vorgeschichte signierten Töpfer ihre Krüge oder Schalen mit ihren Fingerabdrücken, und schon 1000 vor Christus begannen die Chinesen damit, Rechtsdokumente mit Fingerabdrücken zu unterzeichnen.

Der entscheidende Durchbruch im Hinblick auf die Identifikation einzelner Fingerabdrücke gelang jedoch im Jahr 1897, als ein gewisser Sir Edward Henry ein Klassifikationssystem entwickelte – das sogenannte Henry-System, das auf fünf Abdruckarten basierte. In Deutschland, oder genauer im Königreich Sachsen, wurde die Daktyloskopie im Jahr 1903 eingeführt, und zwar von einem gewissen Paul Koettig, Polizeipräsident im Polizeipräsidium Dresden. Sie ist bis heute weltweit sowohl in der Wissenschaft wie auch der Rechtsprechung absolut anerkannt.

So verfügt beispielsweise das Federal Bureau of Investigation (FBI) der Vereinigten Staaten von Amerika über eine Datei, die bis heute mehr als 200 Millionen Fingerabdrücke gespeichert hat. Dieser Datenflut ist nur beizukommen, indem die Abdrücke in Gruppen sortiert werden, und zwar eingeteilt nach sogenannten Bögen, Schleifen und Wirbeln.

Der AFIS-Computer scannt und verschlüsselt nun die entnommenen Fingerabdrücke in einer Datenbank. Das deutsche AFIS speichert derzeit etwa drei Millionen Personen, was also einen Datensatz (bei zehn Fingern gerechnet) von rund 30 Millionen Abdrücken ergibt. Dazu kommen etwa sechs Millionen Abdrücke von Handflächen und von weiteren rund sechs Millionen Handkanten. Laut einer Statistik des Bundeskriminalamts werden mithilfe von AFIS pro Jahr vom BKA selbst und von den einzelnen Landeskriminalämtern mehr als 24000 Spurenverursacher identifiziert. Bemerkenswert ist übrigens auch, dass täglich bis zu 1400 neue Datensätze in das Fingerabdruck-Computersystem eingespeist werden. Dabei ist anzumerken, dass es seit dem Jahr 2004 möglich ist, Abdrücke digital, also ohne die Verwendung von Druckerschwärze, aufzunehmen. Darüber hinaus kann mit den heutigen technischen Möglichkeiten gewissermaßen jeder Gegenstand als Spurenträger infrage kommen, was unter anderem auch darauf zurückgeht, dass die Wissenschaftler, die sich mit dem Thema Spurensicherung beschäftigen, ihre Methoden ständig optimieren und auch an den neuen Materialien erprobt und getestet haben, die in unserem Alltag Einzug genommen haben.

Physik

Das Sachgebiet Physik ist ein weites Feld, da es sich nicht nur der Methoden und Kenntnisse des Wissenschaftszweigs Physik bedient, sondern auch derer der physikalischen Chemie, der Chemie selbst, des Maschinenbaus, der Elektrotechnik, der Werkstoffphysik und der Kraftfahrzeugtechnik.

Die Münchner Experten des Sachgebiets Physik kommen in der Regel immer dann zum Einsatz, wenn es geknallt hat. Raumexplosionen, aber natürlich auch jene, die im Freien passiert sind, Gebäude- und Fahrzeugbrände gehören zum Aufgabengebiet des Sachgebiets Physik im BLKA, wobei die Arbeit der Experten häufig nicht erst im Münchner Labor beginnt, sondern fast immer auch schon am Ort des Geschehens.

Bei schwerwiegenden Bränden ist die Brandursache wegen des hohen Zerstörungsgrads häufig nur im Ausschlussverfahren nachzuvollziehen. Das heißt: Zunächst werden gegenseitig konkurrierende Brandursachen miteinander verglichen, abgewogen und die unwahrscheinlicheren schließlich von der Liste gestrichen. Zurück in München werden dann in aller Regel im Labor mithilfe von chemisch-analytischen Untersuchungen die Arbeiten, die bereits am Tatort begonnen wurden, experimentell fortgeführt.

Nach Explosionen sogenannter Unkonventioneller Spreng- und Brandvorrichtungen (USBV) sind häufig Rekonstruktionen notwendig, um die Funktionsweise dieser oft zerstörten Vorrichtungen richtig zu verstehen und auch zu analysieren. Nur dann lassen sich Herkunft und Eigenschaften der verwendeten Teile sachgemäß untersuchen.

Die Mitarbeiter des Sachgebiets Physik sind auch gefragt, wenn es zu Gasunfällen oder Kohlenmonoxidvergiftungen gekommen ist, was häufig aufgrund fehlerhafter Heizgeräte vorkommt. Im Fall eines Stromunfalls ist es die Aufgabe der Experten des Landeskriminalamts, in den betreffenden elektrischen Anlagen etwaige Planungs- oder Installationsfehler zu erkennen, was mitunter die Prüfung und Untersuchung hochkomplexer Einrichtungen zur Folgen haben kann.

Physiker kommen häufig auch zum Einsatz, wenn es um die Aufklärung von Verkehrsunfällen geht, da sie in der Lage sind, den Bewegungsablauf der fraglichen Fahrzeuge zu rekonstruieren, was in der Folge Aufschluss über das vorliegende Schadensmuster gibt, aber auch helfen kann, den Grad der Verletzungen der betroffenen Personen zu verstehen.

Das Landeskriminalamt verfügt in München über einen Brandversuchsraum, in dem Brände und Brandverläufe nachgestellt und mögliche Inbrandsetzungsszenarien durchgespielt werden können. Hierbei kann auch ein Temperaturprofil erstellt und die individuelle Dynamik eines Brandes rekonstruiert werden. Ähnliches gilt für das sogenannte Elektrolabor, in dem zu untersuchende Geräte sicherheitstechnisch untersucht und getestet werden.

Das Analytiklabor des Sachgebietes Physik dient der Untersuchung der Ursachen von Bränden und Raumexplosionen. In dem Labor werden Brandasservate, Brandschutt und andere Spurenträger chemisch analysiert, um Rückschlüsse auf leicht brennbare Stoffe und etwaige flüssige Brandbeschleuniger zu erhalten. Dabei wird, besonders wenn es um den Nachweis von Brandlegungsmitteln geht, der Gaschromatograf eingesetzt, mit dessen Hilfe kleinste Spuren identifiziert werden können. Das jedoch gelingt letztlich nur, wenn die zu untersuchenden Asservate am Tatort fachkundig sichergestellt worden sind, was wieder einmal die Wichtigkeit einer guten, umfassenden Spurensicherung unterstreicht.

Flüchtige Substanzen wiederum können im Sachgebiet Physik mithilfe eines Massenspektrometers nachgewiesen werden. Dabei wird die Masse von Atomen oder Molekülen gemessen. Hierfür wird die zu untersuchende Substanz gasförmig gemacht und dann ionisiert. Die erhaltenen Ionen werden daraufhin durch ein elektrisches Feld beschleunigt und dann in den sogenannten Analysator gebracht, der diese Ionen nach dem »Masse-zu-Ladung-Verhältnis« gleichsam ordnet. Dazu kommen weitere Untersuchungsmethoden wie die Infrarotspektroskopie und die Thermoanalyse.

Wer nun glaubt, er könnte ein schlimmes Unwetter dazu nutzen, die gut versicherte Scheune anzustecken und einen Blitzeinschlag vorzutäuschen, wird sehr, sehr viel Glück brauchen, um damit durchzukommen. Bevor er überhaupt auf die Brandexperten aus den Reihen des Landeskriminalamts trifft, muss er die drei bestens ausgebildeten Brandmittelspürhunde überlisten, die jeden noch so abwegigen Brandbeschleuniger in allen noch so geringen Konzentrationen riechen können.

Hat sich der schlaue Bauer an ihnen vorbeigemogelt, beginnt der Einsatz der menschlichen Brandexperten. Der Zündler darf dabei übrigens damit rechnen, dass die Gutachter des Landeskriminalamts für den in Frage kommenden Zeitraum alle meteorologisch verfügbaren Daten abrufen werden: Deutscher Wetterdienst, agrarmeteorologischer Wetterdienst und so weiter. Man wird das Blitzinformationssystem der Firma Siemens abfragen, die jeden einzelnen Blitz in Deutschland aufzeichnet und speichert und auf eine Entfernung von etwa 300 Metern genau lokalisieren kann. Wenn der Landwirt dann beispielsweise um 21:00 Uhr seinen Brand meldet, der einzige infrage kommende Blitz in der Nähe der Scheune jedoch erst um 21:02 Uhr registriert worden ist, wird der Bauer große Probleme bekommen, weil man ihm nachweisen kann, dass er mindestens zwei Minuten zu früh angerufen hat. Denn eines muss klar sein: Beim Notruf gehen die Uhren immer richtig.

Im Sachgebiet Physik gingen im Jahr 2012 insgesamt 626 Aufträge ein, von denen 186 mit Tatortuntersuchungen vor Ort verbunden waren. Die restlichen Asservate kamen gewissermaßen als »Pakete« bei der Behörde zur weiteren Begutachtung an.

Formspuren

In diesem Sachgebiet geht es vornehmlich um die Analyse von Spuren mit zwei- und dreidimensionaler Ausdehnung. Bei den zweidimensionalen sind das häufig Abdrücke von Schuh- oder Reifenspuren, dreidimensional sind in erster Linie Schürf- und Prägespuren. Diese werden meist von Werkzeugen oder anderen Gegenständen verursacht.

Bei den Schuhspuren verfügen die LKA-Experten, die in der Regel ein ingenieurswissenschaftliches Studium (Fahrzeugtechnik, Feinwerktechnik, Maschinenbau) abgeschlossen haben, über eine Spurensammlung, mit der sie das zur Untersuchung eingesandte Material abgleichen können. Diese Sammlung erweitert sich Jahr für Jahr um etwa 1000 neue Spuren.

Auch im Bereich Schloss- und Schlüsseltechnik verfügt das BLKA über eine umfangreiche Sammlung, die jährlich um rund 500 neue Spuren anwächst. Hierbei werden einfache Vorhängeschlösser ebenso berücksichtigt wie auch moderne, hochwertige Tresormechanismen.

Zum Arbeitsbereich des Sachgebiets Formspuren gehört auch der Automobilkomplex – also Tür- und Zündschlüssel, elektronische Wegfahrsperren und andere Identifikationsmerkmale von Fahrzeugen. Und nicht zu vergessen sämtliche Untersuchungen zu Münzen, Spiel- und Warenautomaten.

Waffen

Werden beim Landeskriminalamt Gutachten im Zusammenhang mit Schusswaffen angefordert, ist immer das Sachgebiet 207, Waffen, zuständig. Hier sitzen jene Fachleute, die sich mit nichts anderem beschäftigen als mit der Untersuchung und Analyse von Schusswaffen, Munition und sogenannten Schmauchspuren.

Ihr Einsatzgebiet sind Gewaltverbrechen, Selbsttötungen, Sport- oder Jagdunfälle, bei denen Schusswaffen eine Rolle gespielt haben. Wenn dem so ist, werden in den Räumen des Sachgebiets 207 alle technischen und ballistischen Eigenschaften von Waffen und Projektilen untersucht sowie alle von Waffen an Tatorten oder Personen erzeugten Spuren ausgewertet, die Rückschlüsse auf einen möglichen Tathergang liefern könnten. Daraus resultierend lassen sich häufig sogenennte Tatrekonstruktionen herleiten.

Das Sachgebiet 207 ist in der Lage, Patronenhülsen und Projektile den jeweiligen Waffen zuzuordnen, mit denen gefeuert wurde. Die Experten des Landeskriminalamts sind auch in der Lage – insbesondere bei Jagdunfällen –, die Reichweite von Projektilen zu bestimmen sowie all jene Faktoren, die das Flugbild beeinflussen können, also Streuung, Abprallverhalten sowie atmosphärische Einflüsse wie Wind oder Regen, in ihren Berechnungen zu berücksichtigen.

Darüber hinaus analysiert das Sachgebiet die besonderen Merkmale von Schusseinwirkungen auf Organmaterial, was nichts anderes bedeutet als die Untersuchung von Schusskanälen, die Zerlegung eines Geschosses an Knochen oder die Wirkung eines Geschosses in Organen – und das alles in Relation zur Geschwindigkeit des Projektils. Mithilfe von speziellen Computerprogrammen oder durch den Einsatz von Doppelstrahllasern lässt sich überdies häufig der genaue Standort des Schützen bei Schüssen aus größerer Entfernung bestimmen, was später dann über Gutachten in die Beweisaufnahme bei Strafprozessen mit einfließen kann.

Schmauchspuren werden häufig mittels Klebefolien gesichert, die auf Körperstellen oder an Textilien aufgebracht werden. Mitunter wird auch mit Wattestäbchen gearbeitet, der berühmte Paraffintest zum Nachweis von Schmauchspuren an den Händen eines Schützen, den man noch aus unzähligen Kriminalfilmen kennt, kommt heute allerdings nicht mehr zur Anwendung.

Es gibt verschiedene Methoden, Schmauchspuren zu identifizieren. Eine davon ist zum Beispiel die sogenannte Infrarotfotografie, die Schmauchspuren selbst unter sehr schlechten Bedingungen wieder sichtbar machen kann. In den USA kommt häufig der sogenannte Griess-Test, entwickelt vom deutschen Chemiker Peter Grieß, zum Einsatz, bei dem ein Blatt Fotopapier oder ein Bogen Filterpapier mit Essigsäure befeuchtet und auf den fraglichen Bereich gepresst wird. Danach wird es in ein Reagenz getaucht, das mit den anorganischen Nitriten im Schmauch reagiert, womit ein Nachweis erbracht wäre.

Chemische Untersuchungen zielen in der Regel darauf ab, die bei der Explosion des Treibsatzes entstandenen Nebenprodukte wie Blei, Barium und Antimon zu identifizieren. Diese könnten natürlich als einzelne auch durch die Berührung mit Werkzeugen auf die Hand gekommen sein, dass das bei allen drei Stoffe gleichzeitig der Fall ist, ist jedoch so gut wie ausgeschlossen.

Schmauchspuren auf Textilien oder Haaren lassen sich recht gut mithilfe eines Rasterelektronenmikroskops identifizieren. Eine solche Untersuchung wird mitunter auch mit einer sogenannten energiedispersiven Röntgenstrahlenanalyse verbunden, die auf diese Weise gleichsam einen chemischen Fingerabdruck der gefundenen Substanz erzeugt. Generell ist festzuhalten, dass die Kombination von Blei, Barium und Antimon in Verbindung mit Ruß zu fast 100 Prozent auf Schmauch schließen lässt.

Die Schussdistanz wiederum lässt sich selbstverständlich auch über eine Schmauchspurenanalyse feststellen, da beim Abfeuern eines Geschosses – wie weiter oben bereits beschrieben – der größte Teil des dabei entstandenen Gases und Feinstaubs über den Waffenlauf entweicht. Je größer die Distanz, mit der geschossen wurde, desto breiter verteilen sich die Ladungsrückstände auf Haut, Haaren und Kleidung. Das Ganze funktioniert natürlich je nach Waffe nur bis zu einem bestimmten Punkt. Hat die Schussdistanz jenen Punkt erreicht, den der Schmauch maximal zurücklegen kann, werden keine Spuren mehr zu finden sein. Aber grundsätzlich kann gesagt werden, dass die Schmauchanhaftung bei einer Selbsttötung auf einen recht geringen Radius beschränkt bleibt. Bei einem aufgesetzten Schuss durch einen Dritten, also einen mutmaßlichen Täter, aber selbstverständlich auch.

Hierfür wird ein Kriminaltechniker mit der zu untersuchenden Waffe und vergleichbarer Munition immer eine Reihe von Testschüssen aus unterschiedlichen Entfernungen auf ein ähnliches Stoffgewebe machen, um die Schussdistanz genau zu bestimmen. Er vergleicht die jeweiligen Schmauchanhaftungen dann mit den asservierten Gegenständen, um schließlich die bestmögliche Annäherung zu finden.

Chemie

Etwa 4500 Gutachten erstellt das Sachgebiet Chemie des Bayerischen Landeskriminalamts pro Jahr, wobei ein Großteil der Aufträge – etwa 50 Prozent – aus dem Bereich der Rauschgiftkriminalität kommt, was auch die prall gefüllte Asservatenkammer bestätigt, in der es riecht wie in einem kolumbianischen Drogenlager. Dabei geht es vor allem um die Identifikation der von der Polizei beschlagnahmten Drogen, also um die Frage, ob es sich um Cannabisprodukte, Kokain, Heroin oder Ecstasy handelt.

Im Anschluss daran untersuchen die Chemiker den Reinheitsgehalt der fraglichen Drogen, bestimmen also den quantitativen Wirkstoffgehalt, was insbesondere für Gerichtsverhandlungen von Bedeutung ist, da das Strafmaß in der Regel von der Menge des reinen Rauschgifts abhängt, das im Verkauf auf der Straße normalerweise gestreckt angeboten wird. Untersucht wird aber auch, mit welchen Stoffen die Drogen für den Wiederverkauf gestreckt wurden, denn das kann im Hinblick auf mögliche weitere Untersuchungen oder Strafverfahren Hinweise auf die potenziellen Händler geben.

Darüber hinaus gilt es häufig auch, eine Art Fingerabdruck der festgestellten Rauschmittel zu bestimmen, denn dann lässt sich oft auch feststellen, von welchem Händler ein potenzieller Drogenkunde seine Ware bezogen hat.

Zu den Aufgabengebieten des Sachgebiets Chemie gehören im zunehmenden Maße natürlich auch sämtliche toxikologischen Untersuchungen von Blut, Haaren und Urin auf etwaige Rausch- oder Arzneimittelrückstände im Körper eines Menschen. Diese Art von Untersuchungen machen mittlerweile etwa 30 Prozent aller zu untersuchenden Proben aus. Dabei kann es beispielsweise um den Nachweis gehen, ob eine Person unter Drogeneinfluss ein Auto gefahren hat, und im Einzelfall – wir erinnern uns vielleicht – mitunter auch um die Eignung eines international bekannten Fußballlehrers für das Amt des Bundestrainers beim Deutschen Fußballbund.

Ein anderes Feld der Chemiker des Kriminaltechnischen Instituts ist der Nachweis von Giftstoffen im Körper eines Menschen – seien es nun Selbstmordfälle mit Schlafmitteln, Tötungsdelikte, bei denen ein Opfer vergiftet worden ist, Erpressungsfälle mit kontaminierten Lebensmitteln oder Unfälle, bei denen Kinder beispielsweise in Kontakt mit gefährlichen Haushaltsreinigern gekommen sind. Nicht zu vergessen sind auch all jene Fälle, in denen Tiere vergiftet werden, beispielsweise weil der Nachbar vom Bellen eines Hundes genervt ist und irgendwann eine kontaminierte Bratwurst auslegt.

Im Bereich von Eigentumsdelikten, bei Sachbeschädigungen oder Einbrüchen sind die Chemiker des Landeskriminalamts selbstverständlich in der Lage, am Tatort festgestellte Materialspuren mit den sichergestellten etwaigen Tatwerkzeugen in chemischer Hinsicht abzugleichen. Bei Fahrerfluchtdelikten werden die Experten des Kriminaltechnischen Instituts durch ihre akribischen Analysen mit großer Wahrscheinlichkeit den Nachweis erbringen können, mit welchem Fahrzeug oder Fahrzeugtyp die an Unfallopfern oder an beschädigten Fahrzeugen gefundenen Lackrückstände übereinstimmen. Über die Lackanalyse lassen sich dann in der Regel Fahrzeughersteller und auch das jeweilige Baujahr des mutmaßlichen Unfallwagens feststellen. Diese Art der Untersuchungen machen pro Jahr ungefähr zehn Prozent aller eingegangenen Aufträge aus.

Das Sachgebiet Chemie ist auch immer dann gefragt, wenn es um die Bewertung von Sprengstoffen geht, also um die Charakterisierung von Sprengkörpern wie Bomben, Handgranaten oder pyrotechnischen Produkten wie Raketen oder Krachern. Bei Bombenanschlägen versuchen die Chemiker des Kriminaltechnischen Instituts, aus sichergestellten Schmauchrückständen die Art des verwendeten Sprengstoffs zu identifizieren.

Es versteht sich fast von selbst, dass im Sachgebiet Chemie des Bayerischen Landeskriminalamts auch all jene Fälle landen, die aus dem Bereich der Umweltgefährdung stammen, also der Verunreinigung von Böden, Luft und Gewässern nach Chemieunfällen oder illegalen Abfallbeseitigungen.

Handschriften

Mithilfe des ESDA, des Electrostatic Detection Apparatus, lässt sich prüfen, ob es auf einem Schriftträger, also beispielsweise einem Dokument (einem Testament, Vertrag …), Vorzeichnungsspuren gibt oder Rasuren beziehungsweise mechanische Tilgungen. Etwaige Pausungen können auch über das Reflexions- oder Fluoreszenzverhalten von Dokumenten im infraroten Spektralbereich, also im Rahmen einer spektralselektiven Untersuchung, nachgewiesen werden. Entscheidend ist in diesem Sachgebiet jedoch immer der direkte Schriftvergleich.

Dabei gilt es für die Experten des Sachgebiets immer gut abzuwägen, welche Unterschiede zweier Schriften noch unter dem Stempel »variiert« erklärt werden können und welche Unterschiede den Ausschlag dafür geben, dass ein Dokument als Fälschung betrachtet wird. Insgesamt gehen die Handschriftenexperten von sieben grafischen Grundelementen aus:

1. Strichbeschaffenheit: Spannung des Strichs, Sicherheit, Störungen …
2. Druckgebung: also Druckstärke, Druckverlauf der Schrift und Druckrhythmus
3. Bewegungsfluss: die Geschwindigkeit des Strichs, Verbindungen innerhalb und zwischen den jeweiligen Buchstaben
4. Bewegungsführung und Formgebung: Besonderheiten der Formgebung, Linien- und Bogenzügigkeit, grafische Vereinfachungen oder grafische Bereicherungen
5. Bewegungsrichtung: Neigungswinkel, Zeilenführung und Abläufe
6. Vertikale und horizontale Ausdehnung: Größe der Schreibzone, Proportionen, Wortabstände, Buchstabenabstände, Buchstabenbreite und Zeilenabstände
7. Andere Merkmale: Orthografie und Interpunktion

Und all diese Elemente haben die Handschriftenexperten schon so manches Mal auf die richtige Spur gebracht …

Biologie

Das Sachgebiet ist mit dem Fachbereich Mikrospuren verbunden, den wir unter anderem bei den Ermittlungen um die zwei ermordeten Studentinnen kennengelernt haben.

Von Mikrospuren spricht man in der Kriminaltechnik, wenn es um kleinste Partikel geht, die mit dem bloßen Auge kaum zu erkennen sind, also beispielsweise Minifragmente von Textilfasern, ebenso Glassplittern. Dazu gehören auf biologischer Seite Pollen, Moose, Sporen oder Flechten, außerdem die Untersuchung von Tierfraß und Insekten beziehungsweise deren Larvenstadien, wenn es um die Todeszeitbestimmung von Lebewesen geht.

Hierfür kommen in diesem Sachgebiet vornehmlich »beobachtende«, also optische Geräte zum Einsatz – Lichtmikroskope mit 1000-facher Vergrößerung, Mikrospektralphotometer, Infrarotspektroskopie oder Polarisationsmikroskopie –, die das zu untersuchende Material weder beschädigen noch zerstören, denn die Proben werden in aller Regel im Mikromaßstab analysiert.

Von großer Wichtigkeit bei der Identifizierung von Materialspuren sind die Röntgenfluoreszenzanalyse und die Rasterelektronenmikroskopie, die beide wirklich winzigste Partikel und Anhaftungen zum Vorschein bringen können. Das geschieht mit bis zu 100 000-fachen Vergrößerungen.

Den ersten genetischen Fingerabdruck einer Pflanze brachte man in einem Rechtsgutachten im amerikanischen Phoenix (Arizona) in ein Strafverfahren ein. Dort wurde einem Mann vorgeworfen, eine Prostituierte ermordet zu haben. Der räumte zwar ein, an dem fraglichen Tag mit dem Opfer zusammen gewesen zu sein, das verlassene Fabrikgelände, auf dem der Leichnam gefunden wurde, aber nie betreten zu haben. Auf der Ladefläche seines Pick-ups konnten jedoch zwei kleine Schoten eines »Palo Verde«-Baums gefunden werden. Die Ermittler gingen davon aus, dass diese bei einer Kollision mit dem Baum heruntergefallen waren.

Und tatsächlich konnte an einem Baum im Einfahrtsbereich des Fabrikgeländes eine Beschädigung festgestellt werden, die zu dieser Unfalltheorie passte. Ein Pflanzengenetiker untersuchte daraufhin mithilfe der sogenannten RAPD-Analyse das Erbgut des Baums und konnte feststellen, dass sich in 47 hochvariablen Bereichen eine ganz individuelle Größenverteilung ergab, die sich von anderen untersuchten Bäumen ähnlich deutlich unterschied. Die beiden auf der Laderampe seines Wagens gefundenen Schoten wurden auf dieselbe Art und Weise untersucht, und es stellte sich heraus, dass das Erbgut des Baums und das der beiden Schoten absolut identisch waren. Das DNA-Muster eines Baums wurde daraufhin als Beweis zugelassen und der Angeklagte zu 25 Jahren Gefängnis verurteilt. Ein geradezu bahnbrechendes Urteil.

Urkunden

Das Sachgebiet Urkunden ist mit Chemikern, Physikern und Druckingenieuren besetzt. Hauptschwerpunkt ihrer Arbeit bildet die Untersuchung von Personen- und Kfz-Dokumenten. Hierfür unterhält die Kriminaltechnik eine Sammlung von rund 40 000 Personalausweisen, Reisepässen, Führerscheinen und Kfz-Scheinen aus etwa 150 Ländern, die es ermöglicht, gefälschte, verfälschte und nicht von amtlicher Seite ausgestellte Ausweise zu identifizieren. Dazu kommen Untersuchung von Banknoten- und Scheckfälschungen. Überraschenderweise wird ein Großteil der Fälschungen von Ausweisen, Banknoten und Zeugnissen mit Farbkopierern erstellt – doch dieses Fälscherwerkzeug für den Hausgebraucht schafft es nur in den seltensten Fällen, die Spezialisten wirklich ins Grübeln zu bringen.

Eine weitere Hauptfragestellung der Urkundentechnik neben der Echtheitsprüfung ist die Altersbestimmung. Bei verschiedenen Tinten ist eine Altersbestimmung auf chemischem Wege möglich, bei Kugelschreiberpasten werden unter anderem Methoden wie die »relative Lösungsmittelvergasung« zur Altersbestimmung eingesetzt. Zudem kann auf eine Schreibmittelsammlung zurückgegriffen werden, die bis in die 30er-Jahre zurückreicht.

Außerdem zum Tätigkeitsfeld der Spezialisten gehört die Wiedersichtbarmachung von chemisch oder mechanisch entfernten Eintragungen.

Zudem wird hier untersucht, ob Briefumschläge geöffnet und wieder verschlossen wurden, oder etwa ob Prüfplaketten von einem Kennzeichen auf ein anderes übertragen wurden. Die Experten analysieren, ob ein Schriftstück nach oder vor der Faltung beschriftet oder ob eine Unterschrift vor beziehungsweise nach Erstellung eines Textes geleistet wurde.

Und all das hat schon so manchen Hinweis geliefert, der einen Verbrecher auf viele Jahre hinaus hinter Schloss und Riegel gebracht hat.

Phonetik

Dieses Sachgebiet kommt vor allem bei Entführungen, Erpressungen oder Morddrohungen zum Einsatz – im Grunde immer dann, wenn ein Täter seine Stimme auf einem Tonträger hinterlassen hat. Bei Mitschnitten von anonymen Erpresseranrufen lassen sich so häufig wichtige Hinweise auf den Täter gewinnen.

Wenn bei einer Untersuchung Vergleichsaufnahmen von verdächtigen Personen zur Verfügung stehen, sind die Phonetiker des BLKA aufgefordert, ein gerichtlich verwertbares Stimmenvergleichsgutachten zu erstellen. Hierfür werden dann stimmliche und sprachliche Parameter überprüft, Unterschiede und Übereinstimmungen werden bewertet.

Ein anderes Aufgabengebiet dieser Spezialisten ist die qualitative Verbesserung von Tonaufzeichnungen, die tatrelevantes Material beinhalten. Für die Bearbeitung von Beeinträchtigungen verschiedener Art – Netzbrummen, Breitbandrauschen bis hin zu Störungen, die das Nutzsignal komplett maskieren –, stehen den Phonetikern des LKA verschiedene Rechnersysteme zur Verfügung.

Phonetiker sind außerdem im Einsatz, wenn es um die Klärung von ermittlungstechnischen Fragen geht. Beispielsweise: Konnte ein Zeuge das Schreien eines Opfers trotz der weiten Entfernung hören? War ein fragliches Geräusch tatsächlich ein Schussknall, oder könnte es sein, dass eine Aufnahme nachträglich geschnitten beziehungsweise manipuliert wurde?

Alles keine leichten Fragen – und doch gelingt es den Experten häufig, die Antwort zu finden, die den Ermittlern bei ihrer Suche nach der Wahrheit ein ganzes Stück weiterhilft.

Forensische Informations- und Kommunikationstechnik

Die Mitarbeiter der Forensischen IuK sichern, untersuchen und bewerten digitale Spuren in strafgerichtlichen Verfahren, ob es nun um Daten in PCs, Netzwerken, in Großrechnern in Rechenzentren, in Clouds oder um elektronische Kassen, Smartphones oder Wearables geht.

Hierbei geht es selten um Cyberkriminalität, sondern meist um Untersuchungen digitaler Spuren im Zusammenhang mit klassischen Straftaten wie Betrug, Fälschung oder Rauschgift.

Besonders wertvoll sind die Verdienste dieser Fachleute beim Umgang mit »Big Data«, also großen Datenmengen. Diese fallen regelmäßig im Terabyte-Bereich an. Inzwischen ist man schon bei Petabyte angelangt. Das sind Datenmengen, die selbst eine große Sonderkommission in Jahrzehnten nicht sichten könnte, würde ihr nicht das Sachgebiet Forensische IuK mit den nötigen Werkzeuge und Methoden zur Seite stehen.

Übrigens gehören zu diesem Sachgebiet auch Mathematiker, die sich auf Kryptologie spezialisiert haben. Denn erst das Entschlüsseln von Nachrichten oder Passwörtern macht eine Analyse der Inhalte möglich. Zuvor sind sie nur »Datensalat«.

Zeitpunkte

Ein historischer Abriss

Die Ursprünge der heutigen Kriminaltechnik reichen bis in das 13. Jahrhundert zurück. An dieser Stelle sollen ein paar Meilensteine der Kriminalwissenschaften aufgeführt werden:

1247
Das erste uns bekannte Buch zum Thema Forensik erscheint in China. Der Titel lautet *Das Beseitigen von Irrtümern* und beschäftigt sich mit der Unterscheidung von Mord, Selbstmord und dem natürlichen Tod. Als Verfasser wird ein Rechtsgelehrter angegeben – Song Ci.

1609
Erste Publikation zum Bereich Handschriftenuntersuchung von dem Franzosen François Demelle.

1642
Erste Vorlesungen zum Thema Rechtsmedizin an der Universität von Leipzig.

1670
Erfindung des Präzisionsmikroskops durch den Holländer Antoni van Leeuwenhoek.

1776
Erstmals wird ein Leichnam aufgrund eines falschen Zahns identifiziert – es handelt sich um General Warren im amerikanischen Unab-
hängigkeitskrieg.

1801
Entdeckung der ultravioletten Strahlung durch den deutschen Physiker Johann Wilhelm Ritter.

1813
Wichtige Abhandlung zum Thema Toxikologie durch den spanischen
Mediziner Mathieu Orfila.

1823
Analyse von Fingerabdrucktypen durch den böhmischen Physiolo-
gen Johann Evangelista Purkinje.

1828
Entwicklung des Polarisationsprismas durch den schottischen Physiker William Nicol, das zentral ist für die Polarisationsmikroskopie.

1835
Erste Zuordnung von Projektilen zu Waffen durch den britischen Polizisten Henry Goddard.

1836
Entwicklung eines Nachweistests für Arsen im menschlichen Körper
durch den britischen Chemiker James Marsh.

1843
Die ersten Verbrecherfotos, gemacht von der Polizei in Brüssel.

1856

In Indien werden erstmals Dokumente durch Fingerabdrücke beglaubigt.

1859

In den USA werden erstmals Fotos als Beweismittel vor Gericht zugelassen.

1882

Einführung der Anthropometrie, also der Lehre von Körpermaßen, in Paris.

1891

In Argentinien wird erstmals ein Mörder anhand seiner Fingerabdrücke identifiziert.

1892

Der britische Forscher Francis Galton findet heraus, dass selbst eineiige Zwillinge unterscheidbare Fingerabdrücke haben. Galton führt auch ein Klassifikationssystem für Fingerabdrücke ein.

1896/1897

Entwicklung eines Fingerabdruck-Klassifikationssystems durch den Briten Edward Richard Henry. Es wird daraufhin in Europa und Nordamerika übernommen.

1898

Erstmals wird in Deutschland ein Täter überführt, nachdem ein Projektil einer Waffe zugeordnet worden ist. Die Zuordnung erfolgte durch den Chemiker Paul Jeserich.

1901

Entdeckung des Blutgruppensystems durch den österreichischen Pathologen Karl Landsteiner.

1910

Das weltweit erste forensische Labor öffnet in Frankreich.

1920

Der erste internationaler Feuerwaffenkatalog durch den Amerikaner Charles E. Thwaite ermöglicht es, jedes Projektil mit der Waffe abzugleichen, aus dem es geschossen wurde.

1921

Erfindung des Lügendetektors in den USA durch John Larson.

1924

Nachdem Sachverständige nachweisen können, dass eine Lösegeldforderung auf einer bestimmten Schreibmaschine geschrieben wurde, werden in den USA zwei Mörder verurteilt.

1925

Erfindung des ersten Vergleichsmikroskops in den USA durch Philip Gravelle und Calvin Goddard.

1930

Einführung des ersten Schmauchspurentests in Mexiko. Die USA führen das erste Großverzeichnis für Fingerabdrücke ein.

1936

In Schottland wird erstmalig der Todeszeitpunkt eines Mordopfers durch die Analyse des Madenbefalls nachgewiesen.

1938

In Berlin wird das erste Kriminallabor Deutschlands eingerichtet.

1941

Erfindung des Stimmspektrografen in den USA.

1946

Gründung des Landeserkennungsamts als Vorläufer des Bayerischen Landeskriminalamts.

1950

In der Schweiz führt der Kriminologe Max Frei-Sulzer die Klebebandmethode zum Sammeln von Faserspuren ein.

1951

Das Bundeskriminalamt wird gegründet.

1953

In den USA wird die Entdeckung der Doppelhelixstruktur der DNA vermeldet.

1965

Britische Forscher entwickeln das Rasterelektronenmikroskop.

1977

Entdeckung der Cyanacrylat-Bedampfungsmethode zur Sichtbarmachung von Fingerabdrücken in Japan.

1983

Entdeckung der DNA-Identifizierung von Lebewesen durch den britischen Genetiker Sir Alec Jeffreys.

1988

In England wird weltweit erstmalig ein Verbrechen über die DNA-Analytik geklärt – sie entlastet in diesem Fall einen Verdächtigen und führt zum wahren Mörder.

1991

In London wird eine Laserscan-Technik entwickelt, die über eine Computersimulation aus einem Schädelknochen ein Gesicht darstellen kann.

1995

Einführung der weltweit ersten DNA-Datenbank in England.

2000

In den USA wird die erste Episode der Erfolgsserie *CSI* ausgestrahlt.

2006

Einführung der automatischen Kennzeichenerkennung an Straßen durch Spezialkameras.